Knaur.

Knaur.

Im Knaur Taschenbuch Verlag ist bereits
folgendes Buch der Autorin erschienen:
Dschungelkind

Über die Autorin:
Geboren 1972 in Nepal, kam Sabine Kuegler mit fünf Jahren in den
Dschungel von West-Papua, wo ihre Eltern, deutsche Sprachwis-
senschaftler und Missionare, einen neuen Wirkungskreis gefunden
hatten. Zusammen mit ihren beiden Geschwistern verlebte sie dort
ihre Kindheit und Jugend fernab der Zivilisation. Mit 17 Jahren
kehrte Sabine Kuegler nach Europa zurück. Die Sehnsucht nach
dem Dschungel und seinen Menschen ließ sie seither nicht mehr
los.

Weitere Informationen erhalten Sie unter: *www.dschungelkind.de*

Sabine Kuegler
RUF DES DSCHUNGELS

Aus dem Englischen
von Angela Troni

Knaur Taschenbuch Verlag

*Aus Sicherheitsgründen wurden die Namen
einiger Personen im Text geändert.
Sie sind bei der ersten Erwähnung mit einem
Sternchen gekennzeichnet.*

Besuchen Sie uns im Internet:
www.droemer-knaur.de
www.dschungelkind.de

Erweiterte Taschenbuchausgabe Oktober 2007
Knaur Taschenbuch
Copyright © 2006 bei Droemer Verlag
Ein Unternehmen der Droemerschen Verlagsanstalt
Th. Knaur Nachf. GmbH & Co. KG, München
Alle Rechte vorbehalten. Das Werk darf – auch teilweise – nur mit
Genehmigung des Verlages wiedergegeben werden.
Umschlaggestaltung: ZERO Werbeagentur, München
Umschlagabbildung: FinePic, München (Helmut Henkensiefken)
Satz: Adobe InDesign im Verlag
Druck und Bindung: CPI – Clausen & Bosse, Leck
Printed in Germany
ISBN 978-3-426-77972-9

Gewidmet denen,
die im Kampf um ihre Freiheit
ihr Leben gelassen haben

Inhalt

Prolog 9

1   Meine Reise 15
2   Jayapura 24
3   Rückkehr ins Land der Fayu 40
4   Unser Dorf Foida 62

5   *Der Beginn einer anderen Geschichte* 81

6   Vereint mit den Freunden aus der Kindheit 86

7   *Die andere Geschichte:*
    Reise in die Vergangenheit 104

8   Verzeihen lernen 116

9   *Die andere Geschichte:*
    Jon 128

10   Die Legende von Bisa und Beisa 134

11   *Die andere Geschichte:*
    Auf der Suche nach dem Morgenstern 160

12   Das große Fest zu meiner Heimkehr 170

13 *Die andere Geschichte:*
Tag der Demonstrationen 187

14 Zwischen Alt und Neu 200

15 *Die andere Geschichte:*
Die zweite Rückkehr nach Papua 216

16 Ein Tag wie jeder andere 230

17 *Die andere Geschichte:*
Verlorene Unschuld 247

18 Dunkle Wolken 263

19 *Die andere Geschichte:*
Die Ereignisse von Wasior 278

20 Ein trauriger Abschied 295

21 *Die andere Geschichte:*
Eine Wahl ohne jede Wahl 310

22 Ein neuer Anfang 332

Epilog... 339

Die vergessenen Flüchtlinge
Bericht über meine Reise nach Papua-Neuguinea .. 347

Erläuterungen zu den Farbbildern 375

Danksagung 379

Prolog

Ich habe eine Freundin, sie heißt Mari. Sie ist eine Papua.
Wir wohnten damals in der Hauptstadt von West-Papua,
Indonesien. Meine Eltern waren mit meiner Schwester Judith, meinem Bruder Christian und mir nach Jayapura gezogen, um dort als Sprachforscher und Missionare zu arbeiten. Wenige Wochen nach unserer Ankunft lernte ich Mari
kennen.

Ich weiß nicht mehr genau, wo und wie wir uns zum ersten
Mal trafen, eines Tages war sie einfach da. Mari ernannte
sich kurzerhand selbst zu meiner Freundin und Beschütze-
rin. Von diesem Tag an verbrachten wir jede freie Minute miteinander und erkundeten eine für mich neue, faszinierende
Welt. Eine Welt, die ich vom ersten Moment an liebte, so
bunt, so lebendig und so voller Abenteuer war sie.

Wir wohnten in einem einfachen Haus aus Zement, dessen
Fenster mit Fliegengittern bespannt waren. In dem kleinen
Garten stand eine hochgewachsene Palme, die sich unter dem
Gewicht der vielen Kokosnüsse bog. Eine lange, ungepflas-
terte Zufahrt führte zu unserem Grundstück und trennte uns
von unseren Nachbarn, deren Haus direkt an die Hauptstraße grenzte. Meine Eltern hatten dieses Haus ausgesucht, weil
es etwas abseits von der Straße, dem Lärm und den Abgasen
lag.

Auf der anderen Seite der Hauptstraße stand Maris Haus. Sie
wohnte dort mit ihrem Vater, ihrer Schwester und den zwei
Brüdern. Ich kann mich nicht an ihre Mutter erinnern, ich

glaube, sie lebte nicht mehr. Maris Haus war ebenfalls aus Zement und Holzbrettern errichtet, aber einfacher als unseres. Es gab fast keine Möbel und keinerlei Wandschmuck bis auf ein altes, ausgeblichenes Poster an der Innenseite der Haustür.

Direkt neben Maris Haus war ein kleiner Laden, wo es fast alles zu kaufen gab. Der Besitzer war sehr nett zu uns. Hin und wieder schenkte er uns Süßigkeiten, und dann saßen Mari und ich auf zwei Plastikstühlen in einer Ecke seines Ladens und beobachteten die Leute beim Einkaufen.

Die meiste Zeit aber verbrachten wir draußen und erkundeten die Umgebung um Maris Haus. Wir spielten Verstecken zwischen den Bäumen, zwischen heruntergekommenen Häusern und in schmutzigen Höfen. Heimlich pflückten wir Obst von den Bäumen, bis uns die wütenden Besitzer verjagten und uns mit Prügel drohten oder damit, es unseren Eltern zu erzählen.

Eines Tages, wir hatten uns ziemlich weit von Maris Haus entfernt, hörten wir plötzlich Schreie. Erstaunt sahen wir uns an und rannten, neugierig geworden, in die Richtung, aus der die Schreie kamen. Da so gut wie nie etwas wirklich Aufregendes passierte, wollten wir dieses Ereignis auf keinen Fall verpassen. Rasch erreichten wir einen größeren Gebäudekomplex, und ich spähte um die Ecke, Mari direkt hinter mir. Vor mir sah ich einen grasbewachsenen Hof, umgeben von mehreren einstöckigen Wohnhäusern. Ich weiß noch, wie sauber alles auf mich wirkte, ganz im Gegensatz zu den unordentlichen und überfüllten Höfen, die ich sonst so kannte.

Mehrere Männer in Uniform standen in der Mitte des Hofes. Ich war durchaus an Polizisten und Militär gewöhnt, sie gehörten zum alltäglichen Straßenbild und waren für West-Papua nichts Außerordentliches. Aber etwas an dieser Situation war anders. Weit und breit war keine Menschenseele zu sehen, der Platz wirkte bis auf die Männer wie ausgestorben.

Da ertönte erneut ein Schrei, der Schrei einer Frau. Sie klammerte sich an einen Mann, den die Polizisten in die Mitte des Platzes trieben, dorthin, wo schon zwei andere Männer auf der Erde knieten. Ich wusste in diesem Moment, dass hier etwas Schreckliches geschah, etwas, vor dem ich fliehen, die Augen verschließen sollte. Aber ich war wie erstarrt, unfähig, mich zu bewegen, unfähig wegzusehen.

Einer der Uniformierten drehte sich zu der schreienden Frau um und trat mit seinen Stiefeln so lange auf sie ein, bis sie den Mann losließ. Dann zwangen die Polizisten ihn, sich neben den beiden anderen Männern niederzuknien. Ich konnte sein Gesicht nicht sehen, nur seinen schwarzen, krausen Haarschopf. Einer der Polizisten stellte sich hinter die drei Männer und begann mit lauter Stimme zu sprechen. Ich weiß nicht mehr, was er sagte, ich starrte nur wie gebannt auf das Szenario, das sich wenige Meter von mir entfernt abspielte. Plötzlich zog der Polizist eine Pistole, stellte sich hinter den ersten der drei Männer und drückte ab. Ein lauter Knall hallte durch die Luft. Ich zuckte zusammen, mein Herz setzte für einen Moment aus, und ich spürte, wie mir das Blut aus dem Kopf wich. Der Uniformierte wandte sich dem nächsten Mann zu und drückte erneut ab. Ein Knall, und er schritt zum dritten, der nächste Knall, dann Stille. Ich starrte auf die drei leblosen Körper in der Mitte des Platzes und auf das Blut, das stoßweise aus ihren Köpfen quoll.

Die Zeit schien stillzustehen, ich war wie gelähmt. Plötzlich zog Mari mich zurück, ich blickte sie an und sah Entsetzen in ihren Augen. Da ertönten Rufe im Hof, Schritte kamen auf uns zu.

Wir sprangen hoch und rannten los, alles um mich herum verschwamm, ich merkte nur, dass Mari direkt vor mir lief.

Schließlich, ich kann mich nicht erinnern, wie, erreichten wir den kleinen Laden neben Maris Haus. Als hätte der Besitzer uns erwartet, winkte er uns rasch zu sich hinter die Ladentheke. Er schob einen Vorhang beiseite, der ein Regal unter der Theke verbarg, wir krochen hinein, und er zog den Vorhang hinter uns zu. Stille.

Kurz darauf hörten wir Schritte, Männer rannten auf den Laden zu und traten ein. Ich blickte zu Mari und sehe noch heute vor mir, wie sie mich mit ihren großen, dunklen, vor Schreck weit aufgerissenen Augen anstarrte. Vor Angst wie gelähmt, wagten wir nicht zu atmen, zwei kleine, dünne Mädchen, zusammengekauert in ein Holzregal unter der Ladentheke.

Der Wortwechsel über unseren Köpfen drang nur undeutlich zu uns durch. Es kam mir vor wie eine Ewigkeit, bis der Ladenbesitzer endlich den Vorhang zurückzog und wir herauskrabbeln konnten. Er hob uns hoch, setzte uns auf unsere Plastikstühle und gab jeder von uns eine Hand voll Bonbons. Dann kniete er sich vor mich hin und nahm mein Gesicht in beide Hände. Seine Worte brannten sich in mein Gedächtnis, als er sagte: »Vergiss, was du gerade gesehen hast. Es ist nicht wichtig. Es waren bloß ein paar Trinker. Sie haben den Tod verdient.«

Als ich später nach Hause kam und meine Mutter mich fragte, was ich den Tag über erlebt hatte, sagte ich nur: »Ach, ich hab heute bloß ein paar Trinker gesehen.«

Ich war damals sechs Jahre alt und hatte eine Freundin. Sie hieß Mari.

Inzwischen ist es über drei Jahrzehnte her, dass meine Eltern beschlossen haben, in Indonesien, genauer: im Dschungel von West-Papua, bei einem gerade entdeckten Eingeborenenstamm zu leben. Ich verbrachte meine Kindheit in der Abgeschiedenheit des »Verlorenen Tals«, mitten im Gebiet der Fayu, bevor ich im Alter von siebzehn Jahren in die Schweiz auf ein Internat kam, um meinen Schulabschluss zu machen. Den Schock, den ich damals empfand, als ich die Welt meiner Kindheit verließ und mit einer mir völlig fremden Welt konfrontiert wurde, habe ich bis heute nicht verwunden. All die Jahre, die ich inzwischen in der westlichen Zivilisation lebe, begleitet mich das Heimweh nach West-Papua, treibt mich der Wunsch, endlich nach Hause zurückzukehren. Ich brenne vor Sehnsucht, den Dschungel wiederzusehen, damit die Wärme dieses Landes und der dort lebenden Menschen von neuem in meine Seele dringen und sie erfüllen kann.

1
Meine Reise

Ich möchte Sie mit auf die Reise nehmen, auf eine Reise durch die Zeit, auf eine Reise, die mitten in die Herzen derjenigen führt, deren Schreie ungehört verhallen.

Es war Ende Oktober 2005. Ich saß im Zug. Neben mir auf der Sitzbank standen ein großer Alukoffer und ein gelber Rucksack. Müde starrte ich aus dem Fenster. Es war noch immer dunkel, die aufgehende Sonne ließ sich nicht mal erahnen. Ich war auf dem Weg von München nach Frankfurt, zum Flughafen.

Eigentlich hätte ich vor Freude außer mir sein sollen, aufgeregt und gespannt, doch mein Herz war schwer. Ich spürte, wie eine schleichende Angst von mir Besitz ergriff. *Was, wenn ihnen etwas passiert, während ich weg bin? Was, wenn sie mich schrecklich vermissen und die ganze Zeit weinen?* Ich schloss die Augen. Vor mir sah ich die Gesichter meiner Kinder, von denen ich mich gerade verabschiedet hatte. Am liebsten wäre ich am nächsten Bahnhof aus dem Zug gesprungen und umgehend zu ihnen zurückgekehrt.

Energisch verbannte ich die besorgten Gedanken aus meinem Kopf. Ich verließ sie ja nicht für immer; in genau einem Monat würde ich meine Kinder wieder in die Arme schließen können. Außerdem waren sie bestens aufgehoben, bei Menschen, die sie liebten. Ich musste mich jetzt auf das konzentrieren, was vor mir lag. Nicht umsonst hatte ich gut fünfzehn Jahre lang gekämpft, um endlich an dem Punkt zu sein, an dem ich heute war.

Um auf andere Gedanken zu kommen, holte ich die Zeitschrift aus dem Rucksack, die ich in München am Bahnhof noch schnell gekauft hatte. Ich begann die glänzenden Seiten durchzublättern – perfekte Models, farbenfrohe Mode, Werbung für die neuesten Cremes, die in vier Wochen deutlich weniger Falten versprachen. Dann blieb mein Blick hängen – an einem Artikel über mein letztes Buch, *Dschungelkind*. Mein Gesicht sprang mich geradezu vom Buchumschlag an. Ich starrte darauf und fühlte mich mit einem Mal seltsam entfremdet von der jungen Frau auf dem Foto. Mir fiel die Reaktion meiner Mutter ein, als ich ihr am Telefon erzählte, dass mein Buch auf der Bestsellerliste stehe. »Oh wie schön, Sabine«, antwortete sie beiläufig und fuhr dann fort: »Weißt du, was der Arzt heute zu mir gesagt hat?«

Die Erinnerung an diese Situation brachte ein Lächeln auf mein Gesicht. Natürlich wusste ich, dass meine Eltern stolz auf mich waren, doch wie sagte Mama mal so schön? Ihr sei es wichtiger, dass ich privat glücklich bin, das bedeute mehr als beruflicher Erfolg, und sei der noch so groß. Und überhaupt, nach all den Jahren, die sie im Dschungel verbracht hatte – was mochte ihr da schon eine Bestsellerliste sagen?

Meine Gedanken wanderten nach West-Papua zurück, zu meiner Zeit bei den Fayu.

Ich habe meine Kindheit nie als ungewöhnlich empfunden, schließlich kannte ich nichts anderes. Erst die Reaktionen auf mein Buch haben mir gezeigt, wie einzigartig meine Kindheit gewesen sein muss. Immer wieder werde ich gefragt, ob ich es meinen Eltern verüble, dass ich ihretwegen in der Wildnis aufgewachsen bin. Warum aber sollte ich diese aufregende und wunderschöne Phase meines Lebens bedauern?

Natürlich war es für mich nicht leicht, mich nach einer Kindheit im Dschungel in der westlichen Welt zurechtzufinden. Es hatte mehr als zehn Jahre gedauert, mich in dieser fremden, sonderbaren Kultur zurechtzufinden – an sie gewöhnt habe ich mich immer noch nicht. Das, was ich in meinem bisherigen Leben tatsächlich bedaure, ist, dass ich nicht zurück nach Hause zu meinem Stamm gegangen bin, als ich mit der Schule fertig war. Wann immer ich dies jedoch meiner Mutter gegenüber erwähne, erinnert sie mich daran, dass man erst am Ende seines Lebens anfangen sollte, dies oder jenes zu bedauern. »Schließlich weißt du nie, was dich alles noch erwartet und welche Aufgaben du noch zu erfüllen hast.«

Als ob ich irgendetwas wahrhaft Bedeutendes tun könnte, dachte ich mir, *ich habe ja noch nicht mal mein eigenes Leben im Griff.* Das einzig wirklich Gute, was ich bisher zustande gebracht hatte, waren meine Kinder.

Ich beobachtete, wie sich die Sonne allmählich hervorwagte, wie sich die ersten gelben Strahlen ihren Weg durch den dichten Morgennebel bahnten. Ein herrlicher Anblick, aber noch war es ziemlich kalt. Ich schauderte und zog meine Jacke fester um mich. Die Augen fielen mir zu, und der Schlaf ergriff von meinem Körper Besitz.

Wenige Stunden später erreichte ich mein Ziel, den Frankfurter Flughafen. Ich nahm meinen Rucksack, hievte den Koffer vom Sitz neben mir, stieg aus dem Zug und machte mich auf den Weg in die Abflughalle. Da ich sehr früh dran war, waren die Check-in-Schalter für meinen Flug noch nicht geöffnet. Also stand ich herum und wartete. Ich beobachtete die Menschenmassen, die sich an mir vorbeischoben, hektisch, ungeduldig, ständig in Bewegung. Selbst nach all den Jahren, die ich nun schon in Europa lebe, habe ich mich nicht an diese

Geschäftigkeit und diese Eile gewöhnen können. Wieder musste ich an meine Mutter denken und fragte mich, wie sie das damals mit uns drei Kindern bewältigt hat. Zuerst von Nepal nach Deutschland, und zwei Jahre später dann nach West-Papua. Immer wenn wir darüber sprechen, betont sie, wie wohlerzogen wir waren – ganz im Gegensatz zu meinen eigenen Kindern. Ich musste lächeln. Ja, meine vier sind in der Tat wild, aber sie sind wunderbare Kinder, die mein Leben mit so viel Freude und Fröhlichkeit füllen.

Ich holte mein Handy hervor und tippte die ersten SMS-Abschiedsgrüße an ein paar Freunde. Endlich wurde mein Flug aufgerufen, und ich reihte mich in die Schlange am Check-in ein.

Nach dem Start lehnte ich mich in meinem Sitz zurück und schloss die Augen. Der Flug würde voraussichtlich elf Stunden dauern.

In Bangkok legten wir einen zweistündigen Zwischenstopp zum Auftanken ein, und die Passagiere verließen die Maschine, um sich die müden Beine zu vertreten. Dabei fiel mir ein junger Chinese auf, der mich schon seit einer Weile beobachtete. Ich fragte mich, wie er wohl aufgewachsen war. Eher traditionsbewusst oder modern?

Andere Menschen und ihre Geschichte haben mich schon immer fasziniert, ein jeder mit seiner individuellen Vergangenheit, Persönlichkeit, Erziehung und Kultur. Ein Buch über meine eigene Kindheit und Jugend zu schreiben war befreiend für mich, weil ich mich dadurch von außen betrachten konnte. Manchmal vor dem Einschlafen denke ich an die vielen Menschen, die mein Buch gelesen haben und nun wissen, wie hart ich darum gekämpft habe, in der mir fremden westlichen Welt Fuß zu fassen. Durch *Dschungelkind* habe ich zum ersten Mal bewusst wahrgenommen, wie sehr die Fayu mein Denken geprägt haben. Sie haben mich als eine der ihren aufgezogen und mich auf das Leben in der Wildnis vorbereitet, auf das Überleben in einer Welt, in der die Natur die Regeln bestimmt und nicht die moderne Technik. Den Einfluss dieser Erziehung auf mein Leben spüre ich bis heute.

Wieder zurück an Bord, setzten wir unsere lange Reise nach Brunei und anschließend Bali fort, wo ein weiterer Zwischenstopp von mehreren Stunden geplant war. Bei der Landung sah ich aus dem Fenster und betrachtete den kristallblauen Ozean, die endlos langen Strände, wo sich ein Hotel ans nächste reihte. In mir wuchs langsam die Aufregung.

Als ich die Maschine in Bali verließ, umfing mich die heiße Luft wie eine tosende Welle. Wie wunderbar die Hitze sich anfühlte. Tief atmete ich den süßen Duft der Tropen ein. Wie sehr hatte ich genau das vermisst, diese Wärme, diesen herrlichen Geruch.

Im Taxi auf dem Weg zum Hotel betrachtete ich die vorbeiziehende Landschaft und wunderte mich über die leeren Straßen, Restaurants und Geschäfte. Auf Englisch fragte ich den Fahrer, warum die ganze Stadt wie ausgestorben wirkte. Er erklärte mir, dass der Tourismus seit dem Bombenanschlag auf eine Diskothek abrupt nachgelassen hatte. Vor allem die Australier und Japaner mieden das einst so beliebte Urlaubsziel.

Angekommen im Hotel, sprang ich schnell unter die Dusche und versuchte, die wenigen Stunden bis zum Weiterflug zu nutzen, um ein bisschen zu schlafen.

Um ein Uhr nachts stand ich wieder am Flughafen. Ich war müde und schlecht gelaunt. Außerdem hatte ich Durst, und nach einer längeren erfolglosen Suchaktion stellte ich genervt fest, dass sämtliche Läden bereits geschlossen waren. Wieder zurück am Schalter, musterte ich die anderen wartenden Passagiere. Bis auf einen stammten sie alle aus Indonesien oder West-Papua. Die meisten wirkten gelassen, während sie auf einen alten, dröhnenden Fernseher starrten, in dem irgendeine Show lief.

Endlich durften wir an Bord, und ich ließ mich erleichtert auf meinen Platz sinken. Nach wenigen Minuten fiel ich in einen tiefen Schlaf und wachte erst wieder auf, als der Pilot zur Landung ansetzte. Ich blickte aus dem Fenster, in der Hoffnung, etwas wiederzuerkennen, aber ich sah nichts als Wolken vor mir. Mein Herz hörte für einen Moment auf zu schlagen, als die Maschine die Wolkendecke durchbrach. Was ich nun sah, verwirrte mich völlig. Nichts, aber auch gar nichts wirkte vertraut. Das hatte ich nun wahrlich nicht erwartet. Wo zum Teufel war ich hier? Sollten wir nicht in Jayapura landen?

Als die Stewardess an meiner Sitzreihe vorbeiging, erklärte sie mir, dass wir zunächst in Timika landen würden, einer Stadt im Süden von West-Papua, und dass wir in etwa einer Stunde nach Jayapura weiterflögen. Ich nickte nur stumm und schaute erneut aus dem Fenster.

Da blieb mein Blick unvermittelt an etwas hängen. Eigenartig. Was war das unter mir? Es sah aus wie ein riesiger Fluss, ungemein breit, der sich auf seinem Weg aus den Bergen ins Meer durch die Landschaft schlängelte. Doch das da unten konnte beim besten Willen kein Fluss sein. Es hatte die Farbe von hellgrauem, glänzendem Lehm. Das Wasser darüber wirkte glasklar, und was das Absonderlichste überhaupt war: Ich erkannte nicht einen Baum, kein Grün, nicht einmal einen Grasstreifen, der in dieser Zone wuchs. Es sah aus wie Brachland. Ich konnte den Blick während der Landung nicht von diesem seltsamen Phänomen abwenden und fragte mich, was mit diesem Stück Natur nur passiert sein konnte.

Die Inselwelt vor Jayapura

Mit etwa einer Stunde Verspätung ging es zurück an Bord, und der letzte Teil meiner Reise begann. Was erwartete mich wohl in den kommenden Wochen? Würde ich alles wiedererkennen, oder hatte sich die Welt, die mir einmal so vertraut war, im Laufe der Zeit völlig verändert? Und inwieweit hatte ich mich selbst verändert?
Beim Landeanflug auf Jayapura hielt ich den Atem an. Dann sah ich sie, meine geliebten Hügel, deren helle, grasbewachsene Kuppen nun in Sicht kamen, und gleich dahinter das traumhaft schöne dunkelblaue Meer, das sich bis zum Horizont erstreckte. Mein Atem ging schneller, ich vergaß die Welt um mich herum und hörte auch nicht, als über Lautsprecher die bevorstehende Landung angekündigt wurde. Wie lange hatte ich von genau diesem Augenblick geträumt! Wie hart hatte ich dafür gekämpft, jetzt hier zu sitzen, mit Blick auf diese vertraute Landschaft!

Ein Ruck durchfuhr mich, als die Maschine auf der Landebahn aufsetzte, als die Bremsen das Flugzeug zum Stehen brachten. Völlig versunken starrte ich aus dem Fenster. Allmählich erkannte ich die einzelnen Gebäude am Rande der Piste wieder. Ja, es waren ein paar neue dabei. Aber dort drüben, zu meiner Linken, stand noch immer der Hangar, wo ich als Kind so oft gespielt hatte. Dort hatten die kleinen Flugzeuge gestanden, mit denen wir nach Danau Bira geflogen waren, der Dschungelbasis, wo wir anfangs lebten. Und jetzt sah ich eine dieser Propellermaschinen, die, weiß und hellblau, in der Sonne schimmerte. Ich konnte den Blick einfach nicht abwenden, alles war wie damals – angefangen von dem Berg, auf dem man ein Flugzeugwrack aus dem Zweiten Weltkrieg gefunden hatte, über die Grashügel, die vertrauten Bäume und die Holzhäuser bis hin zu den Menschen! Das Herz schlug mir bis zum Halse, als ich die Papua sah. Wie schön sie waren mit ihrer dunklen, schimmernden Haut, dem schwarzen, lockigen Haar, den großen dunklen Augen und charakteristischen Nasen. Auch wenn ich es gar nicht wollte, ich musste sie einfach anstarren und hätte am liebsten gar nicht mehr aufhören mögen.

Jemand schob mich den Gang zwischen den Sitzreihen entlang, und ich setzte mechanisch einen Fuß vor den anderen, bis ich den Ausgang der Maschine erreicht hatte. Endlich! Mein erster Schritt nach draußen. Ein heißer Windstoß erfasste mich, eine Wolke von Düften, so aufregend, so heimatlich. Langsam ging ich die Gangway hinunter, Stufe für Stufe, und betrat nach mehr als fünfzehn Jahren erstmals wieder vertrauten Boden.

Ich lief los. Und mit jedem Schritt veränderte ich mich. Mit jedem einzelnen Schritt fiel eine Last von mir ab, mit jedem Schritt ließ ich einen anderen Schmerz hinter mir, eine andere Angst. Je näher ich meinem Ziel kam, desto leichter fühlte ich mich. Ich hob den Kopf, straffte den Rücken, und auf einmal spürte ich, wie mein Herz zu fliegen begann. Jede Zelle in meinem Körper erwachte zu neuem Leben, Wärme durchfloss mich, und als ich in den klaren blauen Himmel hinaufsah, hatte ich nur einen Gedanken: Ich bin wieder zu Hause!

2

Jayapura

Im Hauptgebäude wurde ich sofort von einer aufgeregt umhereilenden Menschenmenge erfasst, ein jeder auf der Suche nach seinem Koffer. Ich ließ mich im Getümmel mittreiben. Wie in Trance beobachtete ich die Einheimischen, ihre farbenfrohen Kleider, die sich deutlich vom Grau und Braun der Wände im Hintergrund abhoben. Ich war völlig entspannt, so ganz ohne Zeitnot und Termindruck, atmete tief ein und saugte alles in mich auf: die tropische Luft, die Gerüche, die Atmosphäre.

Eine vertraute Stimme riss mich aus meiner Versunkenheit. Ich entdeckte Papas hoch aufragende weiße Gestalt, die sich durch die Menschenmenge einen Weg zu mir bahnte. Wie ich mich freute, ihn wiederzusehen! Wir schlossen uns in die Arme, er fühlte sich verschwitzt an, und ich hatte den Eindruck, dass er ein paar Kilo zugelegt hat. Ich konnte nicht aufhören zu lächeln, eine freudige Aufregung hatte von mir Besitz ergriffen.

Nachdem wir uns begrüßt hatten, fragte Papa mich nach meiner Gepäcknummer.

Verwirrt sah ich ihn an, ich konnte mich beim besten Willen nicht erinnern, eine solche Nummer bekommen zu haben.

»Sie müsste auf der Rückseite deines Tickets stehen«, sagte Papa.

Ich kramte in meiner Tasche und holte den Flugschein her-

Das lange erwartete Wiedersehen mit Papa

vor. Und tatsächlich, auf der Rückseite klebte ein kleiner Zettel mit einer Nummer.
Papa grinste. »Na siehst du. Dies hier ist übrigens der einzige Flughafen, den ich kenne, bei dem man das Gebäude erst verlassen darf, wenn das Gepäck anhand der Nummer kontrolliert wurde.«
»Ist ja strenger als in Deutschland«, murmelte ich nur, da rief er auch schon nach einem Einheimischen, der ein orangefarbenes T-Shirt trug. Papa gab ihm den Zettel, und der junge Mann drängelte sich durch die dichte Menschenmenge bis vor zum Gepäckschalter. Nach einer Weile kam er mit meinem Alukoffer zurück, und wir gingen zum Ausgang, inmitten einer Traube von Menschen, die mit Unmengen an Gepäck in die gleiche Richtung drängte. Neben der Tür stand ein Flughafenangestellter in Uniform und verglich mit größter Sorgfalt jeden Zettel mit der jeweiligen Nummer auf den Gepäckstücken.

Das kann dauern, dachte ich und beobachtete, wie ihm die Menschen ihre Koffer genau vor die Nase stellten. Endlich waren wir dran, mein Ticket wurde kontrolliert, und wir konnten ins Freie treten.

Ein Einheimischer kam uns entgegen, auf dem Gesicht ein breites Lächeln. Er nahm meine Hand und schüttelte sie kräftig. Papa stellte ihn mir vor. Er hieß Jacop und war einer der Fahrer von YPPM (Yayasan Persekutuan Peninjilan Mairey), der Entwicklungshilfe-Organisation, für die meine Eltern arbeiten. Noch immer lächelnd, griff er sich meinen Koffer und ging zum Parkplatz voran. Als ich mich umdrehte, stand ich direkt vor einem Papua mittleren Alters.

»Weißt du, wer das ist – kannst du dich an ihn erinnern?«, fragte Papa.

Ich sah genauer hin, dann schlang ich mit einem lauten Jubelschrei die Arme um Aron*, den Dani-Jungen, den wir vor Jahren in unsere Familie »adoptiert« hatten. Aron vollführte einen echten Freudentanz mit mir und strahlte dabei übers ganze Gesicht, Tränen der Rührung in den Augen. Ein Gefühl der Liebe durchströmte mich. Wie viele Jahre war es nun schon her? Was war nicht alles passiert, seit wir uns das letzte Mal gesehen hatten! Auf einmal spürte ich es wieder, das Band zwischen uns, das in all den Jahren nicht zerrissen war. Nachdem sich die erste Wiedersehensfreude gelegt hatte, setzten wir unseren Weg zum Wagen fort. Jacop verstaute mein Gepäck, und Aron und ich quetschten uns zusammen auf die Rückbank. Ich konnte den Blick einfach nicht von ihm abwenden. Wie sehr hatte ich ihn vermisst! Er hatte mich und meine Geschwister immer wie ein großer Bruder beschützt, war mit uns schwimmen gegangen und hatte uns getröstet, wenn wir traurig waren. Wie ich so neben ihm saß, fühlte ich sie wieder, diese Vertrautheit und Geborgenheit meiner Kindertage.

Die Fahrt vom Flughafen nach Waena, wo unser Haus stand – eine kleine Stadt auf halbem Wege nach Jayapura –, dauerte eine knappe halbe Stunde. Als wir die Hauptstraße erreichten, brauste eine schier endlose Kolonne von Pkws, Minivans und Mofas auf beiden Fahrspuren an uns vorbei, die meisten von ihnen mit einer Geschwindigkeit, die man den ebenso rostigen wie betagten Fahrzeugen gar nicht zugetraut hätte.

Wie um Himmels willen sollen wir da jemals einfädeln?, fragte ich mich.

Doch schon trat Jacop das Gaspedal durch, und der Wagen quetschte sich zielsicher zwischen einen herannahenden Minivan und ein Motorrad. Während des ganzen Manövers hörte Aron nicht auf zu lächeln, und auch Papa führte seinen gerade begonnenen Satz zu Ende, als wäre nichts gewesen. Nur ich klammerte mich ängstlich an meinem Sitz fest, denn natürlich hatte keiner von uns Sicherheitsgurte angelegt. Niemand außer mir schien das Hupkonzert, das in unserem Rücken lostönte, zu bemerken.

Na wunderbar!, dachte ich, als wir davonflitzten – und staunte über mich selbst, die ich lange Zeit sogar Angst gehabt hatte, in einer Großstadt wie Hamburg eine gesicherte Ampelkreuzung zu überqueren!

Während der Fahrt nach Waena starrte ich nach draußen, starrte durch die Windschutzscheibe, die Seitenfenster, die Heckscheibe, um ja keine Einzelheit zu verpassen. Als Papa das bemerkte, sagte er: »Keine Sorge, Sabine. Wir haben noch jede Menge Zeit, die schöne Landschaft zu genießen.« Und wie auf Kommando flogen wir alle in die Luft, als wir mitten durch ein riesiges Schlagloch fuhren.

»Na, die Straßenverhältnisse haben sich jedenfalls nicht geändert«, sagte ich amüsiert und drehte mich zu Aron um, der noch immer vor sich hin lächelte. »Aron«, fragte ich ihn in meinem gebrochenen Indonesisch, »wie viele Kinder hast du mittlerweile?«

Voller Stolz erzählte er mir, dass es inzwischen acht waren.

»Wow!«, rief ich aus. »Und ich dachte immer, ich sei kinderreich mit meinen vieren.«

Endlich bogen wir in unsere Straße ein und schnitten dabei mehrere entgegenkommende Fahrzeuge, die uns ein weiteres Mal mit einem Hupkonzert bedachten. Jacop bremste ab, und wir fädelten in eine winzige Gasse ein, gerade mal so breit wie der Wagen.

Ich musste lächeln, als ich die Gruppe von Einheimischen entdeckte, die uns erwarteten, in traditionelle Gewänder gehüllt. Ja, ich wusste genau, was nun passieren würde: Das war das Begrüßungskomitee vom YPPM. Noch bevor ich einen Fuß auf den Boden gesetzt hatte, setzten die Trommeln ein, und die Männer und Frauen fingen an zu singen. Ich sah Pfeil und Bogen, phantasievoll verzierte Federn, bemalte Gesichter – und mit einer temperamentvollen papuanischen Tanzeinlage begleitete man mich die Einfahrt hinauf.

Da entdeckte ich eine Gruppe Kinder, die Willkommensbänder in die Luft hielten. Was für ein rührender Anblick – ich musste sofort an meine Kinder denken, die viele tausend Kilometer von mir entfernt waren.

Nach mehreren Begrüßungsreden und einigen weiteren Liedern lernte ich endlich die Familie von Aron kennen. So viele Kinder! Und alle so unglaublich schön! Mit strahlendem Lächeln umarmten sie mich aufs Herzlichste, als wäre ich von jeher Teil ihrer Familie gewesen, als wäre ich niemals weggegangen.

Ich fühlte mich total entspannt, überglücklich und zufrieden.

Schließlich ebbte der Rummel ab, und alle gingen wieder ihren alltäglichen Arbeiten nach. Es war inzwischen Mittag, die Sonne brannte auf uns herab, es wurde Zeit für eine Siesta.

Doch an Schlaf war nicht zu denken, dafür war ich noch immer viel zu aufgeregt. Während Jacop mein Gepäck hineinbrachte, wollte Papa mir das kleine aus Beton gebaute Haus zeigen.

Meine Eltern sind umgezogen, nachdem ich damals mit siebzehn in die Schweiz ins Internat gegangen bin. Daher betrat ich nun zum ersten Mal unser neues Zuhause in Waena. Ich konnte mir das Lachen kaum verkneifen, als Papa mich mit stolzgeschwellter Brust herumführte.

»Was gibt's denn da zu grinsen, Sabine?«, fragte er schließlich leicht irritiert.

»Papa«, antwortete ich amüsiert, »es ist so offensichtlich, dass Mama nicht da ist.«

Mama war in Deutschland bei meiner Großmutter geblieben, der es gesundheitlich nicht gut ging.

»Was soll das denn heißen?«, rief er.

»Nichts«, antwortete ich und musste nun endgültig losprusten.

»Jetzt sag schon«, beharrte er.

»Na ja«, begann ich vorsichtig, auf der Suche nach den richtigen Worten. »Bitte nimm das jetzt nicht persönlich, aber dein Hang zu modernen Haushaltsgeräten ist nicht gerade sonderlich stark ausgeprägt. Sieh dir doch nur mal diesen Wasserfilter an, der ist ja mindestens sechsundzwanzig Jahre alt. Den hatten wir doch schon damals in Danau Bira, soweit ich mich erinnern kann.«

»Ja, ich weiß, und immer wenn deine Mutter hier ist, wirft sie ihn weg. Doch ich hole ihn jedes Mal wieder zurück. Also wirklich, wieso soll ich etwas austauschen, was noch tadellos funktioniert?«, verteidigte er sich.

»Papa, du glaubst nur, dass die Dinge noch heil sind, weil du sie jedes Mal mit Klebeband zusammenflickst, genau wie diesen Wasserfilter hier«, erklärte ich ihm.

Wir fingen beide an zu lachen; es war wunderbar, wieder bei Papa zu sein. Ich bin selten jemandem begegnet, der so wenig Wert auf Besitz legt wie er. Ich weiß noch, wie Mama einmal furchtbar wütend ins Haus kam, als die beiden in Deutschland zu Besuch waren. Ich fragte sie, welche Laus ihr über die Leber gelaufen sei.

»Ach, dein Vater! Das ist mal wieder so typisch für ihn!«, wetterte sie los. »Da kaufe ich ihm einen neuen Pulli, den einzigen schönen, den er je in seinem Leben besessen hat. Und was macht er? Zieht das gute Stück doch gleich zur Gartenarbeit an!«

Das sind meine Eltern, wie ich sie kenne und liebe.

Beim Anblick all der vertrauten Gegenstände, die ich bei unserem Rundgang durchs Haus wieder entdeckte, lief mir ein wohliger Schauer über den Rücken. Sogar meinen alten Schreibtisch, an dem ich als Teenager stundenlang über den Hausaufgaben gebrütet hatte, gab es noch. Jeder einzelne Gegenstand löste eine ganze Welle von Erinnerungen aus. So schwelgte ich für den Rest des Tages in meiner Kindheit, bis mich die Müdigkeit übermannte. Es war eine lange, anstrengende Reise gewesen. Als ich völlig erschöpft ins Bett fiel, war mein Körper erfüllt von Wärme und mein Geist von glücklichen Gedanken. So zufrieden hatte ich mich schon seit Jahren nicht mehr gefühlt, und ich sank in einen tiefen, traumlosen Schlaf, kaum dass mein Kopf das Kissen berührte.

In der zweiten Nacht nach meiner Ankunft passierte es dann. Am Abend hatte ich mir in einem indonesischen Restaurant ganz in der Nähe ein Reisgericht geholt. Ich liebe das indonesische Essen und hatte die Warnungen in den Wind geschlagen, dass sich mein Körper noch nicht ausreichend an die hiesige Bakterienflora gewöhnt haben könnte.

Mitten in der Nacht erwachte ich mit schrecklicher Übelkeit.

Die nächsten Stunden verbrachte ich im Badezimmer, mein Magen revoltierte. *Eine Lebensmittelvergiftung*, dachte ich entsetzt. Nun plagte mich also nicht nur der Schlafentzug wegen meines andauernden Jetlags, sondern ich war auch noch ernsthaft krank.

Als Papa mich am nächsten Morgen wecken wollte, traf er mich jammernd im Bett an. Natürlich konnte er es sich nicht verkneifen, mich daran zu erinnern, dass man mich gewarnt hatte, bevor er mir ein Glas Wasser holte. Ich sah aus dem Fenster, die Sonne war schon aufgegangen, die Vögel zwitscherten, und das Geschrei von Arons Kindern, die draußen spielten, drang durch die Jalousien zu mir herein.

Dass ich nun dank meiner Magenverstimmung das Bett hüten musste, machte alle meine Pläne zunichte, und ich war schwer enttäuscht. Schließlich hatte ich heute mit Jacop und seiner Familie an den Strand gehen wollen und würde nun einen wunderbaren Tag verpassen. Doch es half nichts: Mein Kopf schmerzte, mein Körper war geschwächt, und ich fühlte mich elend. Erschöpft schloss ich die Augen und ließ meine Gedanken wandern.

Heute sollten meine Papiere zur Polizeistation gebracht werden, damit ich ein *surat jalan* bekam, ein Visum, das mir Zutritt zum Gebiet der Fayu verschaffte. In West-Papua ist Fremden der Zutritt zu bestimmten Regionen, darunter auch das Tal, in dem die Fayu leben, ohne die entsprechende polizeiliche Genehmigung nicht erlaubt. Papa meinte, es könne durchaus ein paar Tage dauern, bis meine Einreise bewilligt wäre und wir ein Flugzeug mieten könnten, um nach Quisa zu gelangen. Quisa, das im Gebiet des Fayu-Stammes der Tigre[1] liegt, hatte seit einiger Zeit eine neue Landebahn.

---

[1] Der Stamm der Fayu setzt sich aus vier Clans oder Gruppierungen zusammen: den Tigre, den Tearü, den Sefoidi und den Iyarike, mit denen wir lebten.

Früher gab es einmal eine Landebahn in der Nähe von Foida, dem Ort, an dem meine Geschwister und ich aufgewachsen sind. Doch weil es immer wieder zu Überflutungen und Erdbeben gekommen war, war dieser Landeplatz inzwischen nicht mehr in Betrieb.

»Und wann werden wir deiner Meinung nach endlich im Dschungel sein?«, fragte ich Papa frustriert. Ich konnte schließlich nicht ewig hier in West-Papua bleiben und wollte so viel Zeit wie nur möglich mit den Fayu verbringen.

»Das kann noch eine Woche dauern.«

Papas Gelassenheit brachte mich in Rage, doch als er meine wütende Miene bemerkte, sagte er nur: »Sabine, wir sind hier in Papua und nicht in Deutschland.«

Er hat ja Recht, gestand ich mir mit einem leisen Seufzen ein. Offenbar hatte ich schon zu lange im Westen gelebt, und der schnelle Lebensrhythmus dort hatte mein Denken mehr beeinflusst, als mir bewusst war. Ich war noch voll und ganz auf Eile programmiert und hatte völlig vergessen, was es heißt, geduldig zu sein. Ich musste also schnell einen Weg finden, mein Denken und Handeln zu verlangsamen.

Wie ungewohnt es war, hier im Bett zu liegen und einfach gar nichts zu tun – keine Verabredungen, keine Termine, kein enger Zeitplan. Eigentlich fühlte es sich wunderbar an, so völlig ohne jeden Druck, doch mein Körper und Geist hatten sich noch nicht daran gewöhnt und lehnten sich gegen die Ruhe auf. Immer wieder wälzte ich mich von einer Seite auf die andere, ohne eine bequeme Position zu finden. Am Nachmittag schlief ich endlich ein, während eine laue Brise durchs offene Fenster hereinwehte.

Zwei Tage später war ich wieder auf den Beinen. Wir wollten heute nach Jayapura fahren, um unsere Reise zu den Fayu vorzubereiten. In den frühen Morgenstunden machten wir uns auf den Weg, um die Mittagshitze zu meiden, und stürzten uns einmal mehr in den chaotischen Verkehr. Geschmeidig reihte sich unser Van ein in die Schlange aus rostigen Lastwagen, vorbeiflitzenden Motorrädern und alten Autos, die mit ihren Abgasen die Luft verpesteten. Ich saß mit Aron auf der Rückbank, während Papa vorne auf dem Beifahrersitz neben Jacop Platz genommen hatte.

Vor Schreck hielt ich die Luft an, als Jacop einen dahinkriechenden Lastwagen überholen wollte, der mit riesigen Metallkisten beladen war und an dessen Seiten sich mehrere junge Männer festhielten. Der entgegenkommende Verkehr hatte uns fast erreicht, und mein einziger Gedanke war: *Das war's! Jacop wird niemals rechtzeitig an dem Truck vorbeikommen.* Doch meine Befürchtungen waren unbegründet, wir erreichten unsere Fahrbahnhälfte unversehrt. Um mich abzulenken, beschloss ich, die vorbeiziehende Landschaft zu genießen.

Als wir Abepura, einen Ort zwischen Waena und Jayapura, erreichten und ich das eine oder andere wiedererkannte, begann mein Herz schneller zu schlagen. Hier hatten wir gewohnt, als wir 1978 zum ersten Mal nach Indonesien kamen. »Sieh nur, Papa«, rief ich aufgeregt. »Dort ist mein Kindergarten.« Neugierig musterte ich die Mauern der katholischen Kindertagesstätte, in der ich damals im Alter von fünf Jahren ein paar Monate verbracht hatte, bevor wir in den Dschungel zogen. Kurz danach bogen wir links ab, in eine kleine, schmale Straße.

»Weißt du, wo wir hier sind?«, fragte Papa.

Ich sah genauer hin, kniff die Augen gegen die blendende Sonne zusammen und betrachtete die Gegend eingehend. Ja, nun konnte ich mich erinnern: Wir hatten damals hier gelebt. Hier, genau, der Zementbau, die einfachen Häuser, die verwahrlosten Gärten – in diesem Haus hatten wir gewohnt, als ich Mari kennen lernte.

»Papa, können wir bitte kurz anhalten und aussteigen?«, fragte ich.

»Das geht jetzt leider nicht«, antwortete er. »Du musst mit Jacop ein andermal herkommen. Wir haben noch viel in der Stadt zu erledigen heute.«

Mit einem enttäuschten Seufzen lehnte ich mich gegen die Rückbank, sagte jedoch nichts.

Eine halbe Stunde später erreichten wir endlich Jayapura. Es überraschte mich, wie wenig sich das Stadtbild verändert hatte. Die Geschäfte waren vielleicht etwas größer geworden, und auch das Warenangebot hatte sich erweitert. Aber nach wie vor gab es die kleinen Bretterbuden am Straßenrand, die alles Mögliche verkauften, von Plastikeimern bis hin zu von Hand zubereiteten Snacks, die in Folie eingewickelt waren. Eines war dagegen deutlich anders als damals, und das war die enorme Auswahl an westlichen Produkten. Sogar eine Filiale von Kentucky Fried Chicken hatte irgendwie ihren Weg zu diesem Fleckchen Erde am anderen Ende der Welt gefunden. Läden mit westlicher Musik und Computershops beherrschten inzwischen die einst so ursprünglichen Straßen.

Als ich kurz darauf im Supermarkt stand, wollte ich meinen Augen kaum trauen. Dort gab es jetzt Milch, Butter und Obstsorten, von denen ich als Kind nur hatte träumen können. Äpfel, Orangen und sogar Trauben waren in großen Kühlboxen gestapelt. Doch zu meiner Freude entdeckte ich auch all die Dosengerichte und Kekse wieder, die mir in meiner Kindheit so vertraut gewesen waren. Ich packte meinen Einkaufswagen voll mit den geliebten Sachen von damals: Kekse mit künstlichem Vanillegeschmack, Gemüse in Dosen, das mehr nach Metall als nach Gemüse schmeckte, tropische Früchte und löslicher Kaffee. Wir zahlten und traten aus der klimatisierten Luft hinaus in die Mittagshitze, die über den staubigen Straßen lag. Ich spürte, wie mir der Schweiß über den Nacken rann.

Wir beschlossen, eine Kleinigkeit essen zu gehen, und ich beharrte so lange auf einem indonesischen Lokal, bis die anderen nachgaben. Zufrieden folgte ich ihnen auf dem holprigen Gehweg und betrachtete meine Umgebung. Zum ersten Mal fiel mir auf, dass erstaunlich wenige Einheimische zu sehen waren. Stattdessen waren hauptsächlich Leute aus Java unterwegs, leicht zu erkennen an der helleren Haut und den glatten Haaren. Ich fragte mich, warum. Als ich klein war, waren deutlich mehr einheimische Papua auf den Straßen gewesen. Irgendetwas hatte sich verändert auf dieser Insel.

Als wir das Restaurant erreichten, brachte mich der köstliche Duft nach Reis und gebackenen Bananen, der aus der Küche drang, schnell auf andere Gedanken. Ich genoss das Essen in vollen Zügen und war begeistert, dass mein Lieblingsgetränk *es jeruk* – frisch gepresste Mandarinen mit Wasser und gestoßenem Eis – noch immer so lecker schmeckte, wie ich es in Erinnerung hatte.

Satt und zufrieden trat ich durch die Glastür des Restaurants ins Freie und blinzelte. Eine Gruppe Papua stand wenige Meter entfernt an einer Straßenecke und beobachtete uns. Ihre Augen waren dunkel, düster, und ein bitterer Zug beherrschte ihre Mienen. Schnell wandte ich den Blick ab und fühlte mich dabei irgendwie schuldig. *Wir sehen es nicht, wir hören es nicht, wir reden nicht darüber.* Ein ungeschriebenes Gesetz, das sich uns bereits in der Kindheit ins Gehirn gebrannt hat. Ich musste an die Unterlagen denken, die ich ins Land geschmuggelt hatte, versteckt zwischen den Plastiklaschen in meinem Rucksack. Informationen über das Unausgesprochene, das Verbotene. Ich wandte mich ab und versuchte, all dies aus meinem Kopf zu verbannen. *Das hier ist nicht mein Krieg*, sagte ich mir wieder und wieder auf dem Weg zum Wagen.

Die Sonne strahlte auf mich herab, die Luft war erfüllt von vertrauten Gerüchen.

Auf dem Rückweg nach Waena hatte ich keinen Blick mehr für die Schönheit der vorbeiziehenden Landschaft, so sehr beschäftigten mich meine Gedanken. Die Sätze, die ich vor wenigen Monaten gelesen hatte, wirbelten schrill durch mein Hirn – Warnungen, Hilfeschreie: »Gib uns eine Stimme. Lass die Welt wissen, was du gehört hast, was du gesehen hast, was du weißt.«

Ich schüttelte den Kopf, wollte die Stimmen abschütteln. *Das ist doch verrückt*, dachte ich. *Wer bin ich denn? Wieso sollte ausgerechnet ich etwas verändern können? Ich bin niemand Besonderes, nichts als ein kleiner Funken, der für eine Sekunde aufleuchtet, um anschließend in der Endlosigkeit des Universums zu erlöschen. Was sollte ich schon groß bewirken?*

Zurück in Waena, fühlte ich mich wie erschlagen, als hätte die feuchte Luft jede Energie aus meinem Körper gesogen. Ich legte mich aufs Bett, zog mir ein Kissen heran und ließ mich von einem Buch in die Welt der Phantasie entführen.

Am Abend berichtete Papa mir erfreut, dass meine Papiere bereits eingetroffen seien und wir die Maschine nach Quisa buchen könnten. Bald würde es also so weit sein, und ich würde wieder in ein Leben eintauchen, von dem ich seit Jahren träumte, zurück zu den Menschen, mit denen ich meine Kindheit verbracht hatte. Wie würden sie wohl reagieren, wenn sie mich wiedersahen? Würden sie sich genauso freuen wie ich? Erfüllt von diesen Fragen fiel ich in einen tiefen Schlaf.

Ich hatte einen Traum in dieser Nacht. Ich stand auf einem Hügel in Foida. Die Sonne schien, am strahlend blauen Himmel tummelten sich ein paar vereinzelte weiße Quellwolken. Eine angenehm kühle Brise wehte über mich hinweg, ich atmete die Süße des Dschungels tief ein. Mein Blick schweifte über den Horizont, als mich plötzlich ein heftiger Schreck durchzuckte. In der Ferne hatte sich ein schwarzes Wolkenband gebildet, das rasch größer wurde und bedrohlich auf mich zukam. Meine Unbeschwertheit begann zu schwinden, und eine diffuse Angst kroch in mir hoch. Gebannt beobachtete ich, wie dunkle Gewitterwolken über die mächtigen Bäume hinwegzogen; immer näher und näher kamen sie auf mich zu.

Schweißgebadet schreckte ich aus dem Schlaf hoch. Ich zog die dünne Decke von meinem feuchten Körper und starrte in die Dunkelheit. Mein Kopf war völlig leer, die Gedanken wie ausradiert. Plötzlich hörte ich ein Geräusch von draußen, und ich erstarrte.

Mein Zimmer lag auf der Rückseite des Gebäudes, von wo aus eine Tür in den Garten führte. Wer um Himmels willen geisterte mitten in der Nacht da draußen herum? Ich hatte doch das Tor abgeschlossen, bevor es dunkel wurde? Wie war es möglich, dass jemand in den Garten hineingekommen war? Ich verfluchte mich selbst dafür, dass ich so fahrlässig gewesen war und die geschmuggelten Dokumente nicht vernichtet hatte, und so beschloss ich, sie morgen in aller Frühe zu verbrennen. Nach einer halben Ewigkeit war es draußen endlich ruhig, und ich schlief wieder ein.

Am nächsten Morgen wachte ich auf, als jemand an meine Tür klopfte. Es war Papa, der mir eine Tasse Kaffee ans Bett brachte. Wie herrlich das duftete! Er setzte sich auf die Bettkante, und während ich an dem heißen Kaffee nippte, besprachen wir, was heute alles zu tun war. Es gab ja noch so viel zu erledigen vor unserer Abreise. Sobald Papa mein Zimmer wieder verlassen hatte, sprang ich aus dem Bett, zog mir rasch etwas über und griff nach meinem Rucksack. Ich holte die heiklen Unterlagen heraus, nahm eine Schachtel Streichhölzer und verließ das Haus durch die Hintertür.

Ich ging bis in die hinterste Ecke des Gartens, wo wir den Müll verbrannten, und vergewisserte mich mehrmals, dass mich niemand beobachtete. Es war noch sehr früh, und offenbar schliefen die anderen alle noch. Ich kniete mich hin, legte den Papierstapel auf den schmutzigen Boden und entzündete ein Streichholz. Eine schmale Flamme leuchtete auf, und vorsichtig, damit sie ja nicht wieder ausging, führte ich das Hölzchen unter den Papierstapel. Ich sah zu, wie die Blätter Feuer fingen und die Flamme sich ausbreitete, trat einen Schritt zurück und beobachtete, wie ein Dokument nach dem anderen erst braun und dann schwarz wurde und schließlich zu Asche zerfiel.

Ein tiefes Schuldgefühl überkam mich. Man hatte mich gebeten, diese Unterlagen jemandem auszuhändigen. Nun waren sie für immer verloren. *Das hier ist nicht mein Krieg*, sagte ich mir energisch noch einmal, während ich verfolgte, wie das letzte Blatt den Flammen zum Opfer fiel. Nachdem die Sache erledigt war, drehte ich mich um und kehrte zum Haus zurück. Alles an mir roch nach Rauch, also holte ich mir etwas anderes zum Anziehen und ging ins Bad.

Als ich in die Dusche stieg und den alten ovalen Stein zur Seite schob, der einmal zur Axt eines Fayu-Kriegers gehört hatte, huschte ein Lächeln über mein Gesicht. Papa benutzte ihn inzwischen, um damit das Loch abzudecken, durch das das Wasser abfloss. Im Gegensatz zu Europa bestehen die Duschen hier in West-Papua aus einem gemauerten Bereich mit einem kleinen Loch im Boden. Um ungebetenen Besuchen durch Kriechtiere und ähnliches Ungeziefer vorzubeugen, muss man das Loch verschließen, wenn die Dusche nicht benutzt wird.

Während ich den unangenehmen Geruch von mir abwusch, kehrten meine Gedanken zu unserer unmittelbar bevorstehenden Reise zurück. Im Kopf machte ich mir eine Liste mit

all den Dingen, die ich mitnehmen wollte und noch einpa-
cken musste. Wir würden fast vierzehn Tage bei den Fayu
verbringen. Das war zwar nicht annähernd so lange, wie ich
geplant hatte, doch Papa hatte mich getröstet, als wir gestern
darüber sprachen: »Du kannst ja nächstes Jahr wiederkom-
men und mehr Zeit mit ihnen verbringen, wenn du möchtest.«

Ja, überlegte ich unter der Dusche vor mich hin, als ich mir
seine Worte noch einmal ins Gedächtnis rief. *Genau das werde ich tun.*

Und mit diesem schönen Plan begann ich einen weiteren Tag
in einem Land, das mich allmählich wieder in seinen Bann
zog. Wie wunderbar es sich anfühlte, keine Angst mehr zu
haben. Als würde ich gleich abheben und davonschweben.
Glück hat wirklich etwas Magisches!

3
Rückkehr ins Land
der Fayu

Endlich war es so weit. Der lang ersehnte Tag war gekommen. Unser Flug war für den frühen Morgen geplant, und ich hatte in der Nacht vor Aufregung kaum ein Auge zugetan. Immer wieder schossen mir dieselben Fragen durch den Kopf: Wie würde ich mich wohl bei der Ankunft fühlen? Wie würden die Fayu auf mich reagieren?

Leider konnte ich nicht viel Gepäck mitnehmen, doch mein Rucksack und meine Fotoausrüstung mussten mit. Kleider waren dagegen nicht so wichtig, schließlich kann von »Mode« im Dschungel keine Rede sein, daher beschränkte ich mich auf wenige Teile und ein Paar Turnschuhe.

Draußen war es noch immer dunkel. Die kühle Luft fühlte sich auf meiner warmen Haut gut an. Jacop half uns, die vielen Säcke mit Lebensmitteln und die Kartons mit den anderen Gerätschaften im Wagen zu verstauen. Aron wollte uns begleiten, und ich freute mich, dass er weiter bei uns sein würde. Wir verabschiedeten uns von seiner Frau und den Kindern, die gekommen waren, um uns eine gute Reise zu wünschen. Papa trieb uns zur Eile an, denn wir waren spät dran, und der Pilot musste seinen Flugplan unbedingt einhalten.

Ich nahm meinen Stammplatz auf dem Rücksitz ein. Die Fahrt zu dem kleinen Flugplatz in Sentani dauerte etwa eine

40

halbe Stunde, die mit Plaudern schnell herumging. Aron erzählte mir, wie sehr er die Fayu mochte und wie gern er bei ihnen im Dorf war. Er lebte nur deshalb nicht dort, weil seine Kinder in der Stadt bessere Chancen auf eine anständige Ausbildung hatten.

»Im Fayu-Dorf gibt es keinen Lehrer für sie«, erklärte er mir. »Wenn dein Vater nicht wäre, könnte ich nicht mal ihr Schulgeld bezahlen.«

»Aber Aron«, erwiderte ich, »du gehörst doch zu uns. Wir sind alle eine große Familie!«

Er umarmte mich lachend. »Wie schön, dass du wieder da bist«, sagte er liebevoll.

Schnell wandte ich mich ab und sah aus dem Seitenfenster, um die Tränen zu verbergen, die mir in die Augen stiegen. *Wie sehr ich dieses Land liebe*, dachte ich. *Wie konnte ich nur so lange wegbleiben?*

Endlich erreichten wir den kleinen Flugplatz, wo uns der Pilot schon erwartete. Nachdem er uns begrüßt hatte, wog er das Gepäck, um sicher zu sein, dass das zulässige Gewicht nicht überschritten war. Währenddessen ging ich ein bisschen herum und sah mir die nähere Umgebung an. *Ja*, sagte ich mir, *hier fühle ich mich wohl*, und ich ließ den Blick über die kurze, grasbewachsene Startbahn und die kleine Propellermaschine schweifen, deren Inneres komplett umgeräumt worden war, damit wir zusammen mit dem Gepäck hineinpassten.

Ungefähr eine Stunde später waren unser Gepäck und die Kisten sicher verstaut, die Sitze irgendwo dazwischen montiert, und wir durften an Bord. Als Papa meinte, ich könne vorne sitzen, um eine bessere Sicht zu haben, kletterte ich überglücklich neben den Piloten.

Ich drehte mich noch einmal nach Aron und Papa um, die sich im hinteren Teil zwischen das Gepäck quetschen muss-

*An der Seite
des Piloten*

ten, und hatte ein schlechtes Gewissen, weil ich den besten Platz bekommen hatte. Mein Tauschangebot aber schlug Papa lächelnd aus.
Der Pilot ließ sich neben mir in seinen Sitz fallen und legte seinen Discman auf die Leiste unter dem Armaturenbrett. Er schnallte sich an und zeigte auf ein Paar riesige Kopfhörer, die hinter mir von der Decke der Maschine baumelten. Als ich sie aufsetzte, hörte ich seine Stimme. Er erklärte mir, dass ich über die Kopfhörer mit ihm reden könne, falls ich das während des Fluges wollte. Ich nickte und hängte sie wieder an ihren Platz.
Mit einem kräftigen Ruckeln begannen sich die Propeller zu drehen, immer schneller und schneller, bis sie mit voller Kraft arbeiteten und ein gleichmäßiges Dröhnen ertönte. Das Flug-

zeug holperte über die unebene Grasfläche, und wir rollten langsam auf die Startbahn zu. Der Pilot drückte den Starthebel durch, die Maschine schoss nach vorn, nahm Geschwindigkeit auf und hob schließlich in den Morgenhimmel hinein ab. Ein Gefühl von Freiheit und Abenteuer übermannte mich, je höher wir stiegen. Fasziniert beobachtete ich, wie die Landschaft unter uns immer kleiner wurde. Der Pilot drehte ab in Richtung des Landesinneren, und unsere Reise über den schier unendlichen Dschungel begann, eine Reise ins Land der Fayu, eine Reise zurück in die Welt meiner Kindheit.

Die Häuser wurden immer vereinzelter, die Straßen waren nicht mehr mit Kies und Schotter befestigt, sondern nur noch reine Sandpisten. Es überraschte mich, wie weit sie inzwischen ins Innere des Dschungels vordrangen, kilometerlange Straßen, die es noch nicht gegeben hatte, als ich ein Kind war. Kurze Zeit später überflogen wir die letzte Ortschaft, und endlich erstreckte sich unter uns nichts mehr als der dichte, undurchdringliche Dschungel, so weit das Auge reichte. Die Sonne stand inzwischen hoch am Himmel. Ich starrte hinab auf die Bäume und die Flüsse, die sich ihren Weg durch den grünen Teppich unter uns bahnten. Gelegentlich entdeckte ich eine kleine Hütte am Flussufer. Ich fragte mich, wer dort unten wohl lebte, welcher Stamm diesen Teil des Dschungels bevölkerte.

Ich wollte Papa fragen und drehte mich nach ihm um, doch er schlief, sein Kopf hing nach hinten über die Lehne. Es sah so furchtbar unbequem aus, wie er da eingeklemmt saß zwischen all den Kisten und den Säcken mit Lebensmitteln. Auf einmal fiel mir auf, wie sehr er in den letzten paar Jahren gealtert war; sein Haar war inzwischen vollständig ergraut, die Falten in seinem Gesicht waren tiefer geworden. Erst vor wenigen Monaten hatte er sich in Deutschland einer Operation am

Herzen unterziehen müssen. Eine schreckliche und schwere Zeit für die ganze Familie. Der Gedanke, meinen Vater zu verlieren, war einfach unerträglich. Er hatte immer so unbesiegbar gewirkt. Schon als junger Mann hatte er auf all die Annehmlichkeiten der modernen Welt verzichtet und war mit meiner Mutter nach Nepal gegangen, um dort mit ihr und uns drei Kindern bei einem Eingeborenenstamm im Himalaya zu leben. Als ich drei war, mussten wir aus politischen Gründen das Land verlassen und nach Deutschland zurückkehren.

Doch schon bald hatten wir wieder unsere Koffer gepackt und brachen auf nach Indonesien, und zwar im Jahr 1978 in den Dschungel von West-Papua. Es ging zu einem Stamm, der erst ein Jahr zuvor entdeckt worden war: den Fayu. Einem aussterbenden Stamm, von Krieg und Hass entzweit, dessen Angehörige daraufhin endlich den Frieden finden sollten. Und meine Eltern sind bis heute dort geblieben, sie wurden ein Teil des Lebens dieses Stammes, genau wie dieser ein Teil ihres Lebens geworden ist.

Die Landschaft unter uns wurde immer eintöniger, und ich begann mich schläfrig zu fühlen. Langsam wurde ich ungeduldig und fragte mich, wann wir wohl landen würden. Der Pilot hatte seinen Discman eingeschaltet und hörte Musik, Papa schnarchte hinter mir, und es kam mir vor, als stünde die Zeit still. Das andauernde Dröhnen des Propellers, das endlose Grün unter mir, der strahlende Himmel über mir – ich merkte, wie mir die Augen zufielen.

Mit einem Mal wurde ich wieder wach. Ich spürte, wie das Flugzeug zu sinken begann. Der Pilot hörte nun keine Musik mehr und konzentrierte sich auf die Maschine. Papa regte sich hinter mir. Ich spürte deutlich, wie sich die Stimmung änderte, wie die Spannung wuchs. Aufgeregt starrte ich aus dem Fenster. Und da, endlich, sah ich den Klihi-Fluss, der sich wie ein breites Band selbstbewusst durch alte Bäume, sumpfige Erde und dichte Vegetation wand. Der Pilot drehte ab, und wir verloren jetzt deutlich an Höhe. Ich hörte Papa etwas rufen und wandte mich zu ihm um. Aufgeregt deutete er nach draußen – da sah ich alles vor mir: den kleinen Hügel, unser Haus und schließlich ganz Foida! Doch bevor ich genauer hinschauen konnte, verlor ich das Dorf wieder aus den Augen. Vor lauter Anspannung hatte ich den Atem angehalten, und einen Moment lang konnte ich weder denken noch fühlen.

Der Pilot folgte für ein paar Minuten dem Flusslauf, dann machte er plötzlich eine scharfe Wendung und setzte zu einer Art Sturzflug an. Mit jeder Sekunde kamen die Bäume unter uns näher, wurden größer und größer ... und plötzlich tauchte direkt vor uns ein schmaler Streifen Gras und Erde auf. Der Pilot steuerte auf die Landebahn zu, und bevor ich noch Atem holen konnte, wurden wir mit einem heftigen Ruck durcheinander gewirbelt, als die Räder auf dem unebenen Untergrund aufsetzten. Ich klammerte mich an der Tür neben mir fest, die Wucht der Bremsen presste uns in die Sitze, bis die Maschine schließlich zum Stillstand kam.

Sofort rannten eine Menge Leute auf uns zu. Ich öffnete den Sicherheitsgurt, während die Propeller immer langsamer wurden. Die plötzliche Ruhe ließ mich aufblicken. Ich sah die Bäume, die am Ende der Landebahn standen, ich sah die lachenden Gesichter der Fayu vom Stamm der Tigre, ich hörte, wie die aufgeregten Stimmen der Menschen auf mich einströmten. Und dann fühlte ich die Hitze, die mich mit voller Wucht traf. Wir waren in Quisa gelandet.

Noch bevor ich aus dem Flugzeug gestiegen war, hatten mich die wartenden Fayu in ihre Mitte genommen. Eingehend musterte ich ihre Gesichter und stellte enttäuscht fest, dass ich kein einziges wiedererkannte. Das lag wohl daran, dass ich hauptsächlich mit Fayu vom Stamm der Iyarike aufgewachsen war. Ich bahnte mir einen Weg durch die Menschenmenge, die sich um Papa gebildet hatte, und merkte schon, dass etwas Unerwartetes vor sich ging. Die Fayu redeten laut und aufgeregt auf Papa ein, seine Miene verdüsterte sich.

»Was ist denn passiert?«, fragte ich sofort.

»Klorus Frau ist vor wenigen Tagen gestorben. Die Iyarike sind alle in Trauer«, antwortete Papa.

Mir wurde ganz schwer ums Herz. Wie schrecklich vor allem für Tuare, Bebe und Babu-Bosa, die ihre Mutter verloren hatten. Papa riss mich aus meinen Gedanken: »Trotzdem haben einige Iyarike beschlossen, sich auf den Weg hierher zu machen, um uns zu begrüßen.«

Das rührte mich. Ich drehte mich um und sah, wie ein paar von den Männern auf ein Zeichen hin zu dem Piloten gingen, um ihm beim Entladen der Maschine zu helfen. Auch ich schnappte mir, was ich tragen konnte, und lief den Hügel hinunter ins Dorf.

Die Menschen beobachteten mich mit neugierigen Blicken, bis schließlich ein paar Frauen zögerlich auf mich zukamen. Ich ging zu einer kleinen Gruppe hinüber, die sich unter einem Baum versammelt hatte, und legte als Zeichen der Begrüßung meine Hände in die ihren. Sofort war all ihre Schüchternheit verflogen, und sie nahmen mich in ihre Mitte, eine jede von ihnen mit dem Wunsch, mich willkommen zu heißen. Auch wenn ich mich an die meisten von ihnen nicht erinnern konnte, so kam mir doch das eine oder andere Gesicht vertraut vor, und zumindest die Älteren von ihnen wussten, wer ich war.

Da rief jemand meinen Namen. Ein Fayu mit Pfeil und Bogen, der offenbar gerade erst eingetroffen war, winkte mich

Der trauernde Kloru

zu sich herüber. Er grinste von einem Ohr zum anderen, und als ich vor ihm stand, nahm er mich am Arm und rieb seine Stirn gegen die meine. Denn die Fayu begrüßen sich, indem sie einander die Stirn reiben, ähnlich wie wir hier im Westen uns die Hand schütteln.
»Kennst du mich noch?«, fragte er, noch immer strahlend.
»Aber ja!«, rief ich. Er war einer der wenigen vom Stamm der Tigre, die in unserer Nähe lebten, als wir damals noch am Fluss wohnten. Wenn ich mich recht erinnerte, war er mit Häuptling Baou verwandt.
Ein Gefühl der Freude überkam mich, als ich die vertraute Sprache der Fayu zum ersten Mal nach fünfzehn Jahren wieder hörte. Sie klang wie Musik in meinen Ohren. Das Einzige, was mir allmählich auf die Nerven ging, waren die unzähligen Sumpffliegen, die in ganzen Schwärmen um mich herumsirrten und mich auf der Suche nach blanker Haut immer wieder attackierten. Sobald ich mich hinsetzte, waren meine Arme und Beine völlig von den Fliegen bedeckt, und

So reibt man die Stirn

kaum ging ich ein paar Schritte, verfolgte mich ein ganzer Schwarm. Als Kind hatten sie mich nie gestört, vielleicht weil wir uns schnell an sie gewöhnt hatten. Nach so vielen Jahren in Europa aber waren mir die vielen krabbelnden Fliegenbeine auf der Haut sehr unangenehm.

Die Hitze wurde langsam unerträglich, selbst im Schatten unter dem Baum. So beschloss ich, den Hügel wieder hinaufzugehen und mich zu vergewissern, dass sich jemand um meine Fotoausrüstung kümmerte. Wie auf Kommando folgte mir eine ganze Horde Kinder, die alle wild durcheinander redeten, und ich fragte mich, was sie wohl sagen mochten. Wieder an der Landebahn angekommen, entdeckte ich meine Tasche mit der Fotoausrüstung auf dem Boden, mitten in der prallen Sonne. Rasch hob ich sie auf und legte sie unter eine der Tragflächen in den Schatten. Der Pilot war damit beschäftigt, die Maschine zu warten. Er hielt einen kleinen Plastiktrichter in der Hand und füllte Treibstoff aus einem rostigen Kanister in den Tank. Ich beobachtete ihn und musste lachen beim Gedanken daran, wie anders die Gepflogenheiten hier doch waren.

Es gibt eine Geschichte, die mir mein Bruder einmal erzählt hat und die so typisch für das Leben hier ist: Ein Mann aus der westlichen Welt, der seit kurzem in Asien lebte, ging in ein einheimisches Restaurant und bestellte eine Suppe. Als sie ihm serviert wurde, stellte er fest, dass eine Fliege darin schwamm. Sofort rief er den Kellner herbei, beschwerte sich lautstark und verlangte eine neue Suppe. Einige Monate später bestellte er in demselben Restaurant erneut eine Suppe – und wieder schwamm eine Fliege darin. Er seufzte kurz, fischte das Tier mit dem Löffel heraus und begann zu essen. Nach wiederum einem Jahr passierte dasselbe. Als der Mann die Fliege in der Suppe bemerkte, zuckte er die Achseln, nahm seinen Löffel und aß die Suppe, mitsamt der Fliege.

Natürlich heißt das nicht, dass jeder irgendwann anfängt, Fliegen zu essen, nur weil er mehrere Jahre in West-Papua gelebt hat. Aber man verändert sich nach einer Weile und eignet sich durchaus die eine oder andere deutlich abweichende Verhaltensweise an, vor allem wenn man schon als Kind dorthin kommt …

Die Unterschiede sind jedoch nicht nur im Verhalten der Menschen erkennbar, sondern auch in ihrer mentalen Einstellung. Ich erinnere mich an einen Vorfall in der Dschungelbasis Danau Bira. Dort besuchten uns hin und wieder Leute aus der zivilisierten Welt, die auf vieles, was uns ganz natürlich schien, außerordentlich empfindlich reagierten. Wir konnten beim besten Willen nicht verstehen, wieso sie so zimperlich waren.

So war es auch mit unserer ersten Lehrerin, die unermüdlich versuchte, uns Rasselbande ein Mindestmaß an Erziehung beizubringen. Eines Tages beschlossen wir, der blutjungen

Frau, die gerade erst aus Amerika zu uns in den Dschungel gekommen war, einen Streich zu spielen. Wir überredeten sie zu einer Bootsfahrt. Mit großen und unschuldigen Augen schwärmten wir ihr von einem wunderschönen Ort vor, den wir ihr unbedingt zeigen müssten. Ich weiß noch, dass sie mehrfach fragte, ob das nicht zu gefährlich sei. Nein, nein, beteuerten wir wie aus einem Munde.

Sie stieg also tatsächlich in unser kleines Kanu, und wir paddelten auf den See hinaus. An einem Ufer des Gewässers, in einer mit hohem Schilfgras bewachsenen Bucht, befand sich ein Brutplatz für Krokodile. Dort angekommen, kletterten wir einer nach dem anderen auf einen breiten Baumstamm, der im dichten Schilf lag. Zögernd folgte uns die Lehrerin, und ich spürte, wie unheimlich ihr das Ganze war. Doch sie wollte ihre Unsicherheit nicht vor uns Kindern zeigen. Kaum dass sie auf dem Baumstamm stand, sprangen wir zurück in das Kanu und paddelten außer Reichweite. Dann klärten wir die völlig verängstigte Frau höflich darüber auf, dass dies hier der Lieblingsnistplatz aller Krokodile sei. Wir gaben ihr noch den Tipp, sich ja nicht zu bewegen und schon gar nicht ins Wasser zu springen. Denn Krokodile stürzen sich unverzüglich auf alles, was auch nur in die Nähe ihrer Brutplätze kommt. Unsere Lehrerin begann erst zu flehen, dann zu drohen und brach schließlich in Tränen aus. Irgendwann erbarmten wir uns und ließen sie, käsebleich und zitternd, wieder in unser Boot steigen.

Du liebe Zeit, haben unsere Eltern uns anschließend die Hölle heiß gemacht wegen dieser Aktion. Dabei war die Brutzeit der Krokodile doch längst vorbei, die Nester waren verwaist, es hätte gar nichts passieren können …

Der Dschungel war nun einmal meine Welt, wo ich mich auskannte und wo ich mich sicher fühlte. Dinge und Situationen, die ich als absolut normal betrachtete, riefen bei anderen

Furcht und Unsicherheit hervor. Und waren es nur meine Spinnen, die ich so liebte und die bei anderen Angst und Abscheu erregten.

Genauso erging es mir dann, als ich nach Europa kam. Für westlich geprägte Menschen völlig selbstverständliche und alltägliche Dinge wie Bus fahren oder Telefonieren machten mich nervös und verunsicherten mich – und kaum einer konnte nachvollziehen, welche Ängste mich eigentlich beschlichen. So schlug mir Unverständnis, aber oft auch Gefühllosigkeit entgegen. Ich habe Jahre gebraucht, um diese Unterschiede zu verstehen.

Es kam daher nicht von ungefähr, dass ich mich in Quisa nach kürzester Zeit wieder so fühlte, als sei ich in meine Welt zurückgekehrt. Und das, was ich nun erlebte, trug maßgeblich dazu bei.

Der Pilot brauchte etwa eine Stunde, bis er unser Gepäck ausgepackt, die Maschine aufgetankt und alle weiteren Vorbereitungen für seinen Rückflug nach Sentani getroffen hatte. Dabei trug er eine Sonnenbrille und eine Pilotenuniform. Neugierig beobachtete ich, wie er plötzlich hinter dem Flugzeug verschwand und wenige Minuten später mit Mundschutz, Kittel und Gummihandschuhen wieder hervorkam. Mit einer Arzttasche ging er den Hügel hinunter in Richtung Dorf.

Während er noch unter einem Baum einen Holzstuhl aufstellte und ein kleines Loch grub, bildete sich vor ihm eine Menschenschlange. Er sah auf, winkte den Ersten in der Reihe zu sich und bedeutete ihm, sich hinzusetzen.

Und so verwandelte sich unser Pilot für die kommenden Stunden in einen Zahnarzt. Einer nach dem anderen setzten sich die Fayu vor ihm auf den »Behandlungsstuhl« und ließen sich Zähne ziehen, die so faulig und marode waren, dass einen westlichen Zahnarzt wohl die Übelkeit überkommen hätte. War der Zahn gezogen, so wurde er in das Loch geworfen, und der nächste Patient war an der Reihe.

Am meisten erstaunte mich, dass der in einen Zahnarzt verwandelte Pilot bei der extremen Hitze überhaupt arbeiten konnte. Ständig umschwirrte ihn ein dichter Fliegenschwarm, und er hielt nicht ein einziges Mal inne, um die Plagegeister zu verscheuchen. Nachdem der letzte Zahn gezogen war und der letzte Fayu glücklich von dannen zog, packte der Arzt seine Utensilien zusammen. Er kehrte zurück zum Flugzeug, verschwand wieder kurz hinter der Maschine und kam wenige Minuten später in seiner Pilotenuniform zurück. Was für eine farbige Welt!

Etwa eine Stunde nach unserer Ankunft hörte ich einen lauten Ruf und ging nachsehen, was los war. Papa rief mich zu sich und erzählte mir, dass eine Gruppe Iyarike eingetroffen war. Sofort ging ich hinunter zum Fluss, um sie zu begrüßen, und stieß als Erstes auf Nakire und Fusai. Ein wunderbares und bewegendes Wiedersehen! Lachend kamen sie auf mich zu, stießen Freudenschreie aus, begrüßten mich wie ein verloren geglaubtes Familienmitglied und hießen mich aufs Herzlichste zu Hause willkommen.

Ich war ein ganzes Stück gewachsen, seit ich den Dschungel verlassen hatte, und stellte zum ersten Mal erstaunt fest, wie klein Nakire war. Er reichte mir gerade mal bis zur Schulter. Nun kam auch Häuptling Kologwoi, seine Begrüßung fiel ein wenig reservierter aus. Er hatte seinen Körper mit Schlamm eingerieben, zum Zeichen seiner Trauer. Da ich in langen Jahren gelernt hatte, wie die Fayu trauern, wusste ich, dass ihnen die Trauerzeit heilig ist und sich eine ausgelassene Begrüßung verbot. Ein Blick in ihre Augen zeigte mir aber, dass sie ebenso aufgeregt waren wie ich.

Mit Fusai und Nakire im Boot nach Foida

Nach einigen Stunden begannen wir mit den Vorbereitungen für unsere Weiterfahrt nach Foida. Ein paar Männer brachten unser Gepäck hinunter zum Fluss, wo Papa ein großes Kanu mit Außenbordmotor liegen hatte. Gemeinsam mit Fusai ging ich zum Ufer und setzte mich ganz vorne in das Boot. Papa deckte das Gepäck hinter mir mit einer großen Plastikplane ab, da am Himmel inzwischen dunkle Wolken aufgezogen waren. Ein Dani-Mann namens Pak Hibiri, ein Mitglied des YPPM, der bei den Fayu lebt, nahm am hinteren Ende des Bootes Platz, um das Kanu zu steuern.

Wir winkten den Leuten vom Stamm der Tigre, die uns bis zum Boot begleitet hatten, zum Abschied und hielten auf die Mitte des Flusses zu. Neben Papa, Aron, mir und dem Steuermann waren nur noch ein paar wenige Iyarike mit an Bord. Pak Hibiri würde später zurückkehren und die anderen abholen, die wegen all unseres Gepäcks nicht mehr in das Kanu gepasst hatten. Wind zog auf, und der Himmel verdunkelte sich rasch.

»Hoffentlich schaffen wir es bis nach Foida, bevor es anfängt zu regnen«, schrie Papa und versuchte, den lauten Motor zu übertönen.

Ich nickte zum Zeichen, dass ich ihn verstanden hatte, während wir mit der Strömung flussabwärts fuhren. Die Strömung des Klihi ist sehr stark, sogar in Ufernähe kann sie einen erwachsenen Mann spielend von den Füßen holen und mit sich reißen.

Pak Hibiri gab Gas, damit wir noch mehr an Fahrt gewannen. Plötzlich fing der Motor an zu stottern und verstummte schließlich ganz. Stille umgab uns für einen Augenblick, dann war in der Ferne ein Donnergrollen zu hören. Da spürte ich auch schon den ersten Regentropfen, dann den zweiten, ohne Vorwarnung öffnete der Himmel seine Schleusen, und in wenigen Sekunden waren wir durchnässt bis auf die Knochen. Die Strömung zog uns mit sich. Ich fing an zu frieren, als der Wind stärker wurde.

Ein Hauch von Abenteuer lag in der Luft, und mir wurde einmal mehr bewusst, wie sehr ich die Natur und ihre unvergleichliche Stärke liebe.

Pak Hibiri zog währenddessen wie von Sinnen am Startkabel, um den Motor wieder zum Laufen zu bringen. Mein Blick wanderte zu Papa hinüber, doch er wirkte so entspannt, als wäre er unterwegs zu einem sonntäglichen Picknick. Als er merkte, dass ich ihn beobachtete, warf er die Arme in die Luft und rief enthusiastisch: »Willkommen zurück im Dschungel!«

Ich musste laut loslachen. Solange er sich keine Sorgen machte, waren wir garantiert nicht in Gefahr. Etwa eine Viertelstunde lang trieben wir den Fluss hinab, und Pak Hibiri bemühte sich weiterhin vergeblich, den Motor anzuwerfen. Ich betrachtete das Flussufer, wo die dichte Vegetation fast bis ins Wasser reichte. Als ich wieder aufblickte, sah ich, dass wir auf eine Flussbiegung zutrieben. Wir waren jetzt gefährlich dicht am Ufer. Langsam wurde ich nervös, schließlich wusste ich genau, wie leicht ein Kanu kentert. Besorgt dachte ich an meine Fotoausrüstung. Je näher wir der Kurve kamen, desto unruhiger wurde ich, und es trug nicht gerade zu meiner Beruhigung bei, dass inzwischen auch Papa die Stirn in Falten zog. Wir glitten immer schneller durch das Wasser.

In Gedanken ging ich schon mal die einzelnen Schritte durch, was zu tun war, falls wir die Uferböschung streiften und kentern sollten. Was sollte ich als Erstes retten? Die Kamera oder doch den Laptop? Ich würde nicht mehr als ein Gepäckstück mit ins Wasser nehmen können.

Der Wind pfiff jetzt richtig stark, der Regen peitschte auf uns herab wie tausend kleine Nadeln. Wir hatten die Biegung fast erreicht, alle waren mucksmäuschenstill, nur das Donnergrollen war hin und wieder zu vernehmen. *Kaum hier, und schon mitten im ersten Abenteuer*, dachte ich und bereitete mich innerlich auf den Sprung ins Wasser vor.

Da erklang ein Stottern, und nach ein paar Aussetzern lief der Motor wieder. Alle jubelten erleichtert, Papa am lautesten. Inzwischen fror ich so sehr, dass ich am ganzen Körper zitterte.

»Wir haben es fast geschafft«, rief Papa mir über das Dröhnen des Motors und den prasselnden Regen hinweg zu. Tatsächlich bogen wir um eine weitere Flusswindung, und direkt vor uns war eine Hütte mit einem hölzernen Steg zu sehen, an dessen Ende mehrere Kanus vertäut waren. Es waren nur noch wenige Augenblicke, dann würde ich das Ziel meiner langen Reise erreicht haben. Nach über fünfzehn Jahren war ich endlich zurück in Foida!

Ich sah in den schwarzen Himmel hinauf, genoss den Regen auf meinem Gesicht, und ein Glücksgefühl durchströmte mich, wie ich es schon seit Jahren nicht verspürt hatte. Als das Boot das Ufer erreichte, sprang Nakire mit dem Tau in der Hand an Land und schlang es um einen Pflock. Ich stand auf und merkte, dass meine Beine ganz steif geworden waren. Hastig streifte ich mir die mit Wasser vollgesogenen Turnschuhe ab und ging ebenfalls von Bord. Sofort sanken meine Füße in die weiche Erde ein, und Fusai nahm mich an der Hand, um mich hochzuziehen. Ich kletterte die schmale Böschung hinauf und sah mich um. Aber welche Enttäuschung! Niemand war gekommen, um uns zu begrüßen. Ich hätte es wissen sollen: Bei Regen verkriechen sich die Fayu immer in ihren Hütten.

Ich war müde und völlig erschöpft von dem anstrengenden Tag. In einer Stunde würde es bereits stockdunkel sein, und wir mussten uns beeilen, wenn wir unser Gepäck bis dahin ins Haus bringen wollten. Ich griff nach einer Tasche, doch jemand anders war schneller als ich.

»Geh schon vor, Sabine. Die Zeit läuft uns davon«, rief Papa mir zu.

Also nahm ich meine Turnschuhe in die Hand und machte mich auf den Weg: Auf einer Brücke, die mitten in den nebelverhangenen Dschungel führte, begann der letzte Abschnitt meiner Fahrt.

Wir hatten die Brücke damals schlicht »Dschungelbrücke« genannt.

Sie war etwa 750 Meter lang und führte vom Flussufer über morastigen Grund hinauf ins Dorf. Sie stand auf unzähligen Holzpfählen, die sich zu beiden Seiten tief in den Schlamm bohrten und von denen jeweils zwei gegenüberliegende mit einem Brett verbunden waren. Zwischen den einzelnen Pfählen waren mehrere längere Bretter als Geländer angebracht. Wegen der hohen Luftfeuchtigkeit waren viele der Bretter morsch geworden oder fehlten ganz, was das Überqueren der

Die Planken der Dschungelbrücke

Brücke nicht ganz leicht machte. Vor allem nicht bei Regen, da die ohnehin ausgetretenen Bretter nun auch noch extrem rutschig waren.
Der Tag neigte sich, und über dem Sumpf machte sich Dämmerlicht breit. Der Dschungel lag in tiefer Stille, nur das gelegentliche Quaken einiger Frösche drang aus dem dichten Unterholz zu uns herauf. Stumm hasteten wir voran.
Ich konzentrierte mich auf meinen Halt, im vollen Bewusstsein dessen, wie schnell die einbrechende Dunkelheit von diesem magischen Wald Besitz ergriff. Ich hörte die Schritte von Fusai dicht hinter mir. Die Brücke erschien mir endlos lang, und auch der Regen wollte nicht aufhören, auf uns herabzuprasseln. *Momentan ist Regenzeit*, dachte ich, *leider ungünstig für Fotos*.
Wir waren etwa eine halbe Stunde unterwegs, als ich im abendlichen Dunst die Umrisse eines schmalen Hauses vor

Das Gästehaus – meine neue Heimat im Dschungel

mir erkannte. Wir hatten das Dorf erreicht. Endlich! Ein letzter Schritt, und ich hatte wieder festen Boden unter den Füßen. Ich sah mich nach Papa um, der gerade zu uns aufschloss, und folgte ihm zu dem Haus.

Wir erklommen die wenigen Stufen zur Veranda und standen gleich darauf in einem kleinen Raum; rechts von uns, gleich am Fenster, ein kleiner alter Tisch, an der Wand eine Tafel, auf die jemand »Willkommen zu Hause« geschrieben und darunter einen Smiley gezeichnet hatte. Gegenüber führte eine weitere Tür ins Schlafzimmer. In einer Ecke stapelten sich mehrere Kisten, und ich sah gerade noch, wie der Schatten einer Kakerlake darunter verschwand. Ich hasse Kakerlaken.

Papa entzündete eine Kerosinlampe. Der schwache Schein warf Schatten an die Wand und verlieh dem Raum eine unheimliche Atmosphäre. Draußen war die Welt in Dunkelheit getaucht, der Regen war in ein sanftes Nieseln übergegangen. Nun zeigte Papa mir auch die Küche und das Bad, beide winzig klein und sehr schlicht. Weil hier alles sehr beengt war, sollte ich in einem anderen Haus schlafen, ein Stück weiter den Hügel hinauf.

»Kann ich kurz duschen?«, bat ich Papa. Ich fühlte mich von der langen Reise furchtbar schmutzig.

Die Dusche bestand lediglich aus einer Holzplattform mit Wänden aus Plastik, als Beleuchtung musste eine Kerze ausreichen, die Papa auf ein schmales Holzbrett stellte. Das Wasser kam aus Fässern neben dem Haus, in denen das Regenwasser gesammelt wurde.

Mit einer Taschenlampe suchte ich die Plattform ab, um unliebsamen Besuchern beim Duschen vorzubeugen. In einer der Ecken entdeckte ich tatsächlich eine Spinne. Ich nahm einen Stock und schob sie durch eine Ritze im Dielenboden. Das Wasser war nicht so kalt, wie ich erwartet hatte. Im schwachen Schein der Kerze duschte ich mich kurz ab und schlüpfte erfrischt in trockene Kleider.

»Willst du was essen, Sabine?«, fragte Papa.

»Nein, danke, ich habe keinen Hunger, ich bin viel zu müde«, antwortete ich – gähnend, aber glücklich. Ich nahm meinen Rucksack mit den Kleidern, die Fotoausrüstung und die Taschenlampe und machte mich auf den Weg zu meiner Unterkunft. Aron, der mit mir im »Gästehaus«, wie Papa es nannte, wohnen würde, war schon vorausgegangen und hatte ein paar Kerzen angezündet. Langsam tastete ich mich im Dunkeln über den rutschigen Pfad auf das flackernde Licht zu.

Als ich die Tür aufdrückte, wartete Aron bereits auf mich und zeigte mir mein Zimmer. Auch hier gab es nur spärliches Mobiliar: Lediglich ein Bett mit einem Moskitonetz und ein kleiner Holztisch mit zwei Stühlen standen darin. Ich ließ den Schein der Taschenlampe über den Boden wandern und entdeckte mehrere tote Kakerlaken, die ich mit dem Fuß beiseite schob. Schließlich hatte ich keine Lust, in der Nacht

Reste von zerquetschten Kakerlaken von meinen nackten Sohlen abzukratzen, sollte ich aufwachen und zur Toilette müssen.

Ich fragte mich, wie es meiner 14-jährigen Tochter Sophia jetzt erginge, wenn sie hier bei mir wäre. Sie fürchtet sich vor allem, was kreucht und fleucht, und selbst beim Anblick der kleinsten Spinne auf dem Boden würde sie am liebsten gleich die Wände hochklettern. Beim Gedanken daran musste ich lachen. Nein, das hier wäre ganz sicher nicht ihre Welt. Meine jüngere Tochter Vanessa mit ihren vier Jahren liebt dagegen die gesamte Tierwelt und hat so lange um ein Haustier gebettelt, bis ich ihr eine Katze besorgt habe. Allerdings ist das Betteln dadurch nicht weniger geworden, jetzt wünscht sie sich auch noch einen Hund.

Da fiel mir ein, dass auch meine arme Mutter all die Jahre mit meiner skurrilen Tiersammlung, die bald in eine Tierzucht ausgeartet war, umgehen musste. Vor allem, als meine Spinnen gebrütet hatten und die Jungen aus den Eiern schlüpften. Das ganze Zimmer war voller winziger Spinnen, die mit bloßem Auge kaum zu erkennen waren …

Ich stellte meinen Rucksack und die Fotoausrüstung in einer Ecke ab, und nachdem ich Aron eine gute Nacht gewünscht hatte, kroch ich unter das Moskitonetz. Wie herrlich sich das trockene, warme Bett anfühlte!

Ich blickte nach oben, betrachtete das vertraute Netz über mir und hörte auf die Geräusche der Natur. Schon als Kind hatte ich das Trommeln des Regens auf dem Wellblechdach geliebt. Wie ein Rhythmusorchester wurde das Prasseln erst leiser, dann lauter und wieder leiser, je nach Stärke des Regens. Wie sehr ich diese Musik vermisst hatte – ein Wiegenlied, das mich als kleines Kind so oft in den Schlaf gesungen hatte. Ja, ich war wieder zu Hause, zurück in einer Welt, die meinem Herzen unendlich vertraut war. Eine Welt, von der

Mein Zimmer

ich mich hatte abwenden wollen, die sich jedoch nie gegen mich gewendet hat, die mich mit vielen Erinnerungen zu sich zurückgerufen hat.
Und in dieser Nacht träumte ich wieder davon, wie ich barfuß durch den Dschungel lief, wie ich in dem kühlen Fluss schwamm, wie ich am Horizont einen atemberaubenden Sonnenuntergang über dem endlosen Grün bewunderte.

4
Unser Dorf Foida

Plötzlich wurde ich aus meinen Träumen gerissen. Es war noch immer dunkel draußen, das weiche Morgenlicht drang kaum durch die dichte Vegetation des Dschungels.

Ich hörte Stimmen, die ich zunächst nicht zuordnen konnte. Doch dann fiel es mir ein: Die Trauerfeierlichkeiten hatten begonnen, wunderschöne Gesänge zu Ehren der Verschiedenen und zur Erinnerung an die Toten. Heute besangen sie Tuares Mutter.

Die Fayu benutzen lediglich drei verschiedene Töne und erzeugen damit jedoch ganze Lieder, in denen sie unzählige Erinnerungen an die Verstorbenen aufleben lassen. Auf diese Weise erwecken sie die Personen wieder zum Leben und erinnern an all die schönen Momente mit ihnen. Diese Rituale können bis zu mehrere Monate dauern, je nachdem, wie alt der Verstorbene war und welche Position er im Stamm innehatte.

Was ich an jenem Morgen noch nicht wusste und erst später herausfand: Der Name der betrauerten Person kommt niemandem mehr über die Lippen, nachdem die Trauer abgeschlossen ist. Sobald die letzte Träne geweint und das letzte Trauerlied verklungen ist, existiert dieser Mensch für die Gemeinschaft nicht mehr. Und da fiel mir wieder ein, dass selbst in den alten Zeiten, als die Fayu noch die Knochen ihrer Ahnen in ihren Hütten aufhängten, die Toten uns schlicht mit den Worten »Das hier ist mein Onkel« oder »Das ist mein Bruder« vorgestellt wurden. Der Name oder irgendwelche Ereignisse rund um jene Personen wurden niemals erwähnt. Eine Sitte, die für die Fayu verhängnisvoll war. Denn dadurch haben sie nicht nur die Erinnerung an die Verstorbenen verdrängt, sondern im Laufe der Jahre auch sämtliche Geschichten und Legenden über ihr Volk, ihr Wissen – ja, die gesamte blühende Kultur, die sie einmal hatten, belegt durch die wenigen noch überlieferten Traditionen.

So erklärt etwa ein Fayu-Vater seinem Sohn nicht, wie man Pfeil und Bogen herstellt, um im Dschungel zu überleben. Auch spricht er mit dem jungen und unerfahrenen Krieger nicht über das, was ihm sein eigener Vater noch überliefert hat. Bei den Fayu lernen die Kinder, indem sie die Erwachsenen beobachten und sich alles Wichtige von ihnen abschauen. Allerdings lassen sich viele Dinge nicht allein durch Abschauen begreifen. Unsere Vorgehensweise hier im Westen, dass wir unsere Kinder durch Schule und Erziehung auf das spätere Leben vorbereiten und ihnen unsere Geschichte nahebringen, ist den Fayu völlig fremd. Bei ihnen haben gerade mal zwei Legenden überdauert, die Papa nur zufällig von Kloru gehört hat. Und damals lebten wir schon mehrere Jahre im Dschungel.

Kloru hatte sie von seinem Großvater, war jedoch nie auf die Idee gekommen, sie an seine Söhne weiterzugeben. Papa hatte die Legenden, von denen später im Kapitel »Bisa und Beisa« noch ausführlich die Rede sein wird, sofort sorgfältig dokumentiert.

Die Fayu leben weder in der Vergangenheit noch in der Zukunft, sondern ausschließlich in der Gegenwart. Das wurde mir schon wenige Tage nach meiner Ankunft wieder deutlich bewusst, da mich niemand danach fragte, wie es mir in den letzten Jahren ergangen war, und auch keiner wissen wollte, wo ich überall gelebt hatte, seit ich West-Papua verlassen hatte. Einzig für meine Kinder interessierten sie sich.

In gewisser Weise hat es seinen Reiz, so zu leben und sich weder über das zu beklagen, was gewesen ist, noch wegen dem zu ängstigen, was noch kommen mag. Andererseits könnte das Leben der Fayu so viel leichter und unkomplizierter sein, wenn sie sich zumindest ein paar Gedanken über ihre Zukunft machen würden. Selbst mit der Aufgabe, einen Garten anzulegen, sind sie hoffnungslos überfordert. Sie hatten Papa einmal vor langer Zeit erklärt, dass es sie zu sehr anstrenge, die nötige Geduld aufzubringen. Sie wollten nicht warten, bis sich aus den Samen Pflanzen entwickelten und es endlich etwas zu ernten gab, und sie wollten sich auch nicht um den Garten kümmern müssen.

Später würde ich mit Bedauern feststellen, dass auch der Garten, den meine Mutter damals mit viel Mühe und Liebe angelegt hatte, dem Dschungel zum Opfer gefallen war. Und die paar Früchte, die tatsächlich noch an den Bäumen wuchsen, wurden von den Kindern geerntet, lange bevor sie reif und damit genießbar waren.

Ich musste schmunzeln, als ich daran zurückdachte, wie meine Mutter deswegen fast verzweifelt war. Wenn sie die Kinder ermahnte, die wieder einmal unreifes Obst von einem der Bäume gepflückt hatten, hieß es in ungläubigem Ton: »Wieso sollen wir warten, bis sie reif sind, wenn wir sie auch jetzt essen können?«

»Jetzt passt mal auf«, erwiderte Mama und versuchte ihnen dann zu erklären, dass sie sich mit dem unreifen Obst sehr unangenehm den Magen verderben konnten, doch sie stieß auf taube Ohren. Die Fayu haben Mägen aus Stahl.

Dabei waren gerade bei den Kindern ernsthafte Mangelerscheinungen nicht zu übersehen. Orangefarbene Haare, aufgeblähte Bäuche und zahlreiche andere Symptome deuteten

auf eine unausgewogene Ernährung hin. Mama hatte eigens Ananasstauden gepflanzt, um diesen Mängeln abzuhelfen. Doch die Fayu können sehr stur sein. Ein Bissen, und sie hatten die köstliche Ananas mit der Behauptung, das schmecke ja scheußlich, ausgespuckt und nie wieder angerührt. Von Keksen und anderen Lebensmitteln voller künstlicher Aromastoffe konnten und können sie dagegen nicht genug bekommen. Arme Mama – aber am Ende hatten wir damals alle darüber gelacht.

Ich denke mal, das ist, wie wenn ein Eingeborener einem Europäer lebendige Käfer anbietet und betont, wie gesund und proteinreich die Insekten seien, die er im Übrigen für eine Delikatesse hält. In diesem Fall würde ich wohl auch die künstlich schmeckenden Kekse bevorzugen.

Nachdem ich meinen Gedanken nachgehangen war, schlief ich noch einmal ein, diesmal eingelullt von den sanften Klagegesängen, denn es hatte aufgehört zu regnen, und der beginnende Tag versprach sonnig und warm zu werden.

Als ich wenige Stunden später wieder wach wurde, hörte ich, dass das Leben im Dorf schon in vollem Gange war. Ich stand auf und beschloss, zu Papa hinüberzugehen, um erst einmal zu duschen.

Jetzt, bei Tageslicht, konnte ich das Dorf endlich richtig erkennen und sah mich neugierig um. Unter mir auf der rechten Seite befand sich Papas Haus, links davon stand ein von der Regierung errichtetes Gebäude, an dessen langer Seite sich eine große Veranda erstreckte. Der stellvertretende Gouverneur von West-Papua war von Papas Arbeit mit den Fayu derart beeindruckt, dass er dieses Haus gestiftet hatte, das als Schule dienen sollte. Doch es gab im Moment keinen Lehrer, da sich niemand fand, der auf die Bequemlichkeiten einer Stadt verzichten mochte, um im Dschungel zu leben und zu unterrichten. So wurde das Gebäude als Treffpunkt und Unterbringung für all diejenigen genutzt, die anlässlich unserer Anwesenheit zu Besuch kamen. Links davon sah ich Pak Hibiris Haus, und ein Stück weiter den Hügel hinauf standen weitere Fayu-Hütten.

Auf dem Weg zu Papas Haus hörte ich plötzlich, wie jemand meinen Namen rief. Auf der langen Veranda der Schule saßen mehrere Frauen und winkten mir zu. Als ich einige vertraute Gesichter erkannte, musste ich lächeln und ging schnurstracks den Hügel hinunter auf die Gruppe zu, als Erstes auf Akaba, die Frau von Häuptling Kologwoi.

Denn die strengen Regeln der Fayu geboten, dass ich ihr vor allen anderen meinen Respekt zollte.

Sie umarmte mich heftig, und ihre Stimme überschlug sich fast vor Aufregung. Sofort umringten mich auch all die anderen Frauen und Kinder, um mich zu begrüßen, zu berühren und willkommen zu heißen. Sie zogen mich zu sich auf die Veranda, Akaba ließ sich gleich neben mir nieder, und in der nächsten Stunde berichtete sie mir ausführlich von sämtlichen Neuigkeiten. Leider verstand ich nicht alles, da ich nach all den Jahren doch viel von ihrer Sprache vergessen hatte. Dennoch konnte ich ihr so weit folgen, dass ich mitbekam, wer alles geheiratet und Nachwuchs bekommen hatte und wie all die Jungen und Mädchen hießen. Kam eines der Kinder während Akabas Bericht in unserer Nähe, so zog sie es zu sich herüber und stellte es vor mir auf wie eine Trophäe.

Akaba war wirklich eine erstaunliche Frau; sie hatte etwa zehn Kinder geboren. Nicht alle hatten überlebt, denn die Kindersterblichkeit war bei den Fayu noch immer recht hoch. Aber im Vergleich zu früher sprangen deutlich mehr kleine Jungen und Mädchen um uns herum. Die meisten Paare hier hatten zwischen vier und sechs Kinder.

Da entdeckte ich Kloru, der mit einigen Männern am anderen

Mit Akaba auf der Veranda

Ende der Veranda saß. Am liebsten wäre ich jetzt einfach zu ihm hinübergegangen und hätte ihm mein Beileid ausgesprochen. Doch er war älter als ich, und es war mir nicht erlaubt, mich ihm zu nähern, solange er mich nicht zu sich rief. Also blieb ich weiter im Kreise der Frauen und Kinder sitzen und ließ die vertraute Atmosphäre auf mich wirken.

Auch diesmal überraschte es mich wieder, wie sehr sich die kleinen Kinder vor mir fürchteten. Sobald ich sie auch nur ansah, fingen sie an zu schreien und klammerten sich an ihre Mütter, die sich über die Reaktion ihrer Sprösslinge prächtig amüsierten. Ich hatte längst vergessen, wie sehr sich schon damals die Kleinen vor mir und meinen Geschwistern, den »farblosen Menschen«, wie sie uns nannten, geängstigt hatten. Die älteren Kinder hingegen waren wie gebannt und drängten sich so dicht um mich, dass sie mich fast erdrückten. Da sie bis zum heutigen Tag kaum weißen Menschen begegnet waren, betrachteten sie mich als wahres Abenteuer.

Ein etwa elfjähriges Mädchen kam schüchtern auf uns zu. Sie trug ein gelbes T-Shirt und Shorts, und da sie an einem Hautpilz litt, war ihr Körper mit Pusteln und Schorf bedeckt. Als Akaba das Mädchen sah, rief sie es aufgeregt herbei und erklärte mir, die Kleine hieße Sophia-Bosa, benannt nach meiner Tochter. Ich konnte kaum glauben, wie groß das Mädchen geworden war. Papa hatte mir regelmäßig Fotos von ihr geschickt, denn es bedeutete für mich eine große Ehre und auch eine gewisse Verantwortung ihr gegenüber, dass sie nach meiner Tochter benannt worden war.

Man hätte meine Funktion also mit der einer Patentante vergleichen können, nur dass man bei den Fayu nicht vorher gefragt wird. Die Kinder werden einfach nach jemandem benannt, und automatisch ist diese Person dann mit für sie verantwortlich. So war Sophia-Bosa in gewisser Weise jetzt auch meine Tochter.

Ich winkte das Mädchen zu mir und umarmte es herzlich. Jetzt lächelte sie mich zaghaft an, und ich konnte deutlich erkennen, wie stolz sie war, hier neben mir zu sitzen.

Da hörte ich Papas Stimme, und kurz darauf kam er um das Gebäude auf uns zu. Die Frauen winkten ihm zu und redeten alle gleichzeitig drauflos, was ihn zum Lächeln brachte.

»Wie groß Sabine geworden ist!«, riefen sie begeistert. »Wir sind ja so glücklich, dass du sie zu uns zurückgeholt hast.«

Nach ein wenig Wortgeplänkel wandte sich Papa seinem eigentlichen Ziel zu: Kloru, der immer noch zusammengesunken an einem der Pfähle der Veranda lehnte. Papa kniete vor ihm nieder und rieb seine Stirn an der des Fayu. Er stimmte ein Lied an, einen der typischen, aus drei Tönen bestehenden Klagegesänge, der davon handelte, wie traurig er war, dass Kloru seine Frau verloren hatte. Bald fiel Kloru in den Gesang ein, und die beiden sangen für etwa zehn Minuten gemeinsam weiter.

Sophia-Bosa (rechts) mit zwei Freundinnen

Fasziniert hörte ich zu und stellte mit einem Mal fest, wie eng Papa inzwischen mit dem Leben und der Kultur der Fayu verwoben war. Als ich ihn später darauf ansprach und nach seiner Rolle im Dorf fragte, erklärte er mir, dass er anfangs nur ein Gast war. Nach all den Jahren sei er aber zu einem Teil ihres Sozialgefüges geworden, zunächst zu einem Bruder, und nun war er längst ein Großvater und einer der Ältesten in der Gemeinschaft. Er hatte seinen Platz im Stamm der Fayu, und er nahm seine Rolle sehr ernst. Einige Aufgaben waren ihm automatisch zugefallen, darunter auch das gemeinsame Trauern mit Hinterbliebenen.

Nachdem Papa sein Klagelied beendet hatte, entdeckte Kloru mich und winkte mich zu sich herüber. Sofort stand ich auf, ging zu ihm und rieb meine Stirn an der seinen. Etwa fünf

Minuten lang klagte er mir sein Leid – dass er sehr traurig sei und viel weine. Ich fühlte mich schrecklich, weil ich in der mir fremd gewordenen Sprache einfach keine Worte fand. Also saß ich nur da und hielt seine Hand. Danach rieb er wieder seine Stirn an meiner Stirn, sprach mir seine Zuneigung aus und bedeutete mir zu gehen. Offenbar war meine instinktive Reaktion, seine Hand zu ergreifen, richtig gewesen.

Endlich gelang es mir, mich von der Menschenmenge zu lösen und zu Papas Haus hinüberzugehen. Als ich durch die Tür trat, sah ich Papa an dem kleinen Holztisch, mit unserem Frühstück vor sich – einem ganz speziellen Frühstück allerdings.

Es ist mir wirklich peinlich, dies zuzugeben, und es entspricht auch ganz und gar nicht meiner Auffassung von gesunder Ernährung, aber hier in West-Papua sind manche Dinge einfach anders. Und so bestand unser Mahl aus nichts anderem als einer Tasse löslichen Kaffees und Keksen. Allerdings nicht irgendwelchen Keksen, sondern genau denen, die ich noch aus meiner Kindheit kannte. Eine große Blechdose mit mehreren Sorten, angereichert mit allen nur denkbaren Geschmacksverstärkern und sämtlichen künstlichen Aromastoffen, die je erfunden wurden. Einfach unglaublich lecker – und unglaublich ungesund!

Da Papa und ich natürlich beide die gleichen Sorten liebten, begann die morgendliche Schlacht am Frühstückstisch um die begehrtesten Kekse, bis nur noch die übrig waren, die keiner mochte. Leider hatten wir nur zwei Dosen mitgenommen; dennoch verschwendeten wir an diesem Morgen keinen einzigen Gedanken daran, dass wir insgesamt zwei Wochen blieben. Trotzdem würden wir, dachte ich mir, nicht auf die Idee kommen, auf proteinreiche Käfer umzusteigen.

Nach dem Frühstück duschte ich den Schmutz und die Feuchtigkeit ab, die wie eine zweite Haut an mir hafteten. Als ich zurück ins Zimmer kam, machte Papa eine Bemerkung darüber, wie gut ich roch, und fügte hinzu, dass die Moskitos seine Meinung sicher teilten. Die Mücken waren in der Tat eine echte Plage hier im Sumpfgebiet der Fayu. Dennoch hatte ich mich gegen eine Malaria-Prophylaxe entschieden und als Vorsichtsmaßnahme stattdessen drei Packungen eines Medikaments für den Akutfall eingepackt.

Als ich wieder nach draußen ging, schloss sich mir Sophia-Bosa an, und gemeinsam setzten wir uns in den Schatten und genossen die Langsamkeit, mit der hier im Dschungel die Zeit verging. Kein Termindruck, kein Verkehrschaos, keine Verabredungen, die eingehalten werden mussten, nur das Zwitschern der Vögel und die Stimmen der Fayu erfüllten die tropische Luft.

Nach ein paar Stunden kam Aron vorbei und fragte mich, ob ich mit ihm auf den Hügel hochwandern wollte, auf dem wir einst gelebt hatten. Ich sah ihn an und schwelgte in dem Luxus, frei entscheiden zu können, ob ich mein schattiges, gemütliches Plätzchen inmitten der Frauen und Kinder verlassen und mich tatsächlich auf den anstrengenden Weg den Hügel hinauf machen sollte. Die Neugier siegte schließlich, und ich willigte ein, Aron zu begleiten.

»Wir gehen bald los«, sagte er noch, bevor er sich abwandte. Na ja, »bald« konnte hier in West-Papua alles Mögliche heißen, von fünf Minuten bis zu fünf Stunden. Daher setzte ich mich erst einmal wieder hin und schlug weiter nach den Fliegenschwärmen, die ich wie ein Magnet anzuziehen schien. *Das muss mein Duschgel sein*, dachte ich und beschloss, ab morgen darauf zu verzichten.

Eine halbe Stunde später waren alle bereit für unsere kleine Tour.

Als wir im Jahr 1980 zu den Fayu kamen, wohnten wir zunächst in einem Haus direkt am Fluss. Mit der Zeit stieg der Wasserpegel im Dschungel an, was immer wieder Überschwemmungen zur Folge hatte. Irgendwann begannen die Holzdielen unseres Hauses zu faulen. Und als Papa eines Tages buchstäblich durch den Boden brach, beschloss er, es sei an der Zeit, in höhere Regionen umzuziehen. Er traf sich mit den Häuptlingen, und wir erhielten von ihnen die Erlaubnis, an den Ort umzusiedeln, den heute alle den Foida-Hügel nennen. Dank der phantastischen Aussicht über die Wälder waren wir von unserem neuen Domizil bald hellauf begeistert.

Einige Jahre später – meine Geschwister und ich hatten die Fayu längst verlassen, um unsere Ausbildung im Westen fortzusetzen – entschlossen sich meine Eltern, erneut umzuziehen. Mit zunehmendem Alter wurde ihnen der lange Weg den Hügel hinauf zu anstrengend. Damals bauten sie dann das kleine Haus an der Dschungelbrücke. Als ich Papa fragte, warum sie es so dicht an der Brücke errichtet hatten, erklärte er mir, dass er so stets darüber informiert sei, wer komme und wer gehe.

Ich brach daraufhin in schallendes Gelächter aus und dachte mir, dass aus Papa ein waschechter Fayu geworden war: extrem neugierig, immer daran interessiert, was die anderen taten und wie der aktuelle Stand der Dinge war.

Auf unserem Weg durch das Dorf blieben Aron und ich immer wieder an einzelnen Hütten stehen und begrüßten die Bewohner. Plötzlich blieb mein Blick an einer Frau hängen, die ich noch nicht kannte, und beim Näherkommen merkte ich, dass sie einen Säugling im Arm hielt. Ich trat auf sie zu, und wir rieben unsere Stirnen aneinander. Dabei sah ich, dass das Kind auf ihrem Arm ein Neugeborenes war, und als ich

Papas Haus direkt an der Dschungelbrücke

nachfragte, bestätigte sie, dass die Geburt gerade mal drei Tage her war. Ich war gerührt und begeistert und eilte sofort zu Papas Haus zurück, um das zu tun, was Mama früher immer getan hatte.

In der Zwischenzeit warteten Aron und die Kinder, die uns begleiteten, geduldig auf meine Rückkehr, gespannt, was ich wohl vorhatte.

Aus Erfahrung wusste ich, dass die Fayu-Frauen kurz nach der Geburt eines Kindes alles andere als verwöhnt wurden. Daher bereitete ich schnell eine warme Mahlzeit aus Nudeln und Dosenfleisch zu. Während ich noch eine Decke, ein Handtuch und Seife zusammensuchte, rief ich eines der Kinder herbei, damit es mir beim Tragen half. Gemeinsam brachten wir anschließend alles zu der Hütte der jungen Mutter.

Als sie den Teller mit Essen und die anderen Sachen in unseren Händen sah, weiteten sich ihre Augen vor Verwunderung. Stumm dankte sie mir. Im Gehen sah ich, wie sie sich über den Teller beugte und das Essen in atemberaubender Geschwindigkeit in sich hineinschlang. Auf einmal wurde mir bewusst, wie sehr die Frauen hier Mama vermissen mussten.

Bei unserem Weg den Hügel hinauf kamen wir auch an dem Pfad vorbei, der zu den Gräbern führte. Lieder zum Gedenken an die Verstorbene erfüllten die feuchte Luft, die Fayu hatten ihre Trauergesänge wieder aufgenommen. Einen Moment lang war ich versucht, näher heranzugehen, aber ich war nicht sicher, ob das angemessen war. Ich beschloss, nach unserer Rückkehr lieber erst Papa zu fragen.

Der schmale, ansteigende Weg war mit feuchtem Laub und Schlamm bedeckt und entsprechend glatt. Als wir die ersten Bäume erreichten, die den Hügel säumten, brachte der Schatten ein wenig Erholung von der unerbittlich auf uns niederbrennenden Sonne. Einige der Kinder, unter ihnen auch Sophia-Bosa, die mir nicht mehr von der Seite wich, gingen dicht hinter mir, Fusai direkt vor mir, während Aron unseren kleinen Trupp anführte. Papa hatte ihn gebeten, das hohe Gras auf dem Hügel zu mähen.

Auf halbem Weg bemerkte ich eine Lichtung am Wegesrand. »Was ist das?«, fragte ich Fusai.

»Das sind die Gärten, die deine Mutter damals angelegt hat«, erklärte sie mir.

Inzwischen war alles von Unkraut überwuchert, und überall waren wilde Büsche gewachsen. Das alles stimmte mich irgendwie traurig. Schließlich wusste ich, wie viel der Garten Mama bedeutet hatte, und jetzt sah er so verlassen und verwildert aus. Ich versuchte mir vorzustellen, wie herrlich es gewesen sein musste, als alles noch in voller Blüte stand.

Wir gingen weiter unter dem schützenden Baldachin der Baumkronen und stiegen dabei immer wieder über umgestürzte Baumstämme. Mein Atem ging schwer, die Hitze und der steile Anstieg hatten mich schnell ermüdet. Ich konnte

gut verstehen, warum meine Eltern sich ein neues Haus am
Fuße des Hügels gebaut hatten.

Genau in dem Moment, als ich dachte, wir würden unser Ziel
niemals mehr erreichen, blickte ich nach oben und entdeckte
eine Lücke in den dichten Baumkronen, durch die kraftvoll
die Sonnenstrahlen brachen. Nur wenige Meter weiter stand
ich plötzlich auf einem breiteren Weg, der direkt zur freien
Anhöhe auf der Kuppe des Hügels führte. Eine kühle Brise
umwehte mich, ein atemberaubender Ausblick tat sich auf,
und ich musste vor Begeisterung einen Moment die Luft anhalten.

So weit das Auge reichte, sah ich nichts als den dichten grünen Dschungel, der sich unter mir ausbreitete wie ein endloser Teppich. In der Ferne hingen ein paar Nebelfelder zwischen den Bäumen, und an den Hügeln zu meiner Rechten
ballten sich dichte Regenwolken. Seit ich das letzte Mal genau hier an dieser Stelle gestanden hatte, hatte sich so gut wie
nichts verändert, abgesehen von der Tatsache, dass die Bäume
um mich herum noch höher geworden waren und hier und
dort nun die Sicht versperrten.

Ich ging hinauf zu dem Holzhaus, das mitten auf der Anhöhe
stand. Es sah schon von weitem ein wenig heruntergekommen aus, und von der Nähe wurde es nicht besser. Die Stufen,
die auf die Veranda hinaufführten, fehlten inzwischen, und
das Haus schien sich zur Seite geneigt zu haben. Vorsichtig
stieg ich zur Veranda hinauf und betrat das ehemalige Haus
unserer Familie. Mitten im Hauptraum, der uns damals als
Wohn- und Esszimmer sowie als Küche gedient hatte, prangte
ein großes Loch. Die Fliegennetze vor den Fenstern waren
zerrissen, die Holzbalken, die das Dach hielten, waren an
mehreren Stellen verrottet, und einige der Bretter hingen lose
herunter. Die Ameisen hatten das Haus in Besitz genommen,
überall krabbelten sie herum. Auch bemerkte ich einige Hor-

Blick vom Hügel über den nebelverhangenen Dschungel

nissennester in den Ecken unter der Decke. Die anderen beiden Zimmer waren genauso heruntergekommen.
Dabei war es mal so wunderschön hier, mit dem traumhaften Ausblick aus jedem Fenster, sagte ich mir wehmütig. Ich beschloss, auf jeden Fall hier zu wohnen, sollte ich jemals wieder nach West-Papua zurückkehren. Diesen Ort umgab ein unwiderstehliches Gefühl von Freiheit und Heiterkeit.
Meine romantischen Überlegungen wurden jäh unterbrochen, als in einem der Nebenzimmer ein ohrenbetäubendes Krachen ertönte. Ich rannte nach nebenan, um nachzusehen, was passiert war. Einige der Jungen, die uns begleitet hatten, kletterten auf den Dachbalken herum, und einer der Balken war dabei durchgebrochen, doch zum Glück hatte sich niemand verletzt. Als ich nachfragte, was sie dort oben eigentlich trieben, kam ein Junge zu mir herüber und drückte mir etwas in die Hand. Es war eine neugeborene Ratte, so winzig, dass sie gerade mal die Äuglein geöffnet hatte. Ich fühlte, wie

eine warme Flüssigkeit meine Finger entlanglief, und als ich das Tier umdrehte, bemerkte ich den tiefen Schnitt entlang seiner Kehle.

Mein Magen rebellierte und die arme, hilflose Ratte tat mir schrecklich leid. Schnell gab ich sie dem Jungen zurück. »Was hast du jetzt damit vor?«, fragte ich ihn.

»Essen«, erwiderte er und grinste dabei übers ganze Gesicht. *Na klar*, durchfuhr es mich, *das hätte ich mir denken können.* Es war typisch, dass die Jungen sofort nach unserer Ankunft nach etwas Erlegbarem Ausschau hielten, während die Mädchen, einschließlich Sophia-Bosa, draußen die unreifen Guaven vom Baum pflückten. Schon bei den Jüngsten sind die Rollen von Mann und Frau klar verteilt: Die »Männer« jagen, die »Frauen« sammeln.

Ich trat vors Haus, um mich ein bisschen umzusehen, und war begeistert, als ich eine Unzahl von Spinnen entdeckte. Sie hatten es sich zwischen den Wandbrettern und unter dem Haus, das auf Pfählen errichtet war, gemütlich gemacht. Fasziniert sah ich mir die verschiedenen Arten genauer an, alle in unterschiedlich schillernden Farben und mit eigenen Netzen, die sie mit großer Sorgfalt in die Ecken und Spalten der Bretter gewebt hatten.

Die Faszination, die ich schon als Kind für diese krabbelnden Wesen empfunden hatte, stieg wieder in mir hoch. Ich holte meine Kamera heraus und begann zu fotografieren. In einigen der Spinnennetze hatten sich Ameisen verfangen, und eine Spinne hatte gerade eine Ameise im Maul. Eine andere glänzte in allen Farben des Regenbogens. Die Fayu warnten mich, sie bloß nicht zu berühren, da sie beißen könnte.

Da rief eines der Mädchen nach mir. An der Unterseite des Hauses zeigte sie mir ein riesiges hellbraunes Exemplar, das angriffslustig wirkte. Niemand von uns wusste mit Sicherheit, ob das Tier giftig war, doch angesichts seiner Größe verging uns die Lust, es auszuprobieren. Ich suchte weiter mit wachsendem Interesse nach Spinnen und anderen Insekten und war begeistert, dass sich auf derart engem Raum so viele verschiedene Arten auffinden ließen. Ich fühlte mich wieder wie ein glückliches Kind.

Nach etwa einer Stunde folgte ich Fusai auf die Veranda, wo wir uns hinsetzten und Aron bei der Arbeit zusahen. Er hatte einen kleinen Rasenmäher mitgebracht und schnitt nun das Gras, während ein paar der Jungen Steine und größere Äste vom Boden aufsammelten, damit diese die Metallklingen nicht zerstörten. Als Fusai ein Gespräch mit Sophia-Bosa begann, fingen die anderen Mädchen an zu kichern, und Sophia-Bosa wirkte gereizt.

»Worüber redet ihr?«, fragte ich Fusai verwundert.

»Sophia-Bosa ist von einer *prempuan satu* zu einer *prempuan dua* geworden«, erklärte sie mir.

»Was bedeutet das genau?«, hakte ich nach.

»Weißt du denn nicht, Sabine, dass bei uns die Mädchen, wenn sie in die Pubertät kommen, nach der Größe ihrer Brüste eingeordnet werden?«

»Aha«, erwiderte ich. »Und das heißt?«

»*Prempuan satu* ist ein Mädchen Nummer eins. Das heißt, sie hat noch ganz kleine Brüste, die man mit einem Finger bedecken kann. Bei einem Mädchen Nummer zwei, also einer *prempuan dua*, braucht man schon zwei Finger dazu, bei einem Mädchen Nummer drei eine halbe Handfläche und bei einem Handvoll-Mädchen die ganze.«

»Das heißt dann, dass sie bereit ist zu heiraten, oder?«, fasste ich meine Vermutung in Worte.

Fusai nickte lächelnd.

Als wir damals hierher zogen, stellten meine Eltern bald verwundert fest, dass die Fayu buchstäblich nur bis drei zählen. Auf drei folgt dann gleich eine Handvoll, was nicht zwingend

Fayu-Kind

fünf bedeutet, sondern eben im wahrsten Sinne des Wortes eine Hand voll.
Das fiel mir jetzt wieder ein, als Fusai mir erklärte, wie man das Alter von Mädchen bestimmte, und ich musste grinsen. Ich fragte mich, was sie wohl über meine älteste Tochter sagen würden, die nach ihrer Sichtweise nun bereit wäre zu heiraten, und das mit gerade mal vierzehn. Im besten Heiratsalter sozusagen, wie Fusai mir versicherte. Sophia-Bosa war mit ihren neun oder zehn Jahren also nun ein »Mädchen Nummer zwei«.
Nach unserer Rückkehr ins Dorf erzählte ich Papa sofort, was ich heute alles erfahren hatte. Er war fasziniert, weil er davon tatsächlich noch nie gehört hatte. Das Ganze konnte er sich nur so erklären, dass die Festlegung des »Brustalters«,

wie ich es nannte, eine ausschließlich weibliche Angelegenheit war und damit für die Männer tabu.

Als die Sonne unterging, machte ich mich bereit zum Schlafengehen. Ich hatte völlig vergessen, wie schnell es hier dunkel wird. In Europa sind wir so sehr an Strom und elektrisches Licht gewöhnt, dass der Tag nur allmählich in die Nacht übergeht. Daher muss auch niemand hektisch letzte Vorkehrungen vor Einbruch der Dunkelheit treffen. In Foida dagegen sollte jegliche Aktivität beendet sein, ehe die Sonne untergeht, und das geschieht Tag für Tag um genau fünf Uhr nachmittags. Schon um sechs ist die Welt in totale Dunkelheit getaucht, und das einzige Licht stammt entweder von Feuerstellen oder Taschenlampen. Doch in der völligen Finsternis hilft beides nicht sonderlich viel.

Nach einem schnellen Abendessen, es gab Reis und Bohnen aus der Dose, sprang ich unter die Dusche, putzte mir die Zähne und machte mich auf den Weg zu meinem Gästehaus. Aron war noch unterwegs, also zündete ich ein paar Kerzen an, damit er Licht hatte, wenn er zurückkam. Da ich die Batterie meiner Taschenlampe schonen wollte, kroch ich sofort unter mein Moskitonetz, vergewisserte mich, dass keine Mücke daruntergeschlüpft war, und machte die Lampe aus. Außer einem T-Shirt und Unterwäsche hatte ich nichts an, denn ich spürte, dass die kommende Nacht sehr heiß zu werden versprach.

5

Der Beginn einer anderen Geschichte

Draußen war es dunkel, nur das Feuer warf einen flackernden Schein in die pechschwarze Nacht. Die lauten Stimmen der Fayu drangen durch das Fenster des Gästehauses zu mir herein. Ich konnte nicht schlafen, die drückende Hitze machte mir das Atmen schwer. Es gab weder Fernseher noch Radio oder Computer, mit denen ich mich ablenken konnte. Meine Gedanken schweiften unaufhörlich und ohne Ziel umher.

Plötzlich kamen Erinnerungen in mir hoch – Erinnerungen an meine ersten Jahre in der westlichen Welt. Es war eine Zeit der Ängste und des Schocks gewesen, Situationen, die ich nicht verstanden hatte; ich lebte in einer Welt, in der ich nicht mehr wusste, wo ich hingehörte und wie ich mich verhalten sollte. Es war eine Zeit, die von schlimmsten Erfahrungen geprägt war, Erfahrungen, die mich bis an den Rand des Abgrunds brachten.

Instinktiv versuchte ich sie beiseite zu drängen, doch sie waren übermächtig. Ich zog mir das Kissen über den Kopf, um sie abzuwehren. Nein, ich wollte mich nicht daran erinnern, zu viel Schmerz, zu viele Sorgen waren damit verbunden. Mein Herz brannte, ein dicker Kloß bildete sich in meinem Hals. Mein innerer Schutzwall gegen die Vergangenheit begann zu bröckeln. Sorgfältig hatte ich all die Erlebnisse tief in

81

mir vergraben, hatte mein Leben mit ständiger Aktivität gefüllt, um sie auf Sicherheitsabstand zu halten. Doch hier in der Stille des Dschungels hielt sie nichts mehr, und allmählich brach meine Abwehr in sich zusammen.

Ich hätte diesen Schmerz am liebsten aus mir herausgerissen, ich hasste mich, ich hasste mein Leben. Die äußere Schutzschicht aus Stärke und Kraft, die ich in den letzten Jahren um mich errichtet hatte, schwand langsam. Auf einmal tat ich mir selbst unendlich leid und brach in Tränen aus. Ich kam mir vor wie in einem tiefen schwarzen Loch, so hoffnungslos, so verletzlich, so einsam.

Die meisten Menschen denken, ich sei stark, doch tief in meinem Inneren war ich alles andere als das. Oft konnte ich mir nicht mal selbst ins Gesicht sehen, unfähig, mit meiner Vergangenheit umzugehen. Wie schwach ich doch war, wie viel ich in meinem Leben schon falsch gemacht hatte. Die Zukunft sah so finster und bedrohlich aus.

Warum war ich auf dieser Welt? Ich war nichts als ein kleines Mädchen, das vorgab, erwachsen zu sein. Wenn die Menschen merkten, wie ich wirklich war, was würden sie dann von mir denken?

Vor vielen Jahren hatte ich angefangen, mir meine eigene innere Welt zu schaffen, um vor der Realität zu fliehen, in eine phantasievolle Welt voller Farben, Abenteuer, ohne Grenzen und Beschränkungen. Eine Welt, in der ich stark war. Ich konnte mich nicht genau erinnern, wann ich mich zum ersten Mal in diese Welt geflüchtet hatte. Ich wollte der Realität entkommen, die mich zu zerstören drohte. Ausgerechnet in dieser irrealen, von mir selbst erschaffenen Welt war ich in der Lage, meine Stärke zurückzugewinnen und mich der Wirklichkeit wieder zu stellen. War ich unnormal? Ich weiß es nicht. Oder hatte die frühe Begegnung mit der Magie des Dschungels mir diese Fähigkeit verliehen?

Was immer es auch war, auf einmal funktionierte es nicht mehr. Ich versuchte, alldem zu entkommen, doch es gelang mir nicht. *Himmel*, dachte ich entsetzt, *ich werde wirklich langsam verrückt. Ich muss aufhören, ich muss diesen dunklen Gedanken Einhalt gebieten.*

Ich setzte mich auf und fing an zu schreiben, in der Hoffnung, dadurch möge sich alles in Luft auflösen, doch mein Kopf wurde schwer, und ich war zu müde, um fortzufahren. Ich überlegte, aufzustehen und mich den Fayu anzuschließen. Doch Papa hatte mir davon abgeraten, meine Haut roch noch zu verlockend für die unzähligen Insekten, die den Dschungel inzwischen beherrschten.

Plötzlich hörte ich ein leises Trippeln unter meinem Bett, winzige dünne Beine, die über den Holzboden eilten. *Eine Maus?*, fragte ich mich. *Oder eine große Spinne, eine Kakerlake oder sonst ein behaartes Wesen auf der Suche nach Beute?* Ich beschloss, die Sicherheit meines Moskitonetzes nicht zu verlassen. Wellen der Verzweiflung strömten über mich hinweg, doch ich war zu müde, um dagegen anzukämpfen, und fiel in einen unruhigen Schlaf. Im Dschungel war Stille eingekehrt, die Fayu hatten sich endlich hingelegt, und auch die zahllosen Insekten hatten ihre nächtlichen Beutezüge beendet und gaben Ruhe. Keine Wolke stand am nachtschwarzen Himmel, der Mond war nicht zu sehen, nur die Sterne durchdrangen die Dunkelheit wie ein Teppich funkelnder Diamanten. In dieser Nacht war es absolut windstill, lediglich die Feuchtigkeit kroch um jede Ecke, in jede Ritze und unter jedes Blatt.

Lassen wir diese schlafende Welt, diese Nacht, in der meine Seele sich unter Schmerzen wandelte, nun hinter uns und reisen zurück in die Zivilisation.

Es ist der 1. Januar 2006. Ich sitze in meiner Münchner Wohnung am Schreibtisch. Draußen ist es bitterkalt, dicke Schneeflocken fallen vom Himmel und überziehen die Welt mit einer weißen Decke. Vor ein paar Minuten habe ich eine E-Mail erhalten, nur wenige Zeilen mit einer Telefonnummer und einem Namen. Ich starre auf den Namen des Absenders und ringe mit mir, ob ich Kontakt zu ihm aufnehmen soll.

»Er ist wichtig«, hat man mir gesagt. »Die Geschichte, die er zu erzählen hat, wird viele deiner Fragen beantworten. Er ist ein Augenzeuge.«

Ich zögere noch eine Weile, dann schreibe ich den Namen und die Telefonnummer auf ein gelbes Post-it und hefte es neben all die anderen auf meinem Schreibtisch. Das ist mein System, um sämtliche zu erledigenden Aufgaben im Blick zu haben. Die Tage vergehen, und jedes Mal, wenn ich am Schreibtisch sitze, starrt mich das Post-it mit der fremden Nummer an. So auch jetzt, an diesem späten Nachmittag. Schließlich ziehe ich das Zettelchen ab und greife zum Telefonhörer. Ich spüre, wie mein Herz schneller schlägt, während ich die Nummer wähle, in der stillen Hoffnung, es möge niemand abnehmen.

Wovor habe ich eigentlich Angst?, frage ich mich.

Eine männliche Stimme reißt mich aus meinen Gedanken. Überrascht von der unerwartet schnellen Reaktion am anderen Ende der Leitung beginne ich zu stammeln, doch ich fange mich sofort wieder.

»Spreche ich mit Benny Wenda?«

»Ja, der bin ich«, bestätigt der andere.

Nachdem ich kurz erklärt habe, wer ich bin und warum ich anrufe, antwortet er: »Ja, ich habe von Ihrem Buch gehört – habe es allerdings noch nicht gelesen.«

Ich mag seine Stimme, sie klingt irgendwie beruhigend und vertrauenswürdig. Ich bin jetzt deutlich entspannter, und allmählich beginne ich mich zu öffnen. Ich erzähle ihm von meiner Kindheit, von meiner Reise nach West-Papua und davon, dass ich die Wahrheit über ein Land berichten will, das ich meine Heimat nenne.

Schließlich rücke ich mit meinem Hauptanliegen heraus und frage ihn, ob er bereit ist, mir als Zeuge zur Verfügung zu stehen. Ohne zu zögern, willigt er ein. Eine Welle der Erleichterung durchströmt mich. Wir vereinbaren, in Kontakt zu bleiben und uns so bald als möglich zu treffen. Ich bedanke mich, beende das Gespräch und wende mich wieder meinen Kindern zu – mit dem zutiefst befriedigenden Gefühl, einen Anfang gemacht zu haben.

Doch erst als sich die Arbeit an diesem Buch schon ihrem Ende zuneigt, werde ich die ganze Geschichte des Benny Wenda erfahren, eines politischen Flüchtlings, der heute in England wohnt und dessen Zeugenaussage sich für immer und ewig in mein Gedächtnis einbrennen wird.

6

Vereint mit den Freunden
aus der Kindheit

Laute Stimmen rissen mich aus dem Schlaf, und ich brauchte einige Sekunden, bevor ich wusste, wo ich mich befand. Ich war in Foida, ich war bei den Fayu.

Draußen war es noch dunkel, lediglich ein schmaler heller Streifen ließ sich am fernen Horizont erahnen. Mit einem Stöhnen zog ich mir das Kissen über den Kopf. Ich hatte es längst vergessen: Die Fayu schlafen nachts nicht mehr als vier bis fünf Stunden, was auch nicht weiter verwunderlich ist – denn wie soll man ohne Schutz vor dem krabbelnden Getier auf dem nackten, kalten Boden auch ruhigen Schlaf finden? Mir reichte es schon, wenn ich nachts ins Bad musste und am nächsten Morgen meinen Weg entlang der zertretenen Kakerlaken auf dem Boden genau nachvollziehen konnte.

Verteilt über den Tag halten die Fayu kurze Nickerchen, vor allem über die Mittagszeit, wenn die Sonne am unerbittlichsten vom Himmel brennt.

Als wir damals noch alle zusammen im Dschungel lebten, übernahm Mama bald schon diese Angewohnheit und beschäftigte sich des Nachts häufig damit, unerwünschtes Ungeziefer aus unserer Speisekammer zu verscheuchen, anstatt zu schlafen. Dafür legte auch sie sich tagsüber einmal ausgiebig hin, und es war uns strengstens verboten, sie dann zu stören, ausgenommen im Notfall.

Eines Tages, ich war etwa neun, trat genau so ein Notfall ein. Mama erzählt diese Geschichte heute noch gern. Sie hatte den Vorhang vor dem Eingang zu ihrem Zimmer zugezogen, der als Tür diente, was hieß, dass sie nicht ansprechbar war. Plötzlich hörte sie ein Flüstern hinter dem Vorhang.

»Mama, bist du wach?«, fragte die schüchterne Stimme.

»Was ist los, Sabine?«, erwiderte sie leicht verärgert.

»Ich blute«, kam die vorsichtige Antwort.

Mit einem deutlich vernehmbaren Seufzen erhob sie sich, schob den Vorhang beiseite und wäre beinahe in Ohnmacht gefallen. Denn ich stand vor ihr und hielt ihr meinen verletzten Finger entgegen. Das Blut war bereits über die Hand und den Unterarm bis zum Ellbogen geströmt und hatte auf dem Boden eine kleine Pfütze gebildet. Bei einem unserer Abenteuerspiele hatte ich mir so tief in den Finger geschnitten, dass man den Knochen deutlich erkennen konnte.

Seit jenem Tag wurde die Regel, wann wir Mama beim Mittagsschlaf stören durften, ein wenig gelockert. Außerdem schärften unsere Eltern uns ein, dass wir derartige Unfälle sofort mitzuteilen hatten. Denn ich hatte ganze zehn Minuten hinter dem Vorhang gestanden und mit mir gerungen, ob mein Problem nun schwerwiegend genug war, um Mama wecken zu dürfen.

Mit der Erinnerung an dieses Ereignis lag ich nun hier im Bett, während die durchdringenden Stimmen der Fayu, vermischt mit Klagegesängen, die frühen Morgenstunden erfüllten.

Schließlich schlief ich noch einmal ein, bis mich Aron endgültig weckte. Er war nach draußen gegangen und hatte dabei ganz unschuldig die kaputte Eingangstür geöffnet und geschlossen, die wie immer ein scheußliches Knarren von sich gab. Natürlich war bisher niemand – mich eingeschlossen –

auf die Idee gekommen, sie zu reparieren. So ist das nun mal, hier im Dschungel.

Als ich etwas später zu Papas Haus aufbrach, waren die Baumkronen leicht nebelverhangen, und anders als am Tag zuvor war es an diesem Morgen recht kühl. Papa saß schon am Frühstückstisch und kramte in der Blechdose nach den verbliebenen guten Keksen. Natürlich nahm er ausgerechnet die mit Vanilleüberzug. Ich fragte ihn, was für den Tag so alles geplant sei.

»Geplant? Wieso geplant? Was um Himmels willen möchtest du hier denn planen?«, gab er amüsiert zurück. Er stippte einen Keks in seinen heißen Kaffee und schob ihn sich in den Mund.

»Na ja«, antwortete ich unschuldig, »irgendwelche Ausflüge eben oder sonstige Dinge …«

»Sabine, du hast eindeutig zu lange im Westen gelebt«, erwiderte er lachend. »Genieße einfach den Tag, und wenn sich etwas ergibt, dann können wir heute Abend behaupten, dass wir einen guten Plan hatten.«

Tja, die Welt tickte hier einfach anders. Mein Hirn arbeitete noch immer mit Hochdruck, mein Körper sagte mir, es wird doch wohl irgendeine Verabredung geben, die du heute wahrnehmen musst, oder sonst etwas, das erledigt werden will. Aber es gab hier weder Telefon noch Internet, weder Straßen noch Büros. Von Einkaufsmöglichkeiten gar nicht erst zu reden. Der nächste Laden war Hunderte von Kilometern entfernt. Es fühlte sich immer noch etwas merkwürdig an, vom Rest der Welt abgeschnitten zu sein. Sicher würde es noch ein paar Tage dauern, bis ich mich an das Gefühl gewöhnte.

Nach dem Frühstück ging ich nach draußen und setzte mich zu den Frauen auf die Veranda. Da die einzelnen Siedlungen der Fayu relativ weit auseinander lagen, warteten wir immer noch darauf, dass auch die restlichen Stammesmitglieder endlich eintrafen. Bisher waren nur ein paar wenige Familien hier, die anderen seien noch unterwegs, hieß es.

Sophia-Bosa setzte sich zu mir und gab mir etwas von ihrer frisch gegarten Kwa ab, einer Brotfrucht, die sie gerade aus dem Feuer geholt hatte. Wie es sich aufgrund ihrer Stellung mir gegenüber gehörte, schälte sie die runde Frucht erst, bevor sie mir etwas davon anbot. So musste ich sie nur noch in den Mund stecken, und schon spürte ich den vertrauten Geschmack aus meiner Kindheit auf der Zunge, zu beschreiben am besten als eine Mischung aus Nuss und Kartoffel. Als Kinder mochten meine Geschwister und ich die Brotfrucht lieber als das asiatische Essen aus Reis und Gemüse, das Mama häufig kochte.

Wie wunderbar, endlich wieder hier zu sein, einfach im Kreise der Frauen zu sitzen, auch wenn es vielleicht ein bisschen langweilig war und die Fliegen sich zu einer Armee formiert hatten, um meine Haut zu attackieren. Zwar half es, dass ich ohne Seife geduscht hatte, aber sie schienen meinen Körpergeruch nach wie vor interessanter zu finden als den der Fayu in meiner Nähe.

Ich stand auf, um zum Fluss zu gehen, und Sophia-Bosa folgte mir sofort in Richtung Dschungelbrücke. Vielleicht waren ja ein paar Bekannte eingetroffen. Mit großer Erwartung sah ich der Ankunft von Tuare und Bare entgegen, meinen engsten Freunden aus Kindertagen. Ich war gespannt, wie sehr sie sich verändert hatten und wie sie mich wohl aufnehmen würden, jetzt, wo wir alle erwachsen waren und unsere eigenen Familien hatten.

Ich hängte mir meine Kamera über die Schulter und ging vorsichtig und leicht schwankend über die unebenen Bretter der Brücke. Die Szenerie um mich herum zog mich allmählich in ihren Bann. Die grünen Kletterpflanzen, die entlang der Brücke wuchsen, nach ihren Enden griffen und sich an den

Weißes Leuchten im grünen Dickicht

braunen Baumstämmen entlangwanden, die schlichten und zugleich eleganten weißen Blumen, die wie Tupfen aus Schnee das grüne Meer durchbrachen, die nebelverhangenen, geheimnisvollen Sümpfe, die den Boden unter mir bedeckten, und dazu die Sumpfpalmen, die aus dem sanften Dunst heraus in den Himmel explodierten, ergaben zusammen ein unvergleichlich schönes Bild. Die langen Stacheln an der Rinde dieser Palmen beherbergten gewiss eine atemberaubende Vielfalt an kleinen Lebewesen. Schmetterlinge flatterten neben blauen, schwarzen und braunen Pferdebremsen umher, die die Sträucher und Büsche beherrschten. Fast mit jedem Schritt offenbarte sich mir ein neues Wunder, das es zu bestaunen und zu fotografieren galt.

Zunächst waren die Kinder, die mich begleiteten, überrascht, dass ich eine weiße Blume oder einen Schmetterling so faszinierend fand. Doch bald schon hatte ich sie mit meiner Begeisterung angesteckt, nun hielten auch sie Ausschau nach Tieren und Pflanzen, die mir vielleicht gefielen – und statt einer halben Stunde brauchten wir prompt eine ganze, um die Brücke zu überqueren.

Aus der Ferne hörte ich auf einmal Stimmen unten am Fluss. *Wer mag das wohl sein?*, fragte ich mich und eilte um die letzte Biegung. Ich spähte hinüber zum Fluss, konnte jedoch niemanden entdecken. Da fiel mein Blick auf die kleine Fayu-Hütte am Ufer. Wahrscheinlich kamen die Stimmen von dort.

In der Hütte war es ein wenig düster, das strahlende Sonnenlicht fiel durch die zahlreichen Ritzen in den Wänden, und meine Augen brauchten einen Moment, bis sie sich an das dämmerige Licht gewöhnt hatten.

Plötzlich rief jemand direkt neben mir aufgeregt meinen Namen. Ich fuhr herum, und mein Herz machte vor Freude einen Sprung, als ich sah, wer da aufgetaucht war. Ehe ich darüber nachdenken konnte, ob das den Sitten der Fayu nun entsprach oder nicht, fiel ich einem Mann um den Hals. Einem Mann, der in mein Leben getreten war, als ich sieben Jahre alt war, der mich begleitet, gelehrt, geformt, beschützt hatte und der mein bester Freund wurde. Es war mein Kindheitsfreund Tuare.

Wir jauchzten beide vor Freude, ließen unserer Begeisterung über das Wiedersehen, all unserer Zuneigung freien Lauf. Tuare fasste mich die ganze Zeit über an, als wollte er nicht glauben, dass ich es wirklich war, dass ich tatsächlich, nach über fünfzehn Jahren in der Fremde, zu ihm zurückgekehrt war. Wie gut er aussah, wie groß und männlich er war.

Voller Stolz stellte er mich seiner Frau Doriso-Bosa und seinen Kindern vor, zwei Mädchen und ein Junge. Doriso-Bosa war ebenfalls völlig überwältigt, mich zu sehen; sie war die erste Neugeborene gewesen, die Mama damals kurz nach unserer Ankunft entbunden hatte. Mama zu Ehren wurde sie nach ihr benannt.

Mit meinem Kindheitsfreund Tuare, seiner Frau Doriso-Bosa und ihren drei Kindern

Auch Kloru war in der Hütte und hielt stolz eines seiner Enkelkinder im Arm. Er rief mich zu sich herüber und berichtete mir ausführlich von jedem einzelnen Enkel. Einer nach dem anderen traten sie vor und zollten der fremden weißen Frau, von der sie schon viel gehört, die sie aber noch nie zuvor gesehen hatten, ihren Respekt.

Vor allem zu Tuares zweiter Tochter fühlte ich mich sofort hingezogen, ein sechs oder sieben Jahre altes Mädchen. Sie wirkte nicht ganz so schüchtern wie die anderen Kinder, sondern setzte sich sofort neben mich und umschloss meine Hand mit ihren kleinen hübschen Fingern. Sie erinnerte mich ein wenig an ihren Vater, dem ich zum ersten Mal vor über zwanzig Jahren begegnet war.

Erinnerungen kamen hoch, lange vergessene Gefühle verschafften sich auf einmal wieder Raum, die ich lange Jahre verdrängt hatte in dem Versuch, mich der fremden westlichen Kultur anzupassen. Tuare verkörperte für mich die Vergangenheit, die Kindheit schlechthin – und neben dieser Kindheit, die ich einst verleugnet und aus meinem Gedächtnis verbannt hatte, saß ich jetzt!

Ja, wir beide kannten uns wirklich schon lange. Als ich mit meiner Familie Anfang der 80er Jahre zu den Fayu kam, hatten die Kinder furchtbare Angst vor uns »Farblosen«, wie ich es ja auch bei dieser Reise wieder erlebt hatte. Wahrscheinlich hatten wir für sie wie Leichen ausgesehen, die zu lange im Wasser lagen. Tuare hatte damals als Erster die Scheu vor uns verloren, und ihm hatten wir es letztlich zu verdanken, dass wir überhaupt ein Teil ihrer Welt und damit auch ihrer Gemeinschaft wurden. Wie aufregend, ihn jetzt wiederzusehen! Kurz darauf trafen auch seine Brüder ein, Bebe und Babu-Bosa. Wieder war die Freude groß, und wir riefen wild durcheinander, als sie näher kamen, um mich zu begrüßen. Babu-Bosa, Tuares jüngerer Bruder, der etwa drei Jahre alt gewesen war, als ich ihn das letzte Mal gesehen hatte, konnte sich nicht an mich erinnern. Dennoch sagte er, ich sei wie eine Schwester für ihn, da er von Tuare und Bebe so viele Geschichten über mich gehört hatte. Ich wunderte mich ein bisschen darüber, schließlich redeten die Fayu nicht über die Vergangenheit. Aber vielleicht war das ja ein erstes Zeichen der Veränderung, die mit der neuen Generation einherging. Vielleicht begannen sie so, ein wenig Vergangenheit in ihren Alltag mit hineinzunehmen: die Chance auf ein winziges Stück Geschichte.

Mit einem Blick nach draußen bemerkte ich, dass allmählich Mittagszeit war, und machte mich auf den Rückweg ins Dorf. Ich konnte es kaum erwarten, Papa von den Neuankömmlingen zu berichten. Die anderen schlossen sich mir an, und so gingen wir wie in alten Zeiten alle zusammen durch den prachtvollen Dschungel von West-Papua. Wellen der Freude durchströmten mich, während ich einen Fuß vor den anderen setzte und den groß gewachsenen Tuare vor mir betrachtete. Wie schon so oft fragte ich mich, wie es mir wohl ergangen wäre, wäre ich hier geblieben. Ich werde auf diese Frage wohl nie eine Antwort finden.

Im Dorf erwartete uns Papa. Er hatte bereits von den Neuankömmlingen erfahren. Zur Feier des Tages kochte er einen Riesentopf Reis und Nudeln für alle. Auf der schattigen Veranda genossen wir dann unser erstes gemeinsames Mahl. Alle redeten wild durcheinander, unseren Stimmen hörte man die Aufregung an.

Bei diesem Essen lernte ich eine attraktive junge Frau kennen, die Babu-Bosa mir stolz als seine Ehefrau vorstellte. Sie hieß Adia. Fürs Erste nahm ich nicht sonderlich viel Notiz von ihr, da ich von so vielen neuen und altbekannten Gesichtern umgeben war und alle darauf brannten, mir ihre Neuigkeiten zu erzählen oder ihren Nachwuchs vorzustellen. Erst ein paar Tage später erfuhr ich die ganze Geschichte über Babu-Bosa und Adia, deren Verbindung als wichtiger Meilenstein innerhalb der Fayu-Tradition angesehen werden kann. Eine Geschichte, die anderen Frauen den Weg ebnet, sich zukünftig das Recht auf Selbstbestimmung herauszunehmen; eine Geschichte, die ich später noch erzählen werde.

Doch an diesem Tag, an dem die Sonne hinter den dunklen, dichten Wolken hervorblitzte und die Vögel und Insekten von den Bäumen herab lautstark ihr Konzert gaben, war ich voll und ganz damit beschäftigt, mir neue Namen zu merken und die ständig neu Eintreffenden zu begrüßen.

Als ich endlich Bare unter ihnen entdeckte, war ich vor Freude ganz aus dem Häuschen.

Bare, stets gut gelaunt

Er hatte zu der Gruppe von Fayu-Kindern gehört, die mich meine gesamte Kindheit hindurch begleitet haben. Im engeren Kreis von Tuare, Bebe und Dihida war er der Spaßvogel gewesen. Immer gut gelaunt und nichts als Unsinn im Kopf, hatte er so manche Auseinandersetzung mit Mama gehabt.
Schon nach wenigen Minuten war klar, dass er seinen ausgeprägten Sinn für Humor nicht verloren hatte. Kaum hatte er mich seiner Frau vorgestellt, die niemand anderes war als Sabine-Bosa, eine junge Frau, die man einst nach mir benannt hatte, posaunte er heraus, dass ihm neben Sabine-Bosa eigentlich auch die »große Sabine« als Ehefrau zustehe. Alle Anwesenden brachen bei dieser Bemerkung in lautes Gelächter aus und fanden das Ganze urkomisch. Alle außer Sabine-Bosa.

Sabine-Bosa und Sabine

Ich kannte Sabine-Bosa noch aus Kindertagen und erinnerte mich an sie als ein fröhliches und sorgloses Mädchen. Jetzt dagegen erschien sie mir in sich gekehrt, ernst und als Einzelgängerin. Das stimmte mich ein bisschen traurig, zumal wir nach der Tradition der Fayu nun miteinander verwandt waren. Außerdem fiel mir auf, dass sie schwanger war, etwa im sechsten Monat, wenn ich mich nicht täuschte.

Bare machte aus seinem Stolz über die bevorstehende Geburt seines ersten Kindes keinen Hehl, während Sabine-Bosa die Aufmerksamkeit, die ihre Schwangerschaft erregte, unangenehm zu sein schien.

Allmählich legte sich die Aufregung, und ich wandte mich wieder den Kindern zu, die mir nicht von der Seite wichen und die Aufmerksamkeit, die ich ihnen widmete, in vollen Zügen genossen. Da sie weder zur Schule gingen noch sonst irgendeine Aufgabe oder Rolle in der Gemeinschaft übernahmen, war ihnen natürlich furchtbar langweilig.

Ich ertappte mich bei dem Gedanken, wie wunderbar es wäre,

Mamas alte Schule, vom Urwald fast verschlungen

den Unterricht für die Kinder zu organisieren, denn sie gierten förmlich nach Wissen und Beschäftigung. Als Mama damals vor vielen Jahren die Schule ins Leben gerufen hatte, empfanden die Kleinen es als die schlimmste Strafe, wenn sie mal einen Tag den Unterricht verpassten. Meine Tochter Sophia hatte nur ungläubig den Kopf geschüttelt, als ich ihr davon erzählte. Als Mama das Dorf verließ, um wegen meiner Großmutter nach Deutschland zurückzukehren, bedeutete dies das Aus für die Schule. Leider fand sich kein Ersatz für sie, daher schickten die Fayu Tuare, Bebe und ihre Altersgenossen nach Jayapura, wo sie ihre Ausbildung fortsetzen konnten. Wir hatten darauf gehofft, einer von ihnen würde sein Wissen anschließend an die nachfolgenden Generationen weitergeben, doch das Interesse daran war offenbar nicht groß genug. Papa hat mir allerdings vor kurzem erzählt, dass einer der jungen Männer den Wunsch geäußert habe, wieder eine Schule ins Leben zu rufen, und ich hoffe, dass er diesen Wunsch eines Tages in die Tat umsetzt.

Am späten Nachmittag kam Fusai vorbei und fragte, ob ich ihr helfen wolle, Sago herzustellen. Begeistert von der Idee sprang ich auf und griff nach meiner Videokamera. Mein Enthusiasmus übertrug sich auf Papa, der sich uns spontan anschloss.

Wir liefen über die Dschungelbrücke zum Fluss hinunter. Dort angekommen, folgten wir einem schmalen Pfad, der links am Ufer entlangführte. Unterwegs fiel mein Blick auf eine kleine Hütte, die sich an die riesigen Dschungelbäume anschmiegte. Eine ältere Fayu-Frau eilte heraus, um uns willkommen zu heißen, dicht gefolgt von ihrem Mann. Papa begrüßte sie sehr herzlich und fragte mich, ob ich mich an die beiden erinnern könne.

»Leider nein«, antwortete ich.

»Das hier«, begann er und legte einen Arm um die lachende Frau, »ist die erste Stammesangehörige der Fayu, der ich je begegnet bin.«

Jetzt wusste ich auch wieder, wer die beiden waren. Ich konnte mich zwar nicht erinnern, sie jemals zuvor gesehen zu haben, denn als Kind hatten mich solche Dinge nicht interessiert.

Als Papa sich damals im Jahr 1978 aufmachte, den nahezu unbekannten Stamm der Fayu zu suchen, dauerte es mehrere Wochen, bis er auf erste Spuren stieß. Nach mehreren erfolglosen Suchaktionen im wilden Dschungel war er schon kurz davor aufzugeben, da hörte er von einer Frau, die diesem berüchtigten Stamm einmal angehört hatte. Sie hatte sich ausgerechnet in einen Mann vom verfeindeten Stamm der Kirikiri verliebt und ihre Leute verlassen, um ihn zu heiraten.

Schon oft hatte ich mich über diese einzigartige Geschichte gewundert, die sich so weit jenseits der üblichen Brutalität abspielte, die das Leben jener beiden verfeindeten Stämme einst beherrscht hatte. Es sah ganz danach aus, als gäbe es auch inmitten eines wütenden Krieges, selbst in dieser gottverlassenen und längst vergessenen Gegend, so etwas wie romantische Liebesgeschichten. Ich fragte mich, wie die beiden wohl zueinander gefunden hatten und wie es weiterging, nachdem die Frau ihr Dorf verlassen hatte. Hatte der Stamm, in den sie eingeheiratet hat, sie mit offenen Armen empfangen oder als Feindin betrachtet? Später bedauerte ich es, dass ich nicht die Gelegenheit genutzt hatte, sie danach zu fragen. Doch ich war mit zu vielen anderen Dingen beschäftigt.

Wir folgten weiter dem schmalen, sich windenden Pfad, der uns immer tiefer ins Unterholz führte. Zehn Minuten später stießen wir auf eine Lichtung, in deren Mitte ein offenes Feuer brannte. Mehrere Kinder sprangen um uns herum, ein Junge war auf einen Brotfruchtbaum geklettert und schlug die grünen Früchte ab. Die Mädchen sammelten die Kwas anschließend auf und garten sie im Feuer.

In der kurzen Zeit, die ich nun hier war, fiel mir gleich wieder auf, dass die Fayu im Grunde ständig aßen. Ihr Speiseplan war nicht sonderlich reichhaltig, es standen hauptsächlich Kwa, Kochbananen und Sago darauf. Unsere »festen Mahlzeiten« kennen die Fayu nicht, höchstens zu besonderen Anlässen, wenn beispielsweise ein Schwein geschlachtet wird. Dann versammelt sich das ganze Dorf, und alle Familien teilen sich das Fleisch.

Wir verließen die Lichtung und schlugen einen Weg ein, der uns direkt in den Dschungel führte. Nach wenigen Minuten hörte ich ein Klopfen. Als wir um die Ecke bogen, sah ich Nakire vor mir, der auf dem Stamm einer umgestürzten Sumpfpalme saß. Mit einer Steinaxt zerteilte er den Stamm in kleine Stücke. Als er uns bemerkte, grinste er übers ganze Gesicht und rief uns laut zu sich herüber. Ich sah zu, wie Fusai mit einer großen Schüssel, die Papa ihr irgendwann einmal gegeben haben musste, zu ihm hinüberging. Sie fing die weißen Schnitzel damit auf, bis die Schüssel randvoll war.

Derweil unterhielt sich Papa ein wenig mit Nakire und nahm ihn auf den Arm, weil er gerade Frauenarbeit verrichtete. Tatsächlich ist es bei den Fayu sehr unüblich, dass ein Mann seiner Frau bei der Arbeit zur Hand geht. Doch Nakire war schon immer etwas Besonderes und hatte sich von den anderen abgehoben. Das begann damit, dass er der Liebe Vorzug vor seinem Rang gab, als er seine erste Frau heiratete. Und nach ihrem Tod war er der erste Fayu, dem wir begegneten, der um die Liebe einer Frau kämpfte, nämlich um Fusai.

Wir mussten alle herzhaft lachen, als Papa ebenfalls probieren wollte, die Stücke mit der Axt abzuschlagen. Wir sangen ein typisches Fayu-Lied, das ihn anfeuern sollte, doch die anstrengende Arbeit ermüdete ihn schnell. Als er mich fragte, ob ich es auch einmal versuchen wolle, lehnte ich dankend ab.

Bald machten wir uns wieder auf den Weg zur Lichtung. Ein Stapel Kwa garte im Feuer, während Sophia-Bosa und ein anderes Mädchen in ihrem Alter davorsaßen und die Flammen beobachteten. Fusai rief die beiden zu sich und reichte ihnen die Schüssel mit den Schnitzeln. Gemeinsam trugen die Kinder sie zum Fluss, der nur wenige Schritte entfernt war.

Direkt daneben bemerkte ich ein Gerät aus Holz und Baumrinde, das zur Herstellung von Sago dient. Die Schnitzel wurden in einen langen Trichter aus Baumrinde gefüllt, der schräg auf einem Gestell aus mehreren Ästen lag. Nun gossen wir Wasser in den Trichter, an dessen Ende ein Stück Stoff als Filter diente. Als sie noch keine Kleidung hatten, verwendeten die Fayu einen Filter aus Baumrinde.

Fusai begann, das Ganze mit den Händen umzurühren, damit sich die Schnitzel mit dem Wasser verbanden. Eine anstrengende Tätigkeit, zumal man so lange rühren muss, bis die Schnitzel ihre weiße Farbe verlieren. Langsam sickerte

Sago-Baum

das Wasser durch den Filter in eine Schale, die ebenfalls aus Rinde hergestellt war. Die Flüssigkeit bleibt anschließend so lange darin, bis die weiche, aus den Schnitzeln gewonnene Masse nach unten sinkt und sich oben das Wasser absetzt. Manchmal schwappt das Wasser auch über den Rand, und was übrig bleibt, nennt man rohen Sago.
Anschließend wird die Masse getrocknet, zu runden Teigbällen geformt und in Rinde eingewickelt. Damit kann man dann entweder kleine Tiere wie Salamander, kleine Fische, Mäuse oder Fledermäuse umhüllen und im Feuer backen, oder der Sago wird ohne weitere Zutaten in große Blätter gefüllt und in den Flammen gegart, bis er außen eine dunkelbraune Färbung angenommen hat. Die harte Kruste wird entfernt und gegessen, während man das Innere wieder ins Feuer legt.

Diese Prozedur wiederholt man so lange, bis nichts mehr oder höchstens ein kleiner Teigrest übrig ist. Den bekommen dann oft die kleinen Kinder, die noch keine Zähne haben und die weiche Masse besser schlucken können als die harte Kruste.

Nachdem ich Fusai eine Weile zugesehen hatte, versuchte ich mich selbst an der Prozedur und vermischte Schnitzel mit Wasser. Es dauerte nicht lange, bis meine Arme schwer wurden und mein Rücken in der unbequemen Position anfing zu schmerzen. Jetzt wusste ich, warum die Frauen hier alle so muskulöse Arme hatten. Die Herstellung von Sago zählt nämlich zu den fast täglich anfallenden Hausarbeiten.

Ich beschloss, dass ich für heute genug getan hatte, ließ Fusai wieder ans Werk und ging hinüber zum Feuer. Denn bald mussten die Kwas gar sein, und eine weitere Mahlzeit wartete auf uns.

Die Jungen machten sich zwischen den Bäumen auf die Jagd nach Insekten, während die Mädchen sich zu mir um das Feuer setzten. Gebannt beobachtete ich eine ganze Ameisenarmee, die aus einem Baumstamm quoll, den gerade jemand in die Flammen gelegt hatte. Zu Hunderten machten sie sich auf die Flucht, viele von ihnen bepackt mit weißen Ameiseneiern, die schon deutlich die Form der Tiere angenommen hatten. Sophia-Bosa begann, sämtliche Ameisen um mich herum zu erschlagen, da ihre Bisse extrem schmerzhaft waren. Dennoch blieb ich sitzen und sah fasziniert zu, wie die Ameisen versuchten, sich in Sicherheit zu bringen. Diejenigen, die es nicht schafften und den Flammen zum Opfer fielen, verwandelten sich zischend in kleine schwarze Bälle und zerfielen.

Den Menschen, die in der westlichen Welt leben, mögen so manche Aspekte des Dschungellebens grausam erscheinen. Doch in diesem Teil der Welt gelten nun mal nach wie vor die

Gesetze der Natur, was letztlich heißt, dass der Stärkere überlebt. Die einen sind Jäger, andere die Beute, der Stärkere jagt
den Schwächeren. Das System gleicht einer Pyramide, an deren Spitze als Stärkster der Mensch steht, während die winzigen Insekten sich an ihrem Fuße tummeln. Dennoch sollte
man stets auf der Hut sein, denn auch die Schwachen können
sich wehren, im Extremfall sogar mit tödlichen Folgen. Egal,
an welcher Stelle man sich innerhalb dieser Pyramide befindet – gegenseitiger Respekt ist zum Überleben dringend notwendig.

Gestärkt kehrte ich zu Fusai zurück und half ihr noch etwa
eine Stunde lang, die Schnitzel zu rohem Sago zu verarbeiten.
Die Nachmittagssonne stand schon tief am Himmel, als wir
uns endlich auf den Rückweg ins Dorf machten. Der Tag war
lang und arbeitsreich gewesen und voller erledigter »Pläne«,
wie Papa nun sagen würde. Meine Arme schmerzten von der
schweren Arbeit, und mein Rücken war ganz steif vom vielen
Bücken.

Die Dusche am Abend hatte ich mir damit redlich verdient.
Seife und Shampoo hatte ich endgültig abgeschafft – schließlich interessierte es hier sowieso niemanden, wie ich aussah
oder roch. Inzwischen empfand ich den feuchten Film, der
sich immer wieder auf meiner Haut bildete, sogar als angenehm. Ein ungewohnter, anderer Geruch hatte sich allmählich auf meinem Körper ausgebreitet; eine seltsame Mischung
aus süßem Zuckerrohr und der sauren Note nach Sumpf.

Ich spürte, wie sich mein Geist beruhigte und meine Bewe-
gungen dazu passend immer langsamer wurden. Ein Anflug
von Sorglosigkeit stahl sich in mein zuvor so hektisches Leben, das ich zunehmend hinter mir ließ. Ja, es fühlte sich gut
an, so ruhig und entspannt und vor allem … friedlich.

7

Reise in die Vergangenheit

Dunkelheit hatte sich über das Land gesenkt, die schmale Mondsichel hing am Himmel, und die Sterne funkelten in der unendlichen Weite des Universums.

Klagelieder der Fayu erfüllten die feuchte Nachtluft. Ich konnte nicht schlafen. Ich fürchtete mich vor den Dämonen der Vergangenheit, die tagsüber in ihrem Versteck lauerten, um im Dunkeln zum Vorschein zu kommen und mich zu quälen.

Ich musste mich ablenken, auf andere Gedanken kommen, ich musste die Mauer aus Angst und Depression, die sich in diesem winzigen Raum aufgebaut hatte, endlich einreißen. Ein Geräusch durchbrach meine Gedanken. Ein Kratzen, Schaben, Trippeln, immer hin und her.

Ich musste nachdenken, musste kämpfen. Wieso war ich hier? Was hoffte ich in meiner magischen Kindheit wiederzufinden, die nun schon so viele Jahre zurücklag? Suchte ich nach meiner wahren Identität? Oder lief ich vielmehr vor meiner Identität davon? Wovor lief ich denn weg? Vor der Vergangenheit? Oder gab es da noch etwas anderes?

Die Vergangenheit ist etwas Sonderbares. Sie formt und treibt uns in so viele Richtungen, sie wird sichtbar in unserem Denken, unserem Handeln, unserer Lebenseinstellung. Manche Menschen verleugnen sie, andere sehnen sich nach ihr, und einige gehen in die Vergangenheit zurück, um die Gegenwart besser zu verstehen. Die Gegenwart, die Vergangenheit, die Gegenwart, die Vergangenheit ... irgendwo dazwischen liegt die Antwort.

Die Klagelieder waren verstummt, die Welt um mich herum wurde still, ein sanfter Wind wehte durch das Dorf, er streifte die Bäume, die Hütten mit ihren Palmdächern, das kleine Holzhaus, drang durch das Fenster zu mir herein. Und mit ihm die Zeit. Ich schloss die Augen, vernahm das Rascheln des Laubes, das Zirpen der Grillen, bis ich spürte, wie der Rhythmus der Nacht zu schlagen begann. Ja, da war sie, die Vergangenheit, so fern und doch so nah.

Fünf Monate später, am 11. April 2006

Ich betrete einen winzigen Raum, in dem ein Holzschreibtisch an einer Wand steht, darauf ein Computer, auf dem sich Prospekte, Zettel und Bücher stapeln. An der gegenüberliegenden Wand ein dunkles Sofa mit einem niedrigen Tisch davor. Durch die Jalousien dringen vereinzelte Sonnenstrahlen herein und erhellen den Raum.

Ein Mann sitzt hinter dem Schreibtisch und erhebt sich, um mich zu begrüßen – ein großer, gut aussehender Papua mit grauem Haar, glatter dunkler Haut und Brille, der Autorität ausstrahlt. Er schließt die Tür hinter mir, wirft einen kurzen Blick aus dem Fenster und bietet mir einen Platz auf dem Sofa an. Im Raum ist es unerträglich heiß; die Sonne brennt schon den ganzen Tag unerbittlich auf das Aluminiumdach.

Der Mann setzt sich und mustert mich so eindringlich, dass ich mich förmlich unter seinem Blick, unter den fragenden, auf mich gehefteten Augen winde. Eine unangenehme Stille macht sich breit. Ich räuspere mich, schlage die Beine übereinander und straffe den Rücken in dem Versuch, älter zu wirken, als ich mich momentan fühle.

»Was möchten Sie denn von mir wissen?«, bricht er endlich das Schweigen.

»Ich bin hier, um etwas über die Vergangenheit zu erfahren«, lautet meine Antwort.

Er lehnt sich in seinem Stuhl zurück, atmet tief ein und beginnt zu erzählen. Über mir tickt eine Wanduhr, von draußen dringen Stimmen herein, doch ich nehme es kaum wahr, die Zeit scheint stillzustehen. Auch den Verkehrslärm von der nahe gelegenen Straße bemerke ich nicht. Mich erreicht nichts außer der Stimme eines Mannes, der mir eine Geschichte erzählt. Eine Geschichte voller Betrug, Leid, Kampf und Streben nach Freiheit.

»Ich heiße Reverend Socratez Sofyan Yoman. Als einer der Kirchenoberen der Baptisten in West-Papua ist es meine Pflicht, Zeugnis abzulegen und auszusprechen, was in diesem Land vor sich geht, um Gerechtigkeit, Wahrheit, Frieden und die Gleichheit aller Menschen zu wahren. Deshalb äußere ich mich hier zur Vergangenheit dieses Landes und erzähle von den Ungerechtigkeiten, die West-Papua und seiner Bevölkerung angetan wurden. Denn man hat unsere Rechte und unsere Würde mit Füßen getreten.

Dieses Land gehört uns, seit Jahrtausenden haben unsere Vorfahren hier gelebt, und hier befindet sich unser Erbe. Doch man hat uns unser Land gestohlen, und seit nunmehr vierzig Jahren kämpfen wir darum, unsere Rechte zurückzubekommen, seit vierzig Jahren kämpfen wir um Gerechtigkeit und Frieden.

West-Papua ist die westliche Hälfte der Insel Neuguinea. Gemeinsam mit Papua-Neuguinea im Ostteil bildet unser Land die zweitgrößte Insel der Welt. Papua-Neuguinea, einst eine Kolonialmacht der Deutschen und Briten, wurde später zu

Australisch Guinea und erlangte im Jahr 1975 seine Unabhängigkeit. Unser Schicksal war jedoch ein anderes.

Seit vorgeschichtlichen Zeiten, seit der letzten Eiszeit, hat die Insel uns gehört. Wie es genau dazu kam, ist nicht bekannt, doch man sieht uns an, dass wir keine Asiaten sind.

Im Laufe der Jahrtausende hat sich bei uns ein großer Reichtum an Sprachen und Kulturen entwickelt. Allein in West-Papua gibt es über 250 Sprachen bei einer einheimischen Bevölkerung von etwa 1,3 Millionen Menschen.

Wir gehören dem Volk der Melanesier an. Der Unterschied zu den Asiaten liegt nicht nur in unserem Aussehen, viel wichtiger ist, dass sich unsere Gewohnheiten, unser Glaube, unsere Überzeugungen, der ganze Lebensstil vollkommen von dem der Asiaten, etwa der Indonesier, unterscheidet. Wir sind unabhängige Individualisten und sind nie mit einem Feudalsystem in Berührung gekommen.

Unsere Art zu leben entspricht dem Land um uns herum: Es ist unsere Heimaterde, der wir uns zugehörig fühlen.

Über die Geschichte unseres Landes ist nur wenig bekannt, da es kaum schriftliche Quellen gibt. Die ersten schriftlichen Berichte stammen zum Großteil von den Niederländern, die in der zweiten Hälfte des 17. Jahrhunderts Handelsniederlassungen etablierten. Im Jahr 1885 unterschrieben England, Deutschland und die Niederlande dann einen Bündnisvertrag. Unser Land wurde offiziell niederländisches Hoheitsgebiet und damit Teil von Niederländisch Indien, das in etwa die Grenzen des heutigen Indonesien umfasste.

Wir haben zunächst nicht viel von den Holländern bemerkt. Sie errichteten Niederlassungen und Verwaltungszentren an der Küste, doch sie mischten sich nie in unser Leben ein.

Wie die meisten Länder der Erde, so hat der Zweite Weltkrieg auch unser Land und die Einwohner nicht verschont. Zunächst besetzten die Japaner für eine kurze Periode West-Papua, dann kamen die Amerikaner.

Bereits in den Jahren vor Ausbruch des Krieges jedoch hatte sich in Indonesien eine kleine, aber schlagkräftige nationalistische Bewegung formiert, geführt von einem jungen Mann namens Sukarno. Nach Ende des Zweiten Weltkriegs hatte diese Bewegung großen Zulauf, und ein Unabhängigkeitskrieg brach aus. Vier Jahre lang dauerten die Kämpfe, bis schließlich im Jahr 1949 ein Unabhängigkeitsvertrag mit den Niederlanden unterzeichnet wurde. Sukarno wurde der erste Staatspräsident von Indonesien.

Ein Teil der holländischen Kolonie aber war von diesem Vertrag ausgenommen worden: Niederländisch Neu-Guinea, unser Land. Denn die Niederländer wollten unser Land und die Bevölkerung auf die Unabhängigkeit vorbereiten.

Umgehend trafen sie Vorkehrungen. Sie schickten uns erfahrene Beamte, eröffneten ein Ausbildungszentrum für einheimische Staatsbedienstete und besetzten Verwaltungsposten zunehmend mit Leuten aus Papua. Sie verbesserten die Infrastruktur, bauten Schulen und Krankenhäuser und statteten sie entsprechend aus.

Im Jahr 1960 wurde der Nationale Rat gegründet, dessen Mitglieder sich auf den Namen West-Papua für ihre Insel einigten. Eine Freiwilligenarmee namens Papua Volunteer Corps wurde aufgestellt, eine Nationalhymne (komponiert von einem Holländer) folgte, ebenso wie die Staatsflagge mit dem Morgenstern (entworfen von dem Holländer Nicolas Jouwe), die von nun an stets gemeinsam mit der niederländischen gehisst wurde.

Die Umwandlung in einen unabhängigen Staat war für das Jahr 1970 vorgesehen. Doch Indonesien hatte andere Pläne.

Im Laufe der Jahre hatte Indonesien immer wieder Soldaten nach Niederländisch Neu-Guinea geschickt. Sie richteten jedoch nicht wirklich etwas aus, sie gaben vielmehr der Polizei und dem niederländischen Militär Gelegenheit, ihre Taktiken zur Rebellenabwehr zu schulen.

Im Jahr 1961 änderte sich die Vorgehensweise. Der indonesische Staatspräsident Achmed Sukarno, der ein großes Ziel verfolgte – er wollte einen einheitlichen indonesischen Staat von Sabang (Nordsumatra) bis Merauke (West-Papua) –, leitete eine tiefgreifende Kampagne ein.

Bekanntlich war zu dieser Zeit der Rest der Welt vom Kalten Krieg beherrscht. Und genau diese Situation machte sich Sukarno zu Nutze. Bis zu diesem Zeitpunkt hatte sich die internationale Staatengemeinschaft inklusive der USA noch für ein unabhängiges West-Papua eingesetzt. Doch wie würden die westlichen Länder reagieren, wenn Indonesien nun ausgerechnet mit ihrem Staatsfeind UdSSR paktierte?

Sukarnos Plan funktionierte. Um eine weitere ›Achse des Bösen‹ zu verhindern, ging Präsident John F. Kennedy auf Sukarno zu und sondierte seine Wünsche. Der Wunsch hieß: West-Papua.

Unter massivem diplomatischem Druck der USA lenkte Holland schließlich ein. Mit Unterstützung der UNO unterzeichneten die Niederlande und Indonesien am 15. August 1962 in New York ein Abkommen. Dieses verpflichtete die Niederlande, unser Land vorübergehend unter UNO-Verwaltung zu stellen, und nach einer kurzen Übergangsfrist sollte West-Papua im Jahr 1963 an Indonesien übergehen. Umgekehrt versicherte Indonesien, sämtliche bestehenden Regelungen und Institutionen unverändert beizubehalten. Außerdem sollten wir selbst entscheiden dürfen, ob wir indonesische Staatsbürger werden oder unsere Unabhängigkeit erlangen wollten.

Im Rahmen eines Referendums mit der Bezeichnung ›Act of Free Choice‹ sollten spätestens 1969 freie Wahlen abgehalten werden.

Als sich die UNO im Mai 1963 aus West-Papua zurückzog, ignorierte sie die verzweifelten Bitten der Papua, zu bleiben und sie zu schützen. Wissentlich setzte sie die Bevölkerung der militärisch geführten indonesischen Verwaltung aus. Und sofort kam es zu den ersten Verstößen gegen das New Yorker Abkommen: Eine lange Phase des Raubbaus und der Unterdrückung begann, Massenverhaftungen, Folter, Bombenanschläge und Attentate auf die einheimische Bevölkerung waren an der Tagesordnung.

Damals entstand die Bewegung Freies Papua (OPM oder ›Organisasi Papua Merdeka‹ – ›Organisation Freiheit für Papua‹). Als immer mehr Einheimische der Bewegung beitraten, flammten in unregelmäßigen Abständen Kämpfe auf zwischen der mit modernen Waffen ausgestatteten indonesischen Armee und den Einheimischen, die mit wenig mehr als Pfeil und Bogen bewaffnet waren.

Nach der Übernahme begann die indonesische Regierung, Hunderte Familien aus Java oder von den anderen Inseln nach West-Papua umzusiedeln. Man nahm den Einheimischen das Land, um es den Neuankömmlingen zu geben, jedoch ohne die Papua angemessen – wenn überhaupt – dafür zu entschädigen. Inzwischen leben fast ebenso viele Indonesier in West-Papua wie einheimische Papua.

Und kaum war die Umsiedelung in vollem Gang, begann die Ausbeutung der Rohstoffe. Im April 1967, noch bevor West-Papua offiziell Indonesien zugesprochen worden war, hatten die Besatzer einen Vertrag mit der Firma Freeport-McMoran abgeschlossen, einer US-amerikanischen Minengesellschaft, die die Erlaubnis erhielt, Gold und Kupfer im großen Stil abzubauen und dafür Land zu enteignen. Einheimische Stämme durften bei Bedarf umgesiedelt werden, bei nur minimalen Entschädigungen.

Dann kam 1969, das Jahr, auf das viele Papua noch einmal große Hoffnungen setzten: Der bolivianische UN-Botschafter Fernando Ortiz-Sanz reiste im August nach Indonesien, um den ›Act of Free Choice‹ zu überwachen, jenes Referendum, bei dem alle volljährigen Einwohner von West-Papua dazu aufgerufen waren, zu wählen und so über die Zukunft ihres Landes zu entscheiden.

Doch es handelte sich nicht um freie Wahlen im Sinne des New Yorker Abkommens; und aus dem ›Act of Free Choice‹ wurde ein ›Act of No Choice‹. Von Anfang an war klar, dass die indonesische Regierung nur ein Ergebnis akzeptieren würde: das zu ihrem Vorteil.

Entgegen der in New York getroffenen Abmachung, dass jeder Einwohner eine Stimme habe, wählte das Militär aus der gesamten Bevölkerung genau 1024 männliche Papua als Wahlberechtigte aus. Konnte einer von ihnen durch Bestechung oder Gewalt nicht davon überzeugt werden, für Indonesien zu stimmen, so wurde ihm und seiner Familie mit dem Tod gedroht. Als Ortiz-Sanz seinen offiziellen Bericht an die UN übermittelte, stand außer Frage, wie die Wahl ausgegangen war: Selbstverständlich hatten alle 1024 Papua einstimmig für die Eingliederung in die indonesische Staatengemeinschaft gestimmt.

In jener Zeit tat die Widerstandsbewegung, die enormen Zulauf hatte, alles in ihrer Macht Stehende, um die Aufmerksamkeit der UN und des Rests der Welt zu erregen. Doch niemand interessierte sich für das ferne, abgelegene West-Papua.

Mit unvorstellbarer Brutalität hat das indonesische Militär die Papua ihrer Rechte beraubt, Tausende sind gestorben,

Unzählige werden bis heute vermisst. Wie viele Menschen tatsächlich ihr Leben gelassen haben oder aus ihren Häusern und Dörfern vertrieben wurden, ist nicht bekannt. Aber eines ist gewiss: Ihre Zahl ist groß. Dennoch hat gegen Ende des Jahres 1969 die Generalversammlung der UN, trotz der Proteste diverser afrikanischer Länder, die indonesische Kontrolle über West-Papua offiziell akzeptiert. Angeblich geschah alles im Interesse des Friedens; in Wahrheit wurden ein Land, die dort lebenden Menschen und ihre gesamte Existenz kaltblütig verkauft.

Allerdings bedeutete dies nicht das Ende des Leidensweges, es war vielmehr erst der Anfang. In den folgenden vierzig Jahren waren Menschenrechtsverletzungen, Unterdrückung, Missachtung der Grundrechte – etwa das Recht auf Bildung oder auf medizinische Versorgung –, an der Tagesordnung. Die Staatsflagge mit dem Morgenstern wurde verboten, und wer damit erwischt wird, dem drohen bis zu 25 Jahre Gefängnis. Ironischerweise steht auf das Töten eines Einheimischen lediglich eine Strafe von ein bis drei Jahren. Und noch immer will die Welt nicht hinsehen.

Frau Kuegler, Sie sehen es selbst: Die Indonesier wollen unser Land, aber nicht das Volk. Wir sind die Eigentümer von West-Papua, doch hat uns niemand jemals gefragt, was wir eigentlich wollen. Die Indonesier haben uns unsere Würde und damit auch die Zukunft genommen. Und die internationale Staatengemeinschaft hat uns ebenfalls sämtliche Rechte als Eigner dieses Landes abgesprochen.

Die Indonesier behandeln uns wie Tiere und stecken uns in Käfige der Unterdrückung. Sobald die Einheimischen auch nur versuchen aufzubegehren, machen sie Bekanntschaft mit dem Militär. Sie werden als Rebellen gebrandmarkt, verhaftet, ins Gefängnis geworfen und nicht selten misshandelt. Und wenn ihnen schließlich der Prozess gemacht wird, gesteht man ihnen oft noch nicht einmal einen Anwalt zu, der sie verteidigt. Wir Papua haben den ›Act of Free Choice‹ nie anerkannt, genauso wenig wie wir dulden, dass Indonesien unser Land besetzt hält. Wir haben all das nie gewollt. Wir gehören nicht zu Indonesien, weder heute noch in Zukunft. Wir wollen unabhängig sein, wir verlangen uneingeschränktes Selbstbestimmungsrecht. Doch sobald wir versuchen, die internationale Gemeinschaft auf uns aufmerksam zu machen, lügen die Oberen in Jakarta das Blaue vom Himmel herunter. Sie haben nie die Wahrheit gesagt. Und so dauert der Kampf bis heute an.

Offiziell beläuft sich die Zahl der Todesopfer seit der Invasion Indonesiens auf 100 000, aber tatsächlich ist sie ungleich höher. Niemand kann mit Sicherheit sagen, wie viele Menschen tatsächlich gestorben sind, bevor nicht eine unabhängige Untersuchung stattgefunden hat. Und wahrscheinlich ist es selbst dann nicht mehr möglich.

Was noch hinzukommt, ist die Ausbeutung unserer Ressourcen. Allen voran ist die schon erwähnte Firma Freeport verantwortlich, die in Timika eine Gold- und Kupfermine betreibt. Sie behaupten zwar, Millionen für die Entwicklung der einheimischen Stämme auszugeben. Doch sehen Sie sich mal rund um das Firmengelände um, und sprechen Sie mit den Menschen, denen das Land früher gehört hat. Was fällt Ihnen da auf? Die Leute leiden. Sie haben weder anständige Häuser noch ausreichend Schulen.

Und dann ist da noch unser Urwald. Er wird abgerodet, gnadenlos. Ein Teil der Rodungen mag durchaus legal sein, indem die Holzfirmen sich Lizenzen besorgen, der andere, größere, erfolgt illegal. In beiden Fällen werden dabei Millionen Hektar Land zerstört, und das alles für kurzfristigen Profit. Die Rodungen werden vom Militär und der Polizei geschützt und das Holz auf dem internationalen Markt verkauft. Wenn ein Stamm das ihm gehörende Land nicht für Rodungen freigeben will, wird ihm massiv zugesetzt, die Leute werden bedrängt, zusammengeschlagen, mit dem Tode bedroht und am Ende gewaltsam dazu gezwungen, ihre Gärten und Tiere zurückzulassen.

Die indonesische Regierung wird die Bevölkerung von West-Papua niemals respektieren oder mögen. Sie mag nur die Rohstoffe in unserem Land. Also wie lässt sich dieses Problem jemals lösen? Wir brauchen dringend Gespräche, friedliche Gespräche. Und die Weltöffentlichkeit muss an diesen Gesprächen teilnehmen. Die Vereinten Nationen haben uns gegenüber schließlich eine Verantwortung. Warum stellen sie sich dieser Verantwortung nicht?

Sie, Frau Kuegler, haben es der Gnade Gottes zu verdanken, dass Sie sich momentan in unserem Land aufhalten können. Journalisten oder Vertreter von nichtstaatlichen Organisationen werden von der Regierung nicht im Land geduldet. Vor allem dann, wenn sie sich für diesen Konflikt interessieren und mit Einheimischen über die momentane Lage sprechen möchten.

Was hat die indonesische Regierung zu verbergen? Ich kann Ihnen sagen, wovor sie sich fürchtet: Es gibt Augenzeugen und Dokumente, die alles, was ich Ihnen gerade erzählt habe, hieb- und stichfest beweisen, die davon zeugen, dass bis zum heutigen Tag in diesem Land Menschenrechtsverletzungen begangen werden.«

»Reverend Yoman«, frage ich, »haben Sie denn keine Angst um Ihr Leben? Schließlich sind bisher nicht wenige Ihrer Mitstreiter spurlos verschwunden oder getötet worden.«

»Nein, denn das hier ist meine Heimat, mein Land, und ich kann nicht länger schweigen. Natürlich haben sie mich im

Visier. Sie observieren mich täglich, folgen mir auf Schritt und Tritt. Aber das wird mich nicht davon abhalten, die Wahrheit zu sagen, die Wahrheit über die unwürdige Behandlung der Menschen in diesem Land. Falls sie mich töten, so ist dies mein Schicksal. Doch ich werde hier in meiner Heimat bleiben, bei meinem Volk, in guten wie in schlechten Zeiten. Wir werden uns wehren, und wir werden so lange kämpfen, bis wir endlich frei sind. Wir tun das alles hier nicht für uns und unseren Ruhm, sondern für unsere Kinder. Unsere Kinder sollen eine bessere Zukunft haben.«

Als mich zwei Männer zu einem Wagen mit abgedunkelten Scheiben begleiten, damit der Geheimdienst, der das Haus des Reverends beobachtet, mich nicht erkennt, wird mir plötzlich schwindlig. Ich habe das Gefühl, dass mein Leben sich gerade komplett ändert, dass ich an einer Wegkreuzung stehe. Ich muss an meinen Traum denken, der mich wiederholt geplagt hat, an die dunklen Gewitterwolken, die auf das Land der Fayu zusteuern. Angst ergreift von mir Besitz, das Undenkbare wird allmählich Realität. *Wie lange wird es noch dauern, bis sie das Gebiet der Fayu erreichen?*, frage ich mich. Der Satz schnürt mir die Kehle zusammen, und ich schließe die Augen.

8

Verzeihen lernen

Eines Tages ging ich mit Häuptling Kologwoi durch den Urwald«, begann Papa zu erzählen.

Es war spät am Nachmittag, und wir liefen über die Dschungelbrücke zum Fluss hinunter. Papa ging voraus, ich folgte dicht hinter ihm. Die Sonne stand schon tief am Himmel, und die Hitze ließ mit der untergehenden Sonne allmählich nach.

»Weißt du was, Sabine?«, unterbrach Papa sich. »Häuptling Kologwoi hat mir neulich erst gesagt, dass du auch seine Tochter bist. Er hat sich erkundigt, wann er endlich seine Enkelkinder kennen lernt.«

»Ja, ich weiß. Nakire und Kloru fragen auch ständig«, erwiderte ich. »Inzwischen habe ich so viele Geschwister, Nichten und Neffen, dass ich völlig den Überblick verloren habe. Es ist schon etwas Besonderes, Teil einer so großen Familie zu sein, auch wenn ich nicht immer verstehe, was sie sagen.«

»Wo war ich noch mal stehen geblieben?«, fragte Papa.

»Dass du einmal mit Häuptling Kologwoi im Dschungel unterwegs warst«, antwortete ich.

»Oh ja. Wir haben also …«

»Pass auf, Papa!«, rief ich. »Dreh dich nicht dauernd zu mir um. Sonst stürzt du noch ab und landest unten im Sumpf. Ich habe keine Lust, dich wieder rauszuziehen. Schließlich bist du nicht gerade leicht!«

»He!« Papa drehte sich lachend zu mir um und zog den Bauch ein. »Schau mal, wie viel ich abgenommen habe!«

»Schon gut«, grinste ich. »Jetzt erzähl schon weiter.«

»Wir liefen also durch den Dschungel, Häuptling Kologwoi zeigte auf verschiedene Stellen im dichten Gehölz und sagte: ›Sieh mal, Klausu, hier habe ich einen Kasuar erlegt‹ oder ›Unter diesem Baum habe ich einen Vogel gegessen‹ und ›Dort drüben habe ich einen wilden Eber angeschossen, aber er ist mir leider entwischt. Mein Pfeil ist nicht tief genug eingedrungen.‹ Häuptling Kologwoi machte weiter mit seiner Sightseeing-Tour, bis er plötzlich stehen blieb, mich am Arm fasste und flüsterte: ›Siehst du die beiden Bäume dort drüben, Klausu? Wenn du zwischen ihnen durchgehst, kommst du zu einem versteckten Pfad, den wir damals angelegt haben. Wir hatten vor, sie alle umzubringen, Männer, Frauen, Kinder. Keiner von ihnen sollte überleben.‹«

»Wen umbringen?«, unterbrach ich Papa erstaunt. »Ich dachte, die Fayu-Stämme bekämpfen sich seit Jahren nicht mehr.«

»Untereinander nicht, da hast du Recht«, antwortete er. »Der Häuptling meinte den Stamm der Dou. Du weißt schon, sie wohnen flussabwärts, dort, wo wir damals immer im Dschungel gelandet sind und dann ein Boot zu den Fayu genommen haben. Zu der Zeit gab es die Landebahn in Quisa noch nicht.«

»Was war denn zwischen den Fayu und den Dou passiert?«, fragte ich, verwundert, dass ich nichts davon gehört hatte. Papa räusperte sich und begann zu erzählen.

»Vor etwa sechs Jahren ging ein Dou-Krieger auf die Jagd und kehrte nicht wieder zurück. Einige Wochen später fand ein Fayu seine schon halb vermoderte Leiche. Er sammelte die Habseligkeiten des Toten zusammen und brachte sie zu dessen Sohn, der in Kordesi wohnte. In diesem Dorf der Dou lebte auch ein alter Mann, der an den grausamen Kriegen gegen die Fayu teilgenommen hatte und die Fayu seither zutiefst hasste.

Der Alte brachte das Gerücht in Umlauf, der Fayu habe den Jäger umgebracht. Anfangs beachteten die Dou ihn nicht weiter, doch du weißt, wie das ist, Sabine. Wenn dir jemand immer wieder dasselbe ins Ohr flüstert, fängst du an, darüber nachzudenken. Mit der Zeit staute sich in dem Sohn des toten Jägers eine enorme Wut auf, und irgendwann schenkte er den Lügen Glauben.

Etwa ein Jahr danach machte sich eine Gruppe Fayu, unter ihnen auch Kloru mit seinem Sohn Tuare, auf den Weg nach Kordesi, wo ein Flugzeug landen sollte. Sie warteten auf Neuigkeiten von deiner Mutter und mir. Die Fayu ließen Pfeile und Bogen in ihren Kanus und gingen ins Dorf. Da es seit Jahren keinen Krieg mehr gegeben hatte, verzichteten sie darauf, ihre Waffen mitzunehmen.

Kaum erreichten sie Kordesi, fingen die Dou eine zornige Diskussion mit ihnen an und beschuldigten die Fayu des Mordes an dem verschollenen Jäger. Da der Streit eskalierte, liefen einige Fayu zu den Kanus, um ihre Waffen zu holen. Als sie zurückkamen, hatten die Dou bereits Kloru mit einem Buschmesser angegriffen, und er blutete aus mehreren Wunden. Die ersten Pfeile flogen, ein Dou-Mann stürzte tödlich getroffen zu Boden und drei Fayu wurden von gegnerischen Pfeilen verletzt.

Die verwundeten Fayu rannten zu ihren Kanus und paddelten in Panik davon, verfolgt von ein paar Dou-Kriegern. Als die restlichen Fayu zum Fluss laufen wollten, wurde ihnen der Weg von den Dou-Kriegern abgeschnitten, und sie flüchteten in den Dschungel. Bald bemerkten sie, dass der Sohn des toten Jägers sie verfolgte, schossen und trafen ihn mit

*Fayu-Krieger
(Bebe)*

einem Pfeil. Schwer verletzt stürzte er zu Boden. Erschrocken und völlig verwirrt rannten die jungen Fayu-Männer den weiten Weg zurück in ihr Stammesgebiet.
In der Zwischenzeit hatten die Dou per Funk um Hilfe gebeten. Es dauerte nicht lange, bis der Hubschrauber kam und zwei verletzte Dou ins Krankenhaus flog. Doch den Sohn des Jägers fanden sie erst Stunden später, und aus unerklärlichen Gründen weigerten sich die Dou, diesen Mann im Krankenhaus behandeln zu lassen. Drei Tage später erlag er seinen Verletzungen.«
»Und was ist mit den verletzten Fayu?«, fragte ich Papa entsetzt. »Wurde ihnen nicht geholfen?«
»Natürlich wurde ihnen geholfen«, sagte Papa, »doch erst am darauffolgenden Tag. Der Hubschrauber flog nach Foida, um die Verletzten dort abzuholen und ins Krankenhaus nach

Jayapura zu bringen. Doch als der Sohn des Jägers starb, war das gesamte Dou-Dorf in hellem Aufruhr, und der Ruf nach Rache wurde laut. Damit hatte der alte Mann sein Ziel erreicht.

Und stell dir vor, was dann passierte, Sabine. Die Dou nahmen mein Boot, das ich bis zu meiner Rückkehr am Ufer vertäut hatte, fuhren in das Gebiet der Fayu und benutzten es als Köder, um die erste Fayu-Familie, die ihnen begegnete, anzulocken. Sie behaupteten, sie hätten eine wichtige Nachricht von Klausu zu überbringen. Natürlich kamen die Fayu daraufhin näher, und die Dou fielen über die wehrlose Familie her, einen Mann, seine hochschwangere Frau und ein kleines Mädchen. Das Ehepaar kam ums Leben, doch wie durch ein Wunder überlebte die kleine Tochter den Angriff. Sie hatten ihr den Bauch aufgeschlitzt, aber sie atmete noch, als die Fayu sie ein paar Stunden später fanden. Sofort riefen sie erneut den Hubschrauber, der das Mädchen ins Krankenhaus brachte.«

»Das muss ja furchtbar für die Fayu gewesen sein«, sagte ich mehr zu mir als zu Papa.

Papa nickte und fuhr fort: »Die Fayu-Stämme waren ebenso entsetzt wie du, und zum Zeichen der Trauer rieb jeder Einzelne, egal ob Mann, Frau oder Kind, seinen Körper mit Schlamm ein. Ohne Unterbrechung ertönten Klagelieder, Tag und Nacht.

Als mich die Nachricht von dieser Schreckenstat in Deutschland erreichte, nahm ich sofort die nächste Maschine und flog zurück nach West-Papua. Das kleine Mädchen hatte zum Glück überlebt, und ein anderes Fayu-Paar adoptierte sie.«

»Ist es das Mädchen, das bei Nakire und Fusai lebt?«, fragte ich.

»Ja, sie haben die Kleine bei sich aufgenommen und ziehen sie groß.«

»Und was ist dann passiert?«, wollte ich wissen.

»Bei meiner Landung in Kordesi bat ich um ein Treffen mit dem Häuptling der Dou und den Stammesältesten«, fuhr Papa fort. »›Wenn der Fayu den Jäger tatsächlich getötet hat‹, so fragte ich sie, ›wieso hat er dann die persönlichen Sachen des Toten zurückgebracht und sie nicht für sich behalten, wie es in Kriegszeiten üblich war?‹

Da sprang plötzlich der Alte auf, der das Gerücht in die Welt gesetzt hatte. Er zeigte mit dem Finger auf mich und schrie: ›Die Fayu sind gar nicht das Problem, weißer Mann. Du bist das Problem. Du hast mir mein Recht auf Rache genommen. Mein Recht, sie alle zu töten und so den Tod meiner Stammesgenossen zu rächen.‹

Sabine, in dem Moment war ich derart schockiert, dass ich keinen Ton herausbrachte. Nie zuvor in meinem Leben ist mir eine derart hasserfüllte Person begegnet. Der Häuptling und die anderen Dorfältesten gaben zwar zu, dass mein Einwand irgendwie berechtigt sei, wiesen aber jedes Vermittlungsangebot zurück. Also verließ ich das Gebiet der Dou. Wenige Wochen später erhielten wir die Genehmigung, eine Landebahn in Quisa zu bauen.

Wieder bei den Fayu, trauerte ich mit ihnen; wir weinten und sangen mehrere Tage lang Klagelieder. Es brach mir förmlich das Herz, als ich ihren tiefen Schmerz spürte. Wenige Wochen später verließen die Fayu das Dorf, in dem sie viele Jahre mit uns gelebt hatten, und errichteten ihre alten, mitten in den Sümpfen gelegenen Siedlungen wieder neu.

Ich habe ihre Angst buchstäblich spüren können, vor allem nachts. Sie zogen sich also auf sicheres Terrain zurück, das niemand außer ihnen zu betreten wagte.

Doch erst Monate später, an dem Tag, als ich mit Häuptling Kologwoi durch den Urwald lief und er mir den geheimen Pfad zeigte, erfuhr ich die ganze Geschichte. Um Haaresbrei-

*Hier stand einst das Dorf.
Der Dschungel hat das Land wieder übernommen.*

te wäre nämlich etwas geschehen, das den Untergang der Fayu hätte bedeuten können.«
Wir waren am Klihi-Fluss angekommen. Papa setzte sich auf den Steg, um sich auszuruhen, ich setzte mich neben ihn. Um uns herum herrschte eine Stille, als wäre die ganze Welt stehen geblieben, um diese Geschichte mit anzuhören.
»Was meinst du damit, dass etwas geschehen sei, was den Untergang der Fayu hätte bedeuten können?«, fragte ich Papa.
Mit dem Rauschen des Wassers im Hintergrund und einem wunderschönen Sonnenuntergang am Himmel fuhr Papa mit seiner Geschichte fort.
»Nachdem das kleine Mädchen der niedergemetzelten Fayu-Familie genesen und zu seinem Stamm zurückgekehrt war, hielten die Männer eine Versammlung ab. Nachts am Feuer fassten sie einen Entschluss. Sie wollten das komplette Dorf der Dou, also ganz Kordesi, ausrotten, Männer, Frauen und

Kinder. Keiner sollte verschont werden. Die Flamme der Rache hatte sich wieder entzündet. Und dies war ihr Plan: Kordesi wird auf der einen Seite durch einen Nebenfluss des Klihi und auf der anderen durch undurchdringliches Sumpfgebiet begrenzt. Daher gilt das Dorf als schwer zugänglich und hat den Dou seit Generationen als sicherer Hafen gedient. Wenn überhaupt, so kamen Angriffe ausschließlich vom Fluss her, der aber jederzeit bestens bewacht war. So konnten die Dou sich immer problemlos verteidigen.

Doch die Fayu überlegten, wie sie die Dou in eine Falle locken konnten, aus der es kein Entkommen gab. Zunächst schickten sie einige Späher vor, die das Gebiet rund um das Dorf über mehrere Wochen beobachteten und herausfinden sollten, welche Angriffsroute die beste sei. Dann schlugen sie einen Pfad durch den dichten Dschungel.

Der Plan sah vor, dass sie, sobald sie die Sümpfe erreicht hatten, eine Brücke bauen wollten, die direkt hinter dem Dorf endete. Alles war bis ins letzte Detail sorgfältig geplant, die Entfernung, der Abstand und die verschiedenen Winkel, aus denen der Angriff erfolgen sollte. Es war so, dass ein paar vereinzelte Fayu das Dorf vom Fluss aus angreifen und die Bewohner dazu zwingen sollten, in das Sumpfgebiet zurückzuweichen. Dort würden die übrigen Fayu-Krieger in einem Hinterhalt lauern, und die wehrlosen Dorfbewohner wären ein leichtes Ziel. Denn die Dou-Krieger würden damit beschäftigt sein, den Angriff vom Fluss abzuwehren, ohne zu ahnen, was hinter ihnen geschah.

Sie hatten vor, jeden einzelnen Dou zu töten, kein einziger sollte den Angriff überleben. Als ich davon hörte, wurde mir heiß und kalt, und ich spürte, wie mir das Blut aus dem Gesicht wich.«

»Aber Papa«, fragte ich, »warum haben sie ihren Plan nicht durchgeführt?«

»Ja, warte nur ab. Während die Fayu alles für den Angriff vorbereiteten, passierte etwas Unvorhergesehenes. Eines Abends gab es einen großen Sturm. Die ganze Gruppe jüngerer Männer saß bewaffnet vor der Veranda der Schule, und sie hatten schreckliche Angst. Denn sie erinnerten sich an ein lang zurückliegendes Geschehen. In einer ganz ähnlichen Nacht, in der der Regen in Strömen fiel und es nur so blitzte und donnerte, saßen sie mit ihren Stammesangehörigen vor einem kleinen Feuer. Plötzlich brach eine Schar von Dou-Kriegern aus dem dunklen Urwald und griff die Fayu an. Es gab ein schreckliches Blutbad in dieser Nacht, viele verloren ihre Mütter, Väter oder Geschwister. Es war ein so schreckliches Gemetzel, dass sie es so schnell wie möglich aus ihrem Gedächtnis verdrängten.

Doch an diesem Abend, als der Sturm über sie hinwegfegte, kam die Erinnerung wieder. Sie saßen gemeinsam um das Feuer und redeten über die alten Zeiten, als der Krieg noch ihr Dasein beherrschte. In welcher Angst sie damals waren, wie sehr der Hass ihr ganzes Leben bestimmte, als das Feuer der Rache noch hell loderte. Irgendwann begannen sie zu überlegen, was für Auswirkungen ihr Plan haben würde. Was wäre damit gewonnen? Mit Sicherheit würden die anderen Dorfgemeinschaften der Dou nicht tatenlos zusehen. Im Gegenteil, sie würden sich gegen die Fayu zusammenschließen, und der einst beigelegte Krieg würde von neuem ausbrechen.

Die Jüngeren wurden zunehmend unsicher, und am nächsten Tag fingen sie an, gegen die Älteren zu argumentieren. Sie wollten nicht, dass ihre Kinder das erleben mussten, was sie damals erlebt hatten. Die Familien würden wohl kaum unverletzt bleiben, sollte es tatsächlich zu einem neuen Krieg kommen. Hatten sie nicht am eigenen Leib erfahren, was Hass anrichten kann? Hatte ihre Stammesgemeinschaft nicht jahrelang dafür gekämpft, diesen Teufelskreis der Kriege zu durchbrechen? Und hatten sie nicht ihr Ziel erreicht? Das alles wäre dann umsonst gewesen, und sie wären wieder genau an demselben Punkt angelangt, an dem sie einst gewesen waren: gefangen in einem Krieg, der ihr Volk beinahe ausgelöscht hätte.

›Nein‹, sagten die Jungen, ›wir wollen keinen Krieg, wir wollen auch keinen Hass mehr. Wir wollen, dass unsere Kinder glücklich und in Frieden aufwachsen.‹ Bis in die frühen Morgenstunden diskutierten sie.«

Papa hörte für einen Moment auf zu sprechen. Ich sah ihn an und bemerkte, dass er Tränen in den Augen hatte. Nach einigen Minuten fuhr er fort:

»Und jetzt stand ich dort mit Häuptling Kologwoi, genau an jener Stelle, an der sich der verborgene Pfad befand. Das war vielleicht ein Gefühl! Plötzlich nahm Häuptling Kologwoi meine Hand in seine und sagte: ›Klausu, als ich am nächsten Morgen in den Himmel hinaufsah, da habe ich einen Sonnenstrahl bemerkt, der genau auf mein Dorf herunterschien. In jenem Moment habe ich gespürt, wie Afou Guti, der große Vater, in mein Herz kam. Da ist die Flamme des Hasses in mir erloschen, und wir haben unseren Plan nicht in die Tat umgesetzt.‹

Sabine, kannst du dir auch nur annähernd vorstellen, was passiert wäre, wenn die Fayu es doch getan hätten? Ein derartiges Massaker wäre nicht lange unentdeckt geblieben. Mit Sicherheit hätte das Militär sich eingeschaltet, und eine neue Art von Krieg wäre ausgebrochen. Ein Krieg, der den Fayu nicht die geringste Chance gelassen hätte. All jene, die wir so sehr lieben, die ein Teil unserer Familie geworden sind, wären heute nicht mehr am Leben. Mein Herz wäre ohne Zweifel mit ihnen gestorben.«

Unvermittelt hielt Papa inne und drehte sich zu mir um. Er

sah mir direkt in die Augen, als er mich fragte: »Sabine, was hättest du getan? Hättest du den Plan in die Tat umgesetzt, oder hättest du ihn in deinem Herzen begraben und den Dou verziehen?«

Ich fixierte die Planken vor mir, um seinem Blick auszuweichen. »Ich hätte ihn in die Tat umgesetzt«, antwortete ich schließlich.

»Sabine«, sagte Papa und musterte mich ernst, »was man sät, das erntet man. Wenn du Hass säst, wirst du Hass ernten. Säst du dagegen Vergebung, so wirst du auch Vergebung ernten.«

»Ich weiß, Papa«, verteidigte ich mich. »Aber wenn ich schon auf die Leute, die schlecht über mich reden oder gemeine Artikel in der Zeitung schreiben, so wütend bin, wie viel mehr würde ich da diejenigen hassen, die meine Familie umgebracht haben?«

»Das kann ich schon verstehen«, erwiderte Papa. »Aber in den Jahren im Dschungel habe ich gelernt, dass wahre Stärke sich nicht in Rache zeigt, sondern in Vergebung. Wahre Kraft schöpft man nicht aus Kriegen, sondern aus der Liebe. Und so haben wir dir und deinen Geschwistern beizubringen versucht, dass es die Liebe ist, die das Böse überwindet. Sicher ist es die schwerste Hürde im Leben, genau diejenigen zu lieben, die dich hassen, ausgerechnet denjenigen Gutes zu tun, die dich schlecht behandeln, und all jenen zu vergeben, die dir unrecht tun, doch genau daraus schöpfst du eine unbezwingbare Stärke.«

Wir waren inzwischen umgekehrt und wieder im Dorf angekommen. Ich blieb einen Moment stehen und betrachtete die Szenerie vor mir. Die Frauen waren dabei, alles für den Abend vorzubereiten. Die Kinder spielten Fangen, ein Spiel, das mein Bruder Christian und ich ihren Eltern vor Jahren beigebracht hatten. Ihr Lachen erfüllte die Luft.

Da fiel mein Blick auf eine Gruppe streitender Männer. Wie

Häuptling Kologwoi

Kinder sprangen sie immer wieder vor und zurück, und ein jeder versuchte den anderen zu übertönen. Offenbar saß Nakire auf etwas, das er um keinen Preis teilen wollte, und die anderen versuchten ihn hochzuziehen. Ja, in mancherlei Hinsicht benehmen sie sich wirklich wie kleine Kinder. Doch sie haben eine unglaubliche Kraft, die Kraft der Vergebung.

9
Jon

In dem Jahr, als unsere Familie nach Indonesien zog, lernte ich einen Jungen namens Jon* kennen. Unsere Eltern waren sich bei einer Versammlung in Jayapura begegnet, und wenig später kamen auch wir Kinder zusammen.

Er war ein hübsches Kind mit großen dunklen Augen, samtener Haut und wuscheligem Lockenkopf. Doch letztlich verliehen ihm vor allem sein breites Grinsen und sein Charme etwas Einzigartiges. Im Laufe der Jahre begegneten wir uns immer mal wieder. Bei jedem Treffen musterten wir uns zuerst eingehend, um zu sehen, wie sich der andere verändert hatte, und dann erst gingen wir hinaus zum Spielen.

Als Jon nach Danau Bira umzog, um weiter Englisch zu lernen, verbrachten wir unsere Freizeit damit, im See zu schwimmen und unsere faszinierende Umwelt zu erkunden. Alles war voller Abenteuer, und unsere Phantasie kannte keine Grenzen. Wir stellten uns vor, Indianer zu sein, die sich in dieser geheimnisvollen Welt verlaufen hatten und mit dem überleben mussten, was die Natur ihnen bot. Schon als Kind beneidete ich Jon um seine dunkle Haut, denn er war ein Papua. Mit meiner hellen Haut hatte ich nämlich beim Spielen immer das Nachsehen, weil ich mich im Unterholz nur schwer verstecken konnte.

Je älter wir wurden, umso weniger Zeit verbrachten wir miteinander. Meine Eltern siedelten mit mir und meinen Geschwistern zu den Fayu über, und unsere Besuche in Danau Bira wurden immer seltener. Irgendwann war dann der Tag gekommen, an dem Jon mir erzählte, dass er das Land bald verlassen würde. Seine Eltern zogen nach Jakarta, in die Hauptstadt Indonesiens. Die Nachricht machte mich traurig, und Jon musste das gespürt haben. Er umarmte mich und sagte, dass wir uns eines Tages sicher wieder begegnen würden. Kurz darauf reiste er ab.

Die Zeit verging, und bald war ich mit anderen Dingen beschäftigt. Zunächst erreichten mich sporadisch noch Nachrichten über seine aktuellen Aufenthaltsorte, doch auch das hörte irgendwann auf. Das Letzte, was ich von ihm erfuhr, war, dass er in die Vereinigten Staaten gegangen war.

Ich verließ West-Papua im Alter von siebzehn Jahren und wurde in eine Welt hineingeworfen, die ich nicht verstand. Eine Welt, die mir komplett fremd war und die mir Angst machte. Viele Jahre haderte ich damit, mich an diese Kultur und Lebensart anzupassen, die mir nicht nur meine Identität, sondern auch mein Selbstwertgefühl zu rauben drohten. Und ausgerechnet in diesen dunklen Jahren tauchte plötzlich der kleine Junge aus meiner Vergangenheit wieder auf.

Es beginnt mit einer E-Mail, deren Kopfzeile lautet: ein Freund aus Danau Bira. Wie gebannt starre ich auf die kurze Nachricht, und auf einmal steigen lange verdrängte Erinnerungen in mir auf. Ich antworte, und bald tauschen wir die üblichen Neuigkeiten aus, Familie, Kinder, Scheidung, Todesfälle und so fort. Im Gegensatz zu mir ist Jon, der in den USA lebt, noch unverheiratet und hat auch keine Kinder. Wir schreiben uns in immer kürzeren Abständen, und bald tauschen wir auch Telefonnummern aus.

Eines Tages rufe ich ihn an. Doch die Stimme, die ich am anderen Ende der Leitung höre, klingt nicht so, wie ich sie in

Erinnerung habe. Als Kinder haben wir indonesisch miteinander gesprochen, und nun redet Jon englisch mit perfektem amerikanischem Akzent!

Unsere Anrufe werden häufiger, bis ich Jon nach einigen Monaten einlade, mich zu besuchen.

Vier Wochen später, es muss vor etwa sieben Jahren gewesen sein, steht er tatsächlich vor meiner Tür. Was für eine Freude, ihn wiederzusehen! Ein erwachsener Mann, mit dem gleichen gewinnenden Lächeln wie früher. Er sieht aus wie ein typischer Papua, nicht allzu groß, aber kräftig gebaut. Er hat in Hawaii studiert und seinen Abschluss in Politik- und Wirtschaftswissenschaften gemacht.

Es ist die Ironie des Schicksals: Ich bin als Weiße im Dschungel aufgewachsen, während er als Papua die meiste Zeit seines Lebens in der westlichen Welt verbracht hat. Doch offenbar haben wir beide auch etwas Wesentliches gemeinsam – die große Liebe zu West-Papua.

Am letzten Abend vor Jons Abreise sitzen wir noch bei einem Glas Wein zusammen und reden.

Unser intensives Gespräch wird eine entscheidende Wende in meinem Leben einleiten.

»Sabine, woher kommst du eigentlich?«

»Wie meinst du das?«

»Woher kommst du deiner Meinung nach? Aus Deutschland, aus der Schweiz?«

»Jon, bitte frag mich so was nicht.«

»Weißt du, was gerade in West-Papua vor sich geht?«

»Was genau meinst du?«

»Sabine, unsere Leute sterben.«

»Davon will ich nichts wissen. Und überhaupt, was hat das mit mir zu tun?«

»Na ja, es war immerhin deine Kindheit. Warum sprichst du

nie darüber, was du erlebt hast und wo du wirklich hinge-
hörst?«

»He, wer will das schon wissen? Wer bitte schön interessiert
sich dafür, wo ich hingehöre? Davon abgesehen, warum sollte ich?«

»Weil ich weiß, dass dein Herz für West-Papua schlägt. Ich
merke es an deinem Blick, an deiner Stimme.«

»Jon, das ist nicht mein Krieg. Kannst du dir vorstellen, was
passiert, wenn ich mit dem, was ich weiß, an die Öffentlichkeit gehe? Meine Eltern würden ziemlich sicher aus dem
Land geworfen. Und das würde mein Vater mir niemals verzeihen.«

»Sabine, was glaubst du denn, wie lange die Fayu noch sicher
sein werden? Ist ihr Land denn nicht über und über mit wertvollen Bäumen bedeckt? Warum benimmst du dich so unglaublich naiv?«

»Ich bin nicht naiv! Hör jetzt auf, ich will nicht darüber
reden. Ich habe viele Jahre gebraucht, um endlich ein bisschen Stabilität in mein Leben zu bringen. Warum sollte ich
all das wieder aufgeben, noch dazu für etwas derart Aus-
sichtsloses? Schau dir doch nur mal all die Leute an, die erfolgreich an die Öffentlichkeit gegangen sind: Sie sind entweder erschossen oder vergiftet worden. Du legst dich da mit
Mächten an, die deutlich stärker sind, als wir es jemals sein
könnten.«

»Das mag sein, aber ich versuche es zumindest. Sabine, es gibt
nur wenige Menschen, die dich so gut kennen und verstehen
wie ich. Und ich weiß, dass du sowohl das Talent als auch die
Kraft hast, gewisse Dinge publik zu machen.«

»Ich habe keine Kraft mehr zu kämpfen, Jon. Ich will nur
noch meinen Frieden. Ich will endlich zur Ruhe kommen.«

»Du weißt genauso gut wie ich, dass das nie der Fall sein
wird. Du bist wie ich, gefangen zwischen zwei Welten, zwei

Kulturen. Du kannst ja noch nicht mal die simple Frage beantworten, woher du eigentlich kommst und wohin du gehörst. Warum? Wovor rennst du eigentlich davon?«

»Jon, hör auf. Ich muss auch an meine Kinder denken. Was ist mit ihnen?«

»Was ist mit all den Kindern aus Papua, die keine Zukunft haben? Deine Kinder werden zur Schule gehen und ihren Weg machen. Aber welche Aussichten haben die Kinder in West-Papua? Keine.«

»Und was kann ich daran ändern? Wer bin ich denn? Ein Niemand in dieser mir fremden Welt. Wie soll ich für die Zukunft kämpfen, wenn ich die letzten Jahre damit verbracht habe, meine Vergangenheit zu verleugnen?«

»Warum verleugnest du sie?«

»Weil es in diesem Teil der Welt niemand akzeptiert, wenn man anders ist als die anderen. Du kannst dir nicht vorstellen, was ich in den vergangenen Jahren alles durchgemacht habe. All der Schmerz und die Ablehnung. Wie sehr die Menschen auf mich herabgesehen haben, nur weil ich nicht so reagiert oder gehandelt habe, wie ich es ihrer Meinung nach hätte tun sollen.«

»Warum bist du dann nie zurückgekehrt?«

»Wegen meiner Kinder. Ich hätte sie nicht mitnehmen können, weil ich mir mit ihrem Vater das Sorgerecht teile.«

»Wofür lebst du eigentlich, Sabine?«

»Keine Ahnung. Ich weiß noch nicht mal, was ich hier eigentlich tue oder warum das Leben so hart zu mir ist. Ich bin einsam. Das ist mein Schicksal, und ich habe gelernt, damit zu leben.«

»Was ist denn nur aus der Sabine geworden, die ich früher kannte? Die sprühende Sabine, voller Leben und Freude?«

»Sie ist vor vielen Jahren gestorben.«

»Nein, das glaube ich einfach nicht. Sie muss irgendwo da

drin verborgen sein. Suche sie, und wenn du sie gefunden hast, sag mir Bescheid.«

»Warum? Damit du mich in deinen Freiheitskampf hineinziehen kannst?«

»Vielleicht.«

»Jon, du bist verrückt. Was können wir schon tun? Wir haben weder Geld noch Arbeit, zumindest ich habe momentan keinen Job. Und was das Wichtigste ist: Uns kennt kein Mensch. Wir sind niemand in dieser Welt.«

»Dann ändere etwas daran. Du schaffst das, ich weiß es. Du bist intelligent, und du konntest dich immer schon besser ausdrücken als jeder andere, den ich kenne. Du warst schon immer anders als die anderen.«

»Kann schon sein, aber ich will mit deinem Kampf nichts zu tun haben. Ich möchte jetzt ein neues Leben beginnen und einfach ein normales Dasein führen.«

»Denk darüber nach, Sabine. Und wenn deine Entscheidung gefallen ist, lass es mich wissen. Genauso wie ich vor meiner Berufung nicht davonrennen kann, so kannst du es auch nicht.«

Einige Jahre später rufe ich Jon an.

»Ich hab's getan.«

»Was?«

»Ich habe ein Buch über meine Kindheit geschrieben.«

»Willkommen zurück, Sabine.«

10
Die Legende von Bisa und Beisa

Vor vielen, vielen Jahren lebten alle Menschen, egal von welchem Stamm sie waren, in Frieden miteinander und sprachen ein und dieselbe Sprache. Doch dann kam eines Tages ein Feuer vom Himmel. Chaos brach aus, und plötzlich redete jedes Paar in seiner eigenen Sprache. Unter ihnen waren auch ein Mann und eine Frau namens Bisa und Beisa. Die beiden sprachen die Sprache der Fayu. Als sie merkten, dass sie sich mit den anderen nicht mehr verständigen konnten, verließen sie die Gemeinschaft. Lange Zeit liefen sie umher, bis sie im Urwald ein neues Zuhause fanden.

Einige Jahre später fing es an zu regnen. Der Regen hielt viele Tage an, und das Wasser stieg und stieg. Bisa und Beisa wollten in höher gelegene Regionen fliehen, doch das Wasser hörte nicht auf zu steigen. Bald schon merkten die beiden, dass es keinen sicheren Platz gab, und bauten ein Kanu, um ihr Leben zu retten. Sie nahmen auch viele Tiere mit an Bord, die vor dem Wasser flüchten wollten. Es regnete und stürmte ohne Unterlass, und als sie eines Morgens aufwachten, waren der Regenwald, die Hügel, ja das ganze Land unter dem Wasser versunken.

Rücken an Rücken hockten Bisa und Beisa in ihrem Kanu und paddelten. »Regen, hör auf, Donner, hör auf, wir haben Angst!«, riefen die beiden wieder und wieder. Tagelang saßen sie mit all den Tieren im Kanu fest, und als sie die Hoffnung schon aufgeben wollten, hörte es auf zu regnen. Dann endlich stießen sie auf Grund und merkten, dass sie auf einem Hügel gelandet waren. Bisa und Beisa stiegen aus dem Boot und entdeckten bald darauf eine kleine Höhle, in der sie Zuflucht suchten. Die Tiere verschwanden in den umliegenden Wäldern.

In dieser Höhle schufen sich Bisa und Beisa ein neues Zuhause und bekamen Kinder. Ihre Kinder bekamen ebenfalls Kinder, und irgendwann waren sie so zahlreich, dass sie einen Stamm gründeten, den Stamm der Fayu. Bisa und Beisa starben schließlich und wurden zu Stein. Siehst du, Klausu, den Hügel dort in der Ferne? Dort sitzen Bisa und Beisa bis heute vor ihrer Höhle und erinnern uns daran, wie unser Volk einst entstanden ist.

So hat es Kloru meinem Vater erzählt.

»Papa, ich möchte unbedingt die Höhle von Bisa und Beisa besichtigen«, bettelte ich so lang, bis er schließlich nachgab. Er willigte ein, eine kleine Expedition zu organisieren, die mich hinbringen sollte.

»Der Weg ist weit und führt mitten durch den Dschungel, Sabine. Bist du sicher, dass du das schaffst?«

»Ja, natürlich!«, antwortete ich entschlossen.

Bald darauf packten wir alles Notwendige für den Ausflug zusammen.

Es war noch früh am Morgen, als wir mit dem Boot nach Quisa fuhren. Ich war ganz euphorisch, und vor lauter Aufregung vergaß ich, etwas zu essen und Wasser mitzunehmen. In Gedanken war ich bereits am Ziel unserer Expedition angelangt und malte mir aus, was für spannende Dinge ich in der Höhle entdecken würde. Meines Wissens hatte bisher noch niemand diesen Ort erforscht. Auf einmal kam ich mir

Wie viele Menschen passen in ein Boot?

wieder vor wie ein Kind, dem ein Abenteuer ins Ungewisse bevorsteht.

Nach einem kurzen Zwischenstopp in Quisa machten wir uns auf den Weg hinunter zum Fluss, wo unsere Expedition starten sollte. Der Himmel war an diesem Tag klar, nur ein schmales Wolkenband zog über uns hinweg.

Eine Menschenmenge hatte sich am Flussufer versammelt, und ich fragte mich, wie wir alle in das Boot hineinpassen sollten. Zwar wusste ich, dass die Fayu sehr erfindungsreich sind, wenn es darum geht, viele Menschen auf engstem Raum unterzubringen, aber diesmal waren es eindeutig *zu* viele.

Plötzlich ging ein großes Gedränge los, und jeder versuchte als Erster an Bord zu gelangen. In Sekundenschnelle war das Boot überfüllt, so dass nichts mehr von ihm zu sehen war. Ich

musste lachen, denn es hatte den Anschein, als schwebten unzählige dunkle Körper direkt über der Wasseroberfläche.
Nakire und Papa riefen und schwenken die Arme in der Luft.
Ein Streit entbrannte, wer nun mitkommen durfte und wer
zurückbleiben musste. Dann aber leerte sich das Boot ein wenig, und ich sprang die Böschung hinunter, um mir selbst einen Platz zu sichern. Fusai fing mich gerade noch auf, bevor
ich ins Wasser fiel, und dankbar ließ ich mich neben ihr nieder.

Einige Fayu kamen im letzten Moment noch auf uns zuge-
rannt. Sie waren mit Pfeil und Bogen bewaffnet, und dicht
hinter ihnen folgten mehrere Dingos. Nakire winkte die
Männer heran. Das Boot schwankte heftig, als sie hineinsprangen und die Dingos hinter sich herzogen.

Ich habe großen Respekt vor Dingos und duckte mich, als
einer von ihnen direkt auf mich zukam. Schließlich sind sie
keine Schoßhunde, sondern asiatische Wölfe. Dingos sind
auch keine Haustiere, die freudig mit dem Schwanz wedeln,
wenn man ihnen den Kopf tätschelt. Sie sind vielmehr ausge-
bildete Jäger, die gegenüber ihrer Beute nicht die geringste
Gnade zeigen und mit hervorragendem Geruchs- und Spür-
sinn ausgestattet sind.

Papa erklärte mir, dass es sich bei diesen Dingos um eine besondere Züchtung handelte. Sie werden hauptsächlich für die
Wildschweinjagd im tiefen Dschungel eingesetzt, weil sie die
einzigartige Fähigkeit besitzen, über lange Strecken ein hohes
Tempo zu halten.

Allmählich kehrte Ordnung ein, neben Nakire, Fusai, Aron,
Papa und mir hatten noch mehrere Männer und zwei Jungen
im Teenageralter im Boot Platz gefunden. Papa rief mir über
das Stimmengewirr hinweg zu, dass die Männer uns begleiteten, um auf die Jagd zu gehen. Das Gebiet, in das wir fuhren,
war für seinen Reichtum an Wild, vor allem Wildschweine,

Kleine Jungen mit Dingo

bekannt. Da es einen Tagesmarsch von Quisa entfernt lag, ließen die Jäger sich gern von uns mitnehmen. In der Regenzeit wird oftmals die Beute knapp, der Wald steht dann zu Teilen unter Wasser, was die Jagd in vielen Gegenden unmöglich macht.

Ich saß gleich hinter Nakire, der sich auf dem begehrtesten Platz ganz vorne im Boot niedergelassen hatte. Er hielt einen langen Stab in der Hand, um die Wassertiefe zu prüfen. Fusai saß neben mir, der Rest der Truppe auf dem Bootsrand hinter uns. Ich kam mir ein bisschen albern vor, da ich als Einzige richtig im Boot saß, also wechselte ich auch auf den Rand. Sofort spürte ich das harte Holz unter meinem Hintern, doch ich wollte möglichst lässig wirken. Also blieb ich sitzen.

Als wir wenig später mit Motorkraft gegen die Strömung anfuhren, wehte uns eine kräftige Brise entgegen. Selbst Nakires Geruch, den der Wind in meine Richtung trug, störte mich inzwischen nicht mehr. Ich hatte mich allmählich an den Geruch der Fayu gewöhnt, vielleicht auch, weil ich inzwischen genauso roch wie sie.

Ich beobachtete, wie der Dschungel vorüberzog, spähte in die Baumkronen hinauf und hielt Ausschau nach Fledermäusen. Der Himmel war noch immer ganz klar und wolkenlos. Eigentlich unüblich für die Regenzeit. *Da haben wir wohl einen guten Tag erwischt*, ging es mir durch den Kopf. Mein Blick fiel auf die Stiefel an meinen Füßen, sie fühlten sich schwer und unbequem an. Ich überlegte, ob ich sie ausziehen und später einfach im Boot lassen sollte. Doch Papa meinte, der Weg bis zur Höhle sei lang, und es wäre gefährlich wegen der Schlangen und Insekten, die auf frisches Blut nur so lauerten … Meine Hose klebte mir jetzt schon an den Beinen. Über meinem T-Shirt trug ich eine langärmlige Bluse, weil Papa darauf bestanden hatte. Später sollte ich ihm dafür dankbar sein. Außerdem hatte ich einen Hut aufgesetzt und mir ein Tuch um den Hals gewickelt. Schließlich ist nichts unangenehmer, als ständig Spinnen aus dem Hemdkragen fischen zu müssen. Die Tiere ließen sich einfach an ihrem Faden aus den Bäumen herunter, und ehe man sich's versah, hatten sie einen ins Genick gebissen.

Nach etwa einer halben Stunde steuerte Aron das Boot auf das Ufer zu und drosselte den Motor. Die Uferböschung ging direkt in einen Hügel über, auf dessen Kuppe eine Fayu-Hütte stand.

Wir bahnten uns über den Uferdamm einen Weg den Hügel hinauf, wo uns mehrere Männer erwarteten, um uns zu begrüßen. Papa nahm einen von ihnen zur Seite.

»Sabine«, sagte er, »erkennst du diesen jungen Mann hier?«

»Nein, leider nicht«, antwortete ich.

»Das ist Isore, der Sohn von Häuptling Baou«, sagte Papa.

»Isore!«, rief ich und ging zu ihm hinüber, um meine Stirn an seiner zu reiben. Wie sehr er sich verändert hatte, wie erwachsen er aussah! Ich konnte mich noch genau erinnern, wie er uns 1980, kurz nach unserer Ankunft im Dschungel, ein Stück Krokodilfleisch gestohlen hatte. Doch statt Rache zu üben, wie es ihm nach Fayu-Tradition zugestanden hätte, ging Papa damals zu ihm hinüber, rieb seine Stirn an der des Jungen und gab dem kleinen Isore ein weiteres Stück Fleisch. Auf diese Art zeigte er ihm, dass wir nicht böse waren. Papas Tat machte großen Eindruck auf den gefährlichen Häuptling Baou, der später zum wichtigsten Fürsprecher des Friedens unter den verfeindeten Stämmen werden sollte.

Nachdem die allgemeine Aufregung sich ein wenig gelegt hatte, versammelte Papa alle Anwesenden für ein Gruppenfoto: Dingos, Fayu-Jäger, Fusai, Aron und mich.

Die Jäger übernahmen die Führung der Gruppe, und wir stellten uns in einer Reihe auf.

Gerade als wir losgehen wollten, stimmte Papa unvermittelt ein Klagelied an: »Ooohhh, meine Tochter Sabine, ooohhh, sie verlässt mich, ooooh, meine Tochter geht in den Dschungel und stellt sich den Gefahren«, klagte er in seiner besten Fayu-Singstimme.

Große Besorgnis machte sich unter den Fayu breit, und sie eilten zu ihm hinüber und umarmten ihn, um ihn zu trösten. Sie versicherten ihm, dass sie besonders gut auf mich aufpassen und mich vor Sonnenuntergang zurückbringen würden.

Ich musste laut loslachen. Es war wieder mal typisch für Papa, dass er die Sitte der Fayu übernommen hatte und um ein Kind weinte, das sich auf eine Reise begab.

Er hatte mir einmal erzählt, dass vor ein paar Jahren einige junge Männer ausgewählt worden waren, um nach Jayapura zur Schule zu gehen. Sie sollten lernen, wie sie ihr Land und ihre Kultur dauerhaft erhalten konnten. Unter ihnen war damals auch Tuare. Als die Jungen in das kleine Flugzeug ein-

Vor dem Aufbruch zu Bisa und Beisa

steigen wollten, stimmten Kloru und seine Frau Klagelieder an und fingen an zu weinen. Tränen rannen ihnen über die Wangen, und sie schrien ihren Schmerz und ihre Sorgen heraus. Papa hatte schreckliches Mitleid mit ihnen und bot ihnen an, Tuare zu Hause zu lassen. Doch da nahm Kloru ihn beiseite und flüsterte: »Nein, nein, Klausu, bitte nimm ihn mit. Wir sind sogar froh, dass er geht.«

Anschließend erklärte er Papa, dass es bei ihnen Sitte und sogar die Pflicht der Eltern sei, um ein abreisendes Kind zu weinen. Und siehe da, kaum hatte sich die Maschine in die Luft erhoben, hörten Kloru und seine Frau von einem Moment auf den anderen auf zu klagen und winkten freudig strahlend hinter dem Flugzeug her.

Und nun stand hier mein Vater und sang lauthals Lieder, weil seine Tochter ihn verließ, wenn auch nur für ein paar Stunden. Nachdem er genügend getröstet worden war, fing er plötzlich an zu lachen und bedeutete uns mit einem Winken, uns endlich auf den Weg zu machen. Kurz darauf hatten wir wieder eine Reihe gebildet, und der Ausflug konnte beginnen.

Aron ging mit zwei jungen Männern vom Stamm der Tigre voraus, dahinter folgten ich und dann Fusai. Ich hatte meinen Fotoapparat und die Videokamera dabei. Eine weitere Tasche, in der ich ein Seil und mehrere Taschenlampen verstaut hatte, trug einer der jungen Männer für mich.

Als ich den ersten Schritt in den kühlen, dichten Regenwald setzte, war ich überwältigt angesichts der großartigen Szenerie, die sich vor mir ausbreitete. Die Temperatur fiel, der Geruch nach modrigem Sumpf und süßen Blumen erfüllte die Luft. Die Sonne wurde von den riesigen Bäumen, die über uns aufragten, fast komplett abgehalten. Ein unbeschreibliches Glücksgefühl erfasste mich, als ich mich umsah, nach oben, nach unten, rechts und links.

In diesem Moment vergaß ich alles, die Vergangenheit, die Zukunft – ich verlor mich völlig in diesem Augenblick, den ich am liebsten für immer festgehalten hätte. Plötzlich war nichts anderes mehr wichtig. Wenn mich in diesem Moment jemand gefragt hätte, ob ich glücklich bin, so hätte ich geantwortet: »Ich bin der glücklichste Mensch auf der ganzen Welt.«

Wir liefen immer weiter, erst bergauf, dann wieder bergab, über Baumwurzeln, die sich in den Erdboden hinein- und dann wieder herauswanden wie große weiße Schlangen. Die Erde war mit Laub in allen erdenklichen Farben bedeckt. Die kleineren Sträucher und Büsche im Unterholz reckten sich in dem Versuch, wenigstens ein paar der spärlichen Sonnenstrahlen einzufangen – wie ein Baldachin schwebten über uns die mächtigen Äste der Bäume, die das Licht gierig aufnahmen. Dicke braune Kletterpflanzen schlangen sich von Baum zu Baum, von Ast zu Ast und webten riesige Netze, die auf

Netzwerke inmitten des Dschungels

halber Höhe hingen. Das tanzende Wechselspiel von Licht und Schatten hinter jeder Kurve, um die wir bogen, schaffte eine vollkommen mystische Atmosphäre.
Je weiter wir gingen, desto mehr nahm mich dieses beeindruckende Naturschauspiel gefangen. Als ich plötzlich über eine Baumwurzel stolperte, fing Fusai mich auf und ermahnte mich, besser auf meine Schritte zu achten. Doch wie sollte ich den Blick auf den Boden gerichtet lassen, wenn es um mich herum so viel zu sehen gab?
Ich entdeckte einen überaus seltsamen Pilz und beugte mich darüber, um ihn zu fotografieren, dann einen weiteren, und dort eine faszinierende orangefarbene Spinne, und hier, unter jenem Strauch, eine wunderschöne Blume, versteckt zwischen den Blättern. Die Zeit verging wie im Flug, ohne dass ich es merkte. Die Sonne wanderte immer weiter über den Himmel, doch ich achtete nicht weiter darauf. Ich ging um einen Baum herum und hielt den Atem an: Tausende winziger weißer Blüten bedeckten den Boden, eine Welt voller

Magie, so klein und doch so groß. Es kam mir vor, als schwirrten lauter tanzende Elfen mit farbenprächtigen Flügeln von einer Blüte zur nächsten. Wie können Menschen nur behaupten, die Welt sei nicht voller Zauber?

In der Nähe eines hohen Baumes bewunderte ich eine Pflanze mit dunkelblauen Knospen, von denen jede einzelne nur darauf wartete, sich endlich zu entfalten und zu voller Blüte zu explodieren. Ich wollte mich gerade zu ihr hinunterbeugen, um sie zu fotografieren, als Aron, der nun hinten ging, mich mit einem lauten Ruf zur Eile antrieb. Er sprang hektisch hin und her, und ich drehte mich ein wenig verärgert zu ihm um, weil er mich aus meiner Versunkenheit gerissen hatte.

Als er auf meine Stiefel zeigte, blickte ich an mir herunter. Es sah aus, als seien meine Schuhe lebendig geworden. Ich schaute genauer hin, und nun stampfte auch ich wie verrückt mit den Füßen, schlug und wischte mir über die Beine und versuchte sie loszuwerden: Unzählige Blutegel saßen gierig auf meinen Füßen und Beinen und wollten ihren Durst an mir stillen, winzige hungrige Vampirmäuler, die sich nach dem Geschmack des Lebens verzehrten.

»Beweg dich weiter«, rief Aron mir zu.

Ohne mir das zweimal sagen zu lassen, rannte ich los, die anderen dicht hinter mir. Immer wieder fielen mir frische Blutstropfen auf Blättern auf, bis ich sah, dass der junge Fayu vor mir mehrere blutende Wunden an den Beinen und Füßen hatte – von Blutegeln, die er mit Gewalt entfernt hatte. Was mir noch vor wenigen Minuten wie das Paradies vorkam, hatte sich binnen Sekunden in einen Alptraum voller Würmer verwandelt.

Nach wenigen Minuten hatten wir die Weide der Blutsauger hinter uns gebracht. Da fiel mir auf, dass mehrere Fayu-Jäger unseren Trupp verlassen hatten, jetzt waren nur noch zwei von ihnen bei uns. Als ich Aron danach fragte, erklärte er mir, dass sie vorausgegangen waren, weil wir zu viel Lärm machten und ihre ganze Beute verscheuchten.

Die Zeit verging und mit ihr schwand meine anfängliche Begeisterung allmählich etwas. Mein untrainierter Körper zeigte die ersten Anzeichen von Müdigkeit, mein Gesicht und die Hände waren schweißbedeckt, meine Kleider wurden feucht und klebten mir am Körper. Doch für den Moment gelang es mir in meiner Hochstimmung noch, die aufkommende Erschöpfung zu besiegen.

Endlich erreichten wir ein flacheres Areal. Ich bemerkte nicht, dass die anderen stehen geblieben waren, und lief schnurstracks hinein. Schon beim ersten Schritt blieben meine Stiefel in dem morastigen Grund stecken, so als hätte mir jemand den Boden unter den Füßen weggezogen. Einer der jungen Männer griff nach mir und riss mich zurück auf festen Untergrund. Vor uns breitete sich ein riesiger Sumpf aus! Wir gingen ein Stück an seinem Rand entlang, bis wir an eine Stelle kamen, wo mehrere Baumwurzeln aus dem Boden ragten und eine Art Brücke bildeten. Indem wir von einer Wurzel zur nächsten hüpften, machten wir uns an die mühsame und langwierige Überquerung. Ich kam mir dabei vor wie eine echte Forscherin, mitten in einem Abenteuer, gefangen im undurchdringlichen Dschungel.

Allmählich veränderte sich unsere Umgebung wieder, und wir stiegen bergauf. Der steile Anstieg auf dem vom Regen rutschigen Boden brachte mich außer Atem.

Da blieb einer der Männer an der Spitze stehen und rief etwas. Wir gingen zu ihm hinüber, neugierig, was er entdeckt hatte. Er hielt einen Zweig mit zwei langen Blättern in die Höhe, ein jedes mit einem Knoten am Ende. Ein Zeichen, das die Jäger für uns zurückgelassen hatten, wie Fusai mir erklärte. Zwei längere Blätter mit jeweils einem Knoten bedeuten,

Das Blätterzeichen für ein Wildschwein

dass ein Wildschwein gejagt wird, sind die beiden Blätter dagegen zusammengebunden, ist es ein Kasuar.

Fusai war gerade mit ihrer Erklärung fertig, als in der Ferne ein Schrei ertönte. Innerhalb von Sekundenbruchteilen waren die beiden Jäger aus unserer Gruppe zwischen den Bäumen verschwunden. Ich hatte noch nie zuvor Menschen so schnell reagieren sehen. Noch bevor ich auch nur blinzeln konnte, waren sie weg, abgetaucht im dichten Gewirr aus Bäumen, Büschen und Sträuchern. *Wie können die nur so schnell rennen, ohne hinzufallen?*, fragte ich mich. Wie der Wind fegten sie durchs Unterholz, um Baumstämme herum und zwischen Kletterpflanzen hindurch, die sich überall entlangwanden.

Ein weiterer Schrei in der Ferne, dann noch einer, und schließlich das Heulen der Dingos, das von irgendwo wie ein Echo zurückgeworfen wurde. Die Jagd war offenbar in vollem Gange.

Die Stunden vergingen, und mit jedem Schritt schwand die

Kraft aus meinem Körper. Ich betrachtete Fusai – nicht ein Schweißtropfen glänzte auf ihrem Gesicht. Sie sah noch genauso frisch aus wie zu Beginn unseres Ausflugs und schien die Strapazen der Wanderung problemlos wegzustecken.

Erneut stolperte ich über einen umgefallenen Baum, und diesmal reagierte niemand schnell genug, um mich aufzufangen. Mit den Knien sank ich in den Schlamm, mit den Händen griff ich ins feuchte Laub, um den Sturz zumindest ein wenig abzufangen. Fusai zog mich hoch, wischte mir den Schmutz von Knien und Handflächen.

Als ich mich umsah, stellte ich fest, dass wir auf einer Lichtung standen. Schwarze Holzkohle markierte eine Feuerstelle im hohen Gras. Eine alte verfallene Hütte klammerte sich an den Rand der Lichtung. Ich ließ mich auf einen Baumstamm sinken und holte den Wasserkanister heraus, den Papa mir im letzten Moment noch zugesteckt hatte. Nach ein paar Schlucken gab ich ihn an Fusai weiter.

Sie kramte in ihrer Tasche aus Baumrinde und holte eine Kochbanane heraus, die sie mir hinhielt. Zwar hatte ich keinen Hunger, aber mir war klar, dass ich dringend Energie brauchte. Also entfernte ich die schwarze Schale und biss in die trockene Frucht. Sie war ungewohnt knusprig. Da nahm Fusai mir die Banane aus der Hand und pulte etwas Schwarzes heraus, das entfernt an Samen erinnerte. Mir drehte sich der Magen um, als mir klar wurde, dass es Fliegenlarven waren, die die Frucht so knusprig gemacht hatten. Ich schaute genau hin und entdeckte noch mehr Larven. Doch ich zwang mich dazu weiterzuessen, auch wenn ich nun streng darauf achtete, alles, was sich bewegte, vorher zu entfernen.

Etwa eine Stunde später erreichten wir endlich unser Ziel. Wir waren jetzt vier Stunden lang durch unwegsames Gelände gestapft, und ich war völlig erschöpft. Doch als ich den Eingang zur Höhle an der Seite des Hügels entdeckte, durchströmte mich prickelnde Aufregung. Alle Müdigkeit und die schmerzenden Muskeln waren mit einem Mal vergessen. Der Eingang war fast zugewachsen mit kleinen Sträuchern und Büschen, ein dichtes Netz aus Kletterpflanzen hing davor; dunkle, spitze Felsen ragten aus dem finsteren Grund.

Auf allen vieren kroch ich über die großen Steinplatten, und ihre spitzen Kanten schnitten mir schmerzhaft ins Fleisch. Als ich den Eingang erreichte, holte ich die Taschenlampen hervor, die ich eigens mitgenommen hatte. Nachdem ich Fusai, Aron und einem jungen Fayu je eine in die Hand gedrückt hatte, machten wir uns auf den Weg ins Innere der Höhle.

Die Erde unter meinen Füßen wurde augenblicklich weich, als ich durch die Öffnung trat, ein seltsamer Geruch stieg mir in die Nase. Ein warmer Wind wehte über mich hinweg und entströmte durch das Loch, durch das ich gerade hereingekommen war. Die Dunkelheit verschlang mich zusehends, je tiefer wir hineingingen. Ein merkwürdiges Kreischen und der Widerhall unheimlicher Echos schallten mir entgegen. Ich ließ den Schein der Taschenlampe über die steinernen Wände gleiten, die das Licht funkelnd zurückwarfen. Rote, braune, weiße und orangefarbene Schatten zogen sich in Streifen die Wände entlang, es sah wunderschön aus.

Fusai, die dicht hinter mir war, schob mich ungeduldig weiter. Wegen der niedrigen Decke mussten wir immer noch die Köpfe einziehen. Das Kreischen wurde lauter, der Geruch intensiver. Ein saurer, unangenehmer Geruch war es.

Plötzlich war die Wand um mich herum fort, die niedrige Decke verschwand, und ich stand mitten in einer riesigen Höhle. Durch ein Loch in der Höhe strömte Licht herein, die Sonnenstrahlen wurden sichtbar, in schmalen Streifen fielen sie, einem regelmäßigen Muster gleich, herab.

Ich griff nach meiner Taschenlampe und fuhr mit ihrem Schein die Streifen entlang. Da setzte mein Herz für einen

Schlag aus, und ich ließ mich zu Boden fallen: Tausende Fledermäuse flogen in einer riesigen schwarzen Wolke auf mich zu. Als ich hinfiel, konnte ich gerade noch die Hände schützend vors Gesicht halten. Die Tiere schrien und kreischten, völlig verängstigt von diesen seltsamen Eindringlingen, die in ihre Welt gestolpert waren. Sie umschwirrten mich, hielten zielsicher auf die Lichtquelle zu und drehten im letzten Moment ab, wobei sie mich nur um Haaresbreite verfehlten. Nach einigen Minuten war das Schlimmste vorüber, und ich richtete mich wieder auf, um mir das Ganze genauer anzusehen. Die anderen waren auch zu Boden gegangen, schienen aber nicht erschrocken oder auch nur im Geringsten erstaunt, als ob sie darauf vorbereitet gewesen wären.

Wir gingen tiefer in die Höhle hinein und folgten den von der Natur angelegten Gängen, die im Laufe der Jahrtausende durch unterirdische Erosion entstanden waren und sich nun wie lange Finger durch das Gestein zogen. Ich konnte das Plätschern unter meinen Füßen deutlich hören.

Aron führte mich in eine Ecke und zeigte mir ein tiefes Loch, gerade breit genug, dass ein Mensch hindurchpasste. Ich leuchtete mit der Taschenlampe hinein, überrascht, wie tief es war, und bemerkte unten einen weiteren Durchgang. Am liebsten wäre ich sofort hinabgestiegen und zog schon das Seil aus meinem Rucksack, aber die Fayu hielten mich zurück. Sie erklärten mir, dass dort unten eine Rieseneidechse lebe, die extrem gefährlich sei. Sie könne mich töten, wenn ich zu ihr hinunterkletterte, da sie ihr Heim in der Tiefe des Berges mit allen Mitteln verteidige. Als ich genauer nachfragte, erzählten sie mir, dass die Eidechse über drei Meter lang und von rötlich-brauner Färbung sei. Sie lebte schon lang in den tiefer gelegenen Höhlen und ernährte sich von kleinen Tieren, die sie jagte. Sehnsüchtig spähte ich in das Loch hinunter und wünschte mir, ich hätte eine Spezialausrüstung dabei. Ein derartiges Tier wäre sicher einen genaueren Blick wert gewesen.

Schließlich gelang es den Fayu, mich loszueisen, damit der kleine Drache, der die Unterwelt zu seinem Königreich gemacht hatte, ja nicht verärgert wurde.

Wir erreichten einen weiteren Durchlass, der in die hohen Wände der Höhle geschlagen war. Die Fayu redeten plötzlich laut durcheinander und deuteten aufgeregt auf den Eingang. Ich konnte beim besten Willen nichts erkennen.

»Was ist denn?«, fragte ich ungeduldig.

Wieder deuteten sie auf die Stelle. »Dort!«

»Da sind sie, Bisa und Beisa«, flüsterte Fusai.

Ich konnte nicht sagen, was genau ich erwartet hatte, aber das hier bestimmt nicht. Zwei kleine graue Steinformationen, die nebeneinander saßen wie Lehmbrocken. Erwartungsvoll sahen die Fayu mich an. Zum Glück war meine Verwirrung in dem gedämpften Licht kaum zu erkennen.

»Bisa und Beisa«, wiederholte ich und versuchte, meine Enttäuschung zu verbergen.

Trotz meiner lebhaften Phantasie gelang es mir nicht, die Gründer der Fayu-Nation auszumachen, die von der Seite der Höhle auf mich herabblickten. Ich betrachtete meine Begleiter, die bewundernd und ehrfurchtsvoll zu den Felsformationen hinaufstarrten. Mein Sinn für Humor ließ mich im Stich, und ich konnte nicht fassen, dass ich dafür meine Kameraausrüstung vier Stunden lang durch den Dschungel geschleppt hatte.

Und dann dämmerte mir, dass ich noch weitere vier Stunden damit verbringen würde, wieder zurückzuwandern!

Doch zunächst einmal erkundete ich mehrere Höhlen, immer auf der Suche nach irgendwelchen Hinweisen auf frühere menschliche Bewohner, doch ohne Erfolg. Nachdem auch die zweite Taschenlampe erloschen war, beschlossen wir um-

zukehren. Die Zeit lief uns allmählich davon, und wir mussten unser Dorf erreichen, bevor die Sonne unterging. Die
Vorstellung, die Nacht in freier Wildbahn zu verbringen, war
nicht gerade verlockend.

Ich folgte den anderen nach draußen auf eine nahe gelegene
Lichtung. Dort setzte ich mich erst einmal hin, um zu trinken. Jetzt erst merkte ich, wie müde ich war, meine Beine zitterten vor Überanstrengung, und auch meine Arme waren
bleischwer. Mir war regelrecht schwummrig, und am liebsten
hätte ich mich auf der Stelle hingelegt und geschlafen. Nein,
ich musste wach bleiben, ohne meine Müdigkeit zu zeigen,
und irgendwie die Kraft für den langen Rückweg aufbringen.
Ich raffte mich auf, wir mussten uns beeilen, die Sonne näherte sich bereits dem Horizont.

Und nun begann ein wahrer Alptraum. Jede einzelne Zelle in
meinem Körper flehte darum, Rast zu machen, jeder Schritt
erfolgte unter größten Schmerzen.

Aron ging voraus, Fusai dicht hinter mir und am Ende die
jungen Männer. Ständig geriet ich ins Stolpern, konnte mich
kaum auf den Weg konzentrieren. Wie dumm von mir, dass
ich vor meiner Abreise nach West-Papua nichts für meine
Kondition getan hatte. Ich trieb seit Jahren keinen Sport und
tat nicht das Geringste, um fit zu bleiben. Dafür musste ich
nun teuer bezahlen.

Mechanisch setzte ich einen Fuß vor den anderen, verschwen-
dete keinen Gedanken mehr an die traumhaft schöne Umgebung oder die magische Atmosphäre. Es ging über Wurzeln,
Baumstämme, immer weiter. Die Kletterpflanzen, die vorhin
noch so elegant ausgesehen hatten, wirkten nun bedrohlich,
griffen nach mir und versuchten mich zu Fall zu bringen.
Wieder und wieder schob ich sie zur Seite und rutschte dabei
auf dem feuchten Laub und dem schlammigen Boden aus.
Ich merkte, dass meine Stiefel innen nass wurden. *Wie kann*

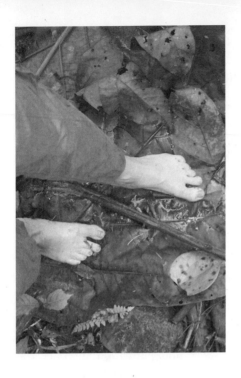

Urwaldboden

das sein?, fragte ich mich. Sie waren wasserdicht und sehr stabil. Dann erst wurde mir klar, dass es kein Wasser, sondern Blut war. Die Blasen, die sich an meinen Füßen gebildet hatten, waren aufgeplatzt und bluteten nun. *Beweg dich, geh weiter.* Unser Ausflug war ein Wettlauf gegen die Zeit geworden, ein Wettlauf gegen die untergehende Sonne.

Endlich erreichten wir das Sumpfgebiet. Nachdem wir es durchquert hatten, holte ich meinen Kanister heraus, um zu trinken. Doch er war leer. Kein Wasser mehr, und abgesehen von einer Banane hatte ich den ganzen Tag noch nichts gegessen. Vor lauter Aufregung hatte ich es völlig vergessen. Ich gab den Kanister einem der jungen Fayu, und wir setzten unseren Weg fort.

Vor uns hörte ich jemanden rufen, und kurz darauf stieg mir

Erfolgreiche Jäger mit leuchtenden Augen

der Geruch nach gebratenem Fleisch in die Nase. Mit letzter Kraft schleppte ich mich auf eine Lichtung. Dort sah ich die Jäger, die gerade ein Wildschwein zerlegten. Ein zweites hatten sie bereits in Stücke geschnitten, die sie über einem Feuer räucherten. Ihre Jagd war erfolgreich gewesen, und bevor die Männer sich auf den Rückweg machten, würden sie das Fleisch noch in große Blätter einwickeln und in Netze aus Baumrinde legen. So umgingen sie die kaum lösbare Aufgabe, ein ganzes Wildschwein den langen Weg zurück ins Dorf tragen zu müssen.

Ich suchte mir einen Platz zum Sitzen, legte den Kopf auf die Knie und ruhte mich aus. Fusai kam zu mir herüber und brachte mir ein Stück geräuchertes Fleisch. Auf den zweiten Blick bemerkte ich, dass es noch halb roh war, doch das war mir in dem Moment egal. Dankbar begann ich zu kauen. Das Stück war recht klein, daher bat ich um ein weiteres. Ich musste dringend die Energiereserven in meinem Körper auffüllen. Das zweite Stück war weiß und zäh wie eine Schuhsohle. Offenbar die Schwarte des Schweins, für die Eingeborenen eine Delikatesse.

Ich kaute und kaute, doch das Fett war viel zu zäh. Als ich den Saft heraussaugte, schmeckte ich nichts als Blut. Nach kurzer Zeit kam ich zu dem Schluss, dass ich nicht die Kraft hatte weiterzuessen.

Ich gab auf und reichte das Stück Aron, der es sich zu meinem grenzenlosen Erstaunen in den Mund steckte und mit Vergnügen verspeiste.

»Aron, wie kannst du das nur essen? Hast du nicht gesehen, dass ich die ganze Zeit daran herumgelutscht habe?«, fragte ich ihn.

»Oh«, antwortete er mit einem Grinsen, »da gibt es Schlimmeres!«

Ich lachte, und allmählich kehrte ein wenig Energie in meinen erschöpften Körper zurück. Bald darauf brachen wir wieder auf. Schließlich hatten wir noch über die Hälfte des Weges vor uns.

Schon nach wenigen Schritten bekam ich Durst, das salzige Fleisch hatte meinen Mund völlig ausgetrocknet. Doch was tun? Mein Kanister war leer, und es gab hier nirgendwo einen Fluss. Und selbst wenn einer in der Nähe gewesen wäre, hätte ich es tatsächlich riskiert, das Wasser zu trinken? Ich musste an die grauenerregenden Geschichten denken, die meine Mutter uns früher immer über Parasiten und Darminfektionen erzählt hatte. Wer weiß, was für ekelhafte Bakterien in dem Wasser nur darauf warten würden, mein wehrloses Immunsystem anzugreifen?

Es war mir peinlich, dass ich so schwach war, doch ich merkte, dass auch Fusai allmählich die Strapazen unseres Ausflugs spürte. Der Schweiß strömte ihr übers Gesicht, und sie bewegte sich zusehends langsamer.

Plötzlich stolperte ich und fiel hin. Beim Aufstehen bemerkte ich, dass sich auf meiner Wange und meinen Händen etwas bewegte. Blutegel, schon wieder! Hektisch sammelte ich sie von Gesicht und Kleidern. Einer schaffte es tatsächlich, sich in meine Wange zu verbeißen. Blind zog ich ihn heraus und blieb in Bewegung. Ich hatte das Gefühl, dass ich schlechter sah, Sternchen begannen vor meinen Augen zu tanzen.

Ich blieb stehen und fragte Aron, wie weit es noch war. Er sagte, die Hälfte hätten wir hinter uns. *Oh mein Gott*, schoss es mir durch den Kopf, *wie sollen wir das noch rechtzeitig schaffen?* Die Schatten der Bäume wurden immer länger, die Sonnenstrahlen hatten die Horizontale so gut wie erreicht. Wir mussten uns beeilen!

Genau in dem Moment, als ich dachte, ich könne jetzt keinen Schritt mehr tun, da meine Füße wie Feuer brannten, nahm ich einen schwachen Geruch wahr. Sofort hielt ich inne, und fast lief Fusai in mich hinein. Ich schnupperte, um herauszufinden, woher der Geruch kam. Es roch einfach wunderbar, und der Duft weckte Erinnerungen von vor langer Zeit, ein Gemisch aus Nelken und Zimt.

»Fusai, riechst du das?«

Sie hielt die Nase in die Luft und begann mich zu überholen. Wir folgten der Duftspur, bis wir einen Baum erreichten. Ich arbeitete mich durch bis zu seinem Stamm – kaum konnte ich es glauben, nach so vielen Jahren! Das hatte ich nun wirklich komplett vergessen, obwohl wir als Kinder die Rinde dieses Baumes als höchst kostbar betrachtet hatten. Wir nannten ihn »das Herz des Dschungels« oder »den König der Bäume«.

Aron stellte sich hinter mich und schnitt mit einem Buschmesser ein Stück von der Rinde ab. Darunter wurde reines weißes Holz sichtbar, das schnell braun wurde. Der wunderbare Duft umgab uns, und ich atmete tief ein. Wie gut das roch, die reine Labsal für meinen müden Geist! Aron gab mir ein Stück von der Rinde und betonte, dass wir weitermussten.

Ich betrachtete dieses wunderbare Gewächs noch einmal sehnsüchtig. Dann nahm ich das kleine Stück Rinde in die Hand und reihte mich wieder in unseren Trupp ein. Inzwischen sah man uns allen die Nervosität und den Zeitdruck an, wie wir da über unebenes Terrain stolperten, über Wurzeln, Bäume, Äste, Steine, Kletterpflanzen und morastigen Grund. Ich spürte, wie mir die Rinde in die Handflächen schnitt, atmete den Duft des Holzes ein, das so vertraut nach meiner Kindheit roch.

Meine Gedanken begannen zu wandern; langsam machte sich mein Geist von meinem Körper unabhängig, ein Phänomen, das ich schon als Kind kannte. Erinnerungen an die vergangenen Monate beherrschten meine Gedanken und verdrängten schließlich die Schmerzen und die Erschöpfung. Ich durchlebte bestimmte Ereignisse von neuem, drehte und wendete sie zu unterschiedlichen Ergebnissen, vermischte die Realität mit meiner Phantasie.

Stille umgab uns, ein jeder konzentrierte sich auf den Wettlauf gegen die Zeit. Nur das schwere Atmen und die Fußtritte waren zu hören. Die Schatten wurden länger, ein fahles Abendlicht drang durch den Dschungel. Davon nahm ich jedoch keine Notiz, ich sah mich auch nicht mehr um oder achtete auf Einzelheiten, als wir an den verschiedenen Orten vorbeikamen, die wir am Morgen passiert hatten. Alles um mich herum verschwand, keine Geräusche mehr, auch keine Schmerzen oder Farben, und ich nahm auch die Mücken nicht wahr, die sich nun aus ihren kühlen Verstecken hervorwagten und mich verfolgten. Völlig versunken in meiner eigenen Welt, merkte ich nicht, wie die Zeit verstrich; mechanisch wie ein Roboter setzte ich einen Fuß vor den anderen. Ein Schrei in der Ferne riss mich plötzlich aus meinen Gedanken, Schmerz überflutete meinen Körper. Mir wurde schlecht, und ich setzte mich hin, wollte keinen Schritt mehr gehen. Aron zog mich hoch und rief mir zu, wir hätten es fast geschafft, nur noch ein letzter Hügel. Der Schrei stammte von einem der jungen Fayu, der vorausgeeilt war und unser Ziel fast erreicht hatte.

Tatsächlich traten wir wenige Minuten später aus dem Dschungeldickicht ins Freie, gelangten zurück zur Hütte und zum Fluss. Ich kroch zum Ufer und blickte über das dahinfließende Wasser, bevor ich auf dem Boden zusammenbrach. Rasende Kopfschmerzen hämmerten in meinem Schädel. Mit jeder Sekunde sah ich schlechter, und ich rang nach Luft. Flüssigkeitsmangel und völlige Erschöpfung verlangten ihren Tribut, und mein Blutdruck sank rapide. Mit tiefen Atemzügen versuchte ich den Schwindel zu vertreiben und das mulmige Gefühl in meinem Magen zu unterbinden. Die anderen saßen ruhig neben mir und warteten auf unser Boot. Da hörte ich plötzlich das schwache Brummen eines Motors – es klang wie Musik in meinen Ohren.

Als ich mit pochenden Schläfen und noch immer mit einem flauen Gefühl im Magen im Boot saß, überkam mich unglaubliche Erleichterung. Was für ein Trip das war! Nicht so sehr wegen der Höhlen, sondern weil ich an meine körperlichen Grenzen gegangen war und es geschafft hatte.

Wir erreichten Quisa mit den letzten flackernden Lichtstrahlen. Es war zu spät, um noch den Fluss hinunter bis nach Foida zu fahren, also übernachteten wir in einer leeren Hütte in Quisa. Mit letzter Kraft kroch ich die Stufen zum Eingang hoch, drückte die Tür auf und ließ mich hineinfallen.

Papa, der in Quisa auf uns gewartet hatte, brachte mir ein Glas Wasser und ermahnte mich, es in kleinen Schlucken zu trinken, damit ich mich nicht erbrach. Als ich mir die Stiefel auszog, merkte ich, dass meine Strümpfe blutgetränkt waren.

Erschöpfung

Doch das war mir momentan völlig egal. Ich nahm ein Schmerzmittel, legte mich auf den Boden und hoffte, die hämmernden Kopfschmerzen und die Übelkeit möchten bald vorübergehen.
Was für ein Tag!
»Na, Sabine«, fragte Papa, »hast du den Ausflug genossen?«
»Ja, aber es war das erste und letzte Mal«, antwortete ich.
Papa musste über diesen radikalen Sinneswandel lachen. Am Morgen hatte ich mir noch voller Euphorie ausgemalt, wie ich eines Tages zurückkehren, die Höhlen erforschen und eine alte Kultur entdecken würde.
In dem Augenblick, als ich mich auf meine Matratze legte, das Moskitonetz eng um mich geschlungen, fiel ich in einen tiefen, traumlosen Schlaf.
Diesmal quälten mich keine Dämonen, nichts als tiefe Schwärze war da, während sich mein Körper langsam erholte. Sicher würde ich ein paar Tage brauchen, bis ich wiederhergestellt war, doch alles in allem war ich froh, dass ich den Ausflug

unternommen hatte. So hatte ich mit eigenen Augen gesehen, wo die Ursprünge der Fayu lagen, wie es die Legende von Bisa und Beisa erzählt.

Die in einer Sagokruste gebackene Fledermaus, die Fusai mir am nächsten Morgen anbot, lehnte ich dankend ab.

11
Auf der Suche nach dem Morgenstern

Sabine, weißt du eigentlich, was der Stern auf unserer papuanischen Flagge bedeutet?«

»Erzähl es mir.«

»Wenn du im Morgengrauen aufstehst und Richtung Horizont blickst, dann siehst du einen einzigen Stern, den Morgenstern. Eindrucksvoll kündigt er das Tageslicht an. Immer, wenn wir ihn sehen, sagen wir uns: So wie dieser Stern einen neuen Tag einleitet, so steht unser Stern für das Versprechen, dass bald eine neue Zeit beginnt. Wir haben allzu lange in der Dunkelheit verharrt, doch wir geben die Hoffnung nicht auf, dass eines Tages das Licht des Friedens diesem Land wieder leuchtet.«

Anfang April 2006. Zum zweiten Mal innerhalb kurzer Zeit kehre ich zurück nach Indonesien, sitze im Flugzeug und blicke auf die Landschaft. Wir sind im Landeanflug auf Bali. Ich spüre in mir eine Leere, die ich nicht erklären kann.

Seit meinem Besuch bei den Fayu und der Rückkehr nach Deutschland im letzten Herbst bin ich durch ein Wechselbad der Gefühle gegangen. Was wird mich in den nächsten Tagen erwarten? Von neuem bin ich auf der Suche, doch diesmal nicht nach meiner Vergangenheit, sondern nach der Wahrheit. Ich bin auf der Suche nach Zeugen, die mir etwas über die dunkle Seite der Insel West-Papua erzählen, einer Insel, die für mich bislang das Paradies auf Erden war. War dieses Paradies tatsächlich nur eine einzige Illusion?

Ich will es herausfinden, will es selbst sehen, hören und spüren; all das, was ich bis jetzt nur von anderen gehört habe oder in Berichten und Artikeln las. Und so habe ich Jons Angebot angenommen, ihn nach West-Papua zu begleiten – ins Herz der Freiheitsbewegung.

Ich spüre einen Ruck, als die Maschine auf der Landebahn aufsetzt und allmählich zum Stehen kommt. Eine halbe Stunde später habe ich die Passkontrolle hinter mir, mein Gepäck vom Band geholt und gehe hinaus. Ich höre, wie jemand meinen Namen ruft. Als ich mich umdrehe, sehe ich Jon, der lächelnd auf mich zukommt und mich umarmt. Es ist schön, ihn wiederzusehen. Er nimmt meinen Koffer, und wir gehen zu seinem Wagen hinüber.

Kurz darauf sitzen wir in einem einheimischen Restaurant, und Jon bringt mich auf den aktuellen Stand.

Ich beobachte ihn beim Sprechen, die Begeisterung und die Liebe für sein Land sind mit jedem Wort zu spüren. Er hat sie im Blut, er macht sie mit jedem Wort hörbar, mit jeder Geste sichtbar. Trotz unserer unterschiedlichen Herkunft schlagen unsere Herzen für dieselbe Sache, und das verbindet uns.

Es ist bereits später Abend, als Jon mir Genaueres von einer Studentendemonstration in Abepura, jener Stadt im Nordosten der Insel, erzählt. Anfangs verlief alles sehr friedlich, doch dann warf jemand einen Stein auf einen Polizisten, und daraufhin brach Gewalt aus. Das Militär begann in die Menge zu schießen. Drei Polizisten und ein Soldat wurden getötet, mehrere Studenten verletzt.

Noch immer ist der genaue Ablauf der Ereignisse unklar, die Berichte der Polizei und der Studenten widersprechen sich.

Kurz nachdem die Studentenwohnheime durchsucht und zum Teil zerstört worden waren, nahm die Polizei mehrere Studenten fest, einige kamen dabei ums Leben, die restlichen konnten sich rechtzeitig verstecken. Bestürzung überkommt mich, als ich das höre.

»Du weißt ja, Sabine«, sagt Jon, »die Sache spottet jeder Beschreibung. Sie haben über 100 000, wenn nicht mehr, von unseren Leuten getötet, und kein Mensch verliert auch nur ein Wort darüber. Nun sterben vier Männer aus ihren Reihen, und schon werden wir als Wilde gebrandmarkt und bis aufs Blut gejagt.«

»Ja, ich weiß«, sage ich entmutigt. Der Wert menschlichen Lebens wird oft genug von der Hautfarbe bestimmt.

Jon berichtet weiter, dass sich einige der studentischen Anführer im Dschungel versteckt halten. Er möchte sie außer Landes schleusen. Sie werden polizeilich gesucht, und ihre Chance, die Zeit im Gefängnis zu überleben, falls sie verhaftet werden, ist denkbar gering. Wir sprechen die einzelnen Möglichkeiten durch, doch unser Budget ist nicht gerade üppig, und wir haben daher kaum Spielraum.

Als ich an diesem Abend im Bett liege, fühle ich mich unendlich hilflos und traurig. Ich vermisse meine Kinder und sehne mich danach, sie im Arm zu halten. Ich lausche dem Geräusch des Deckenventilators, der die schwüle, undurchdringliche Nachtluft ein wenig erträglicher macht, und frage mich, welche Rolle ich in dem Ganzen überhaupt spiele. Ich fühle mich hin- und hergerissen zwischen zwei Welten, der einen nicht ganz zugehörig wegen meiner Hautfarbe, der anderen emotional komplett fremd.

Was treibt mich denn in diese Sache hinein, die im Grunde vollkommen aussichtslos scheint? Bin ich wirklich so töricht zu glauben, ich könne etwas bewegen?

Manchmal fühle ich mich so einsam, dass ich nicht mehr

weiß, wen ich um Rat oder Trost bitten soll, wem ich trauen kann oder wo ich meine Kraft noch herholen soll. Ich bin einfach nur müde, will bloß schlafen und die Last, die wie ein schwerer Stein auf meinem Herzen liegt, endlich loswerden. Doch dann überlege ich, was die Alternative ist. Ich könnte morgen aufstehen und alles einfach hinter mir lassen. Keine finanziellen Verpflichtungen mehr, kein Schmerz, keine Angst, dass meine Familie sich gegen mich wenden könnte, keine Beziehungen, die wegen meiner inneren Unruhe in die Brüche gehen.

Dann kommen mir all die papuanischen Kinder in den Sinn, die mit ansehen mussten, wie Familienangehörige gefoltert oder getötet wurden, kleine Jungen und Mädchen, die jegliche Hoffnung auf eine bessere Zukunft aufgegeben haben. Was ist mit ihnen?

Meine Gedanken wandern zu Jon. Er zählt zu den wenigen Glücklichen, die einen Schulabschluss machen konnten, und doch hat er inzwischen sein bürgerliches Leben aufgegeben und lebt nur für ein einziges Ziel. Unsere Beziehung ist seltsam, denn wir sind durch dasselbe Schicksal aneinander gebunden. In unserer Verzweiflung klammern wir uns aneinander wie zwei Menschen, die in einen Sturm geraten sind. Alles, was wir fühlen und tun, wird genährt von unserer Leidenschaft für dieses Land, das wir beide als unsere Heimat bezeichnen. Nähme man uns dies, so wären wir uns fremd.

Ich sehne mich so sehr nach Ruhe und Frieden. Ich könnte jederzeit zurück nach West-Papua, um dort zu leben. Doch wenn ich dort wäre – ich könnte morgens nicht in den Spiegel blicken in dem Wissen, dass diejenigen, die ich mein Volk nenne, wie Gefangene im eigenen Land leben. Und ich dürfte nicht darüber sprechen. Als Ausländer in West-Papua hat man nur zwei Möglichkeiten: Entweder man spricht über das, was man weiß, und wird unverzüglich des Landes verwiesen. So ist es allen passiert, die das getan haben. Oder man schweigt und hilft den Menschen im Verborgenen.

Ich muss stark sein, muss irgendwie durchhalten und den eingeschlagenen Weg weitergehen. Denn langsam wird mir bewusst, das das Schicksal dieses Landes und seines Volkes untrennbar mit dem meinen verknüpft ist.

Die Augen fallen mir zu, und während die Gedanken mir noch durch den Kopf wirbeln, schlafe ich ein.

Ich wache auf, der Regen prasselt aufs Dach. Ich werfe einen Blick aus dem Fenster und beobachte, wie die Regentropfen kleine Bäche auf der Scheibe bilden. Der graue Himmel entspricht meinem Gemütszustand.

»Sabine, pack deine Koffer. Wir müssen los.«

»Wo gehen wir hin?«

»Zu unserem nächsten Ziel. Wir müssen was erledigen«, erklärt Jon.

Wenige Stunden später erreichen wir unseren Bestimmungsort und machen uns auf den Weg zu einem Treffen mit einigen papuanischen Studenten, die sich gegen Ende der Woche mit zahlreichen anderen aus dem ganzen Land zu Demonstrationen in Jakarta treffen wollen.

Mit dem Taxi fahren wir durch die von Smog vernebelten Straßen und schmuddelige Stadtteile. Im Straßengraben sitzen bettelnde Menschen. Der Unterschied zwischen Arm und Reich ist in diesem Land nach wie vor enorm. Weiter geht es zum Stadtrand, zu einem Vorort mit engen Straßen und farbenfrohen Häusern, die sich dicht an dicht aneinander reihen. Während wir die enge Allee entlanglaufen, spüre ich die vielen misstrauischen Blicke, die auf uns ruhen. Ich vermute, dass sich nicht viele Weiße in diesen Teil der Stadt verirren.

Jon sagt mir, ich solle einfach weitergehen und Augenkontakt vermeiden, um so wenig Aufmerksamkeit wie möglich zu erregen. Bei seiner Bemerkung muss ich lächeln, denn wirklich jeder, an dem wir vorbeikommen, unterbricht seine Tätigkeit, um das seltsame Paar zu betrachten, das gerade vorbeiläuft: eine fremde Weiße und ein einheimischer Schwarzer.

Wir bemerken eine junge Frau, die am Rand der engen Straße steht. Sie trägt einen Hut in den Farben von West-Papua, ein Erkennungszeichen der Studentenbewegung. Sie bedeutet Jon mit einer raschen Geste, ihr zu folgen. Mit ein paar Schritten Abstand gehen wir hinter ihr her, und sie führt uns zu einem niedrigen, weiß getünchten Haus.

Eine hohe Zementmauer umgibt den Innenhof. Wir werden von einer Gruppe papuanischer Studenten begrüßt. Ein Gefühl der Freude steigt in mir hoch beim Anblick der vertrauten Züge, die so einzigartig und charakteristisch für die Melanesier sind. Alle schütteln mir zur Begrüßung freundlich die Hand. Diese Eigenschaft habe ich an den Papua immer schon gemocht: Selbst unangemeldete Gäste werden stets herzlich empfangen.

Im Hof ziehen wir die Schuhe aus und werden in einen kleinen Raum geführt, der mit einem dünnen blauen Teppich ausgelegt ist. Immer mehr Wartende strömen herein, und das Zimmer ist bald so überfüllt, das sich diejenigen, die nicht mehr hineinpassen, im Eingang oder vor dem Fenster versammeln, das auf den Hof hinausgeht.

Ich setze mich auf den Boden und beobachte die Studenten um mich herum. Die meisten Gesichter sind von Traurigkeit und Angst gezeichnet. Schließlich ergreift ein junger Mann das Wort, doch er redet mit so leiser Stimme, dass ich ihn kaum verstehen kann. Seine feinen Gesichtszüge und das schulterlange, lockige Haar, das er mit einem Band zusammengehalten hat, gefallen mir auf Anhieb.

Er spricht ein paar Worte zur Begrüßung und dankt uns, dass wir den langen Weg auf uns genommen haben, um sie zu treffen. Ein zustimmendes Murmeln geht durch den Raum. Dann stellen sich die Studenten einer nach dem anderen kurz mit ihrem Namen und dem jeweiligen Stammesnamen vor. Ihre Stimmen klingen sanft, als fürchteten sie sich davor, gehört zu werden. Schließlich ist Jon an der Reihe.

Da es mit meinem Indonesisch nicht zum Besten steht, bekomme ich nicht alles mit, was er sagt. Für einzelne Wörter und Satzfetzen reicht es trotzdem. Er zählt die politischen Erfolge auf, die die Unabhängigkeitsbewegung in den letzten paar Monaten errungen hat. Dann legt er den Studenten seine Pläne für die kommenden Wochen dar. Er spricht insgesamt etwa zwei Stunden, und der kleine Raum heizt sich zunehmend auf, da die Sonne die ganze Zeit auf das Häuschen niederbrennt. Doch selbst in dieser unerträglichen Hitze ruhen die Augen aller Anwesenden wie gebannt auf Jon, dem Berichterstatter von draußen. Denn dank seiner Bemühungen und seines Kommunikationsnetzwerks sind sie über alles Wichtige informiert.

Nachdem Jon geendet hat, stellen die Studenten ihm noch Fragen. Aufregung macht sich breit, als es um die Pläne für die anstehende Demonstration geht. Es ist deutlich zu spüren, dass unser Kommen und Jons Rede den Studenten wieder Hoffnung gemacht haben. Denn viele haben schon daran gezweifelt, dass ihre Stimmen gehört würden, und in den letzten Monaten ist die zuversichtliche Stimmung allmählich gekippt. Die indonesische Propagandamaschinerie hat sich nach den gewalttätigen Demonstrationen in West-Papua gegen das einheimische Volk gewandt.

Jemand verteilt eine Liste mit den Namen derjenigen, die mit nach Jakarta fahren wollen. Stille breitet sich im Raum aus. Schließlich steht der Anführer der Studenten auf und dankt allen Anwesenden noch einmal für ihr Kommen. Er bestätigt uns, dass wir ihnen neue Hoffnung gegeben haben, diesen Kampf für ihre Familien und Freunde in der Heimat fortzuführen. Alle klatschen leise zum Zeichen ihres Dankes.

»... Jon?«, flüstere ich.

»Was gibt's?«

»Ich würde gerne etwas fragen.«

»Hat das nicht Zeit bis später?«

»Nein, ich habe eine Frage an die Studenten.«

»Okay. Was möchtest du von ihnen wissen?«

»Könnten vielleicht all diejenigen die Hand heben, die einen Familienangehörigen oder Freund durch Mord oder Folter verloren haben?«

»Wie bitte?«

»Bitte übersetze ihnen einfach meine Frage.«

Jon übersetzt, und es wird still im Raum. Erwartungsvoll sehe ich mich um. Zögerlich hebt jemand die Hand, dann noch jemand, dann ein Dritter, bis schließlich alle Hände in der Luft sind. Nicht eine einzige Hand im ganzen Raum bleibt unten. Der Schmerz steht allen deutlich ins Gesicht geschrieben, und ich sehe ihnen die Trauer an, die tief in ihren Herzen liegt. Ich stehe auf und bedanke mich in ihrer Sprache.

Danach gehen alle nach draußen, um frische Luft zu schnappen. Auf einmal zieht ein Student die verbotene Papua-Flagge hervor, die auf ein großes Stück Papier gemalt ist. Innerhalb von Sekunden füllt sich der Hof mit zahlreichen Papua, die alle mit auf mein Gruppenfoto möchten. Ich bin zutiefst erstaunt, wie sich ihre Mienen unvermittelt aufhellen, wie sie anfangen zu lächeln und die Stimmung sich augenblicklich ändert. Die Luft knistert vor Aufregung, ein Gefühl von Einigkeit und Stärke durchbricht die Düsternis, die eben noch die Veranstaltung dominiert hat. Ich trete einen Schritt zurück, damit möglichst alle aus der Gruppe, in deren Mitte Jon steht und die gemalte Flagge hochhält, aufs Bild kommen. Er ruft mir zu, ich solle mich beeilen, denn die Gefahr ist zu groß, dass uns jemand mit der verbotenen Flagge sieht. Schnell mache ich ein paar Fotos, und schon ist die Flagge wieder verschwunden.

Eine halbe Stunde später sind wir auf dem Weg in unser Hotel. Jon ist voller Elan, das Treffen hat ihn regelrecht aufgeputscht. Er sagt, dass es an der Zeit ist, unsere Reise nach West-Papua vorzubereiten.

Unsere Reise muss mit viel Vorsicht geplant werden, denn ich will Zeitzeugen treffen, um ihre Berichte persönlich zu hören. Will ihnen in die Augen schauen und ihre Gefühle spüren.

Journalisten und Vertretern von Menschenrechtsorganisationen ist es ja nach wie vor verboten, nach West-Papua einzureisen. Jeder, der sich ohne Erlaubnis auf die Insel begibt, wird auf der Stelle verhaftet und des Landes verwiesen. Das Gleiche gilt für Ausländer, die Fragen im Hinblick auf die Freiheitsbewegung oder die Verletzung der Menschenrechte stellen.

Ein Schweizer Journalist saß zwei Wochen im Gefängnis, weil er die »falschen« Fotos geschossen hatte. Eine andere Organisation, die ihrer Besorgnis über die derzeitige Situation Ausdruck verliehen hat, wurde aufgefordert, das Land innerhalb von vierundzwanzig Stunden zu verlassen. Die indonesische Regierung geht blitzschnell und äußerst aggressiv gegen jede Person oder Gruppe vor, die sich in »interne Angelegenheiten« einmischt.

Während ich die abendlichen Lichter beobachte, denke ich über all das nach, was noch vor mir liegt. Ein winziger Gedanke fängt an, sich zunehmend in den Vordergrund zu schieben; eine kleine Vorahnung, in welche Gefahr ich mich hier eigentlich begebe. Und wie sich herausstellen soll, werden sich die kommenden vierzehn Tage für immer in mein Gedächtnis einbrennen und mein Leben verändern, wie ich es nie für möglich gehalten hätte.

Am nächsten Tag reisen wir ab.

12

Das große Fest
zu meiner Heimkehr

Sabine, willst du uns nicht begleiten? Wir gehen flussabwärts zum Stammesgebiet der Kirikiri. Vielleicht bekommen wir dort ein Schwein für unser Willkommensfest.«

Es war noch früh am Morgen. Ein weiterer endloser Tag, den ich mit seligem Nichtstun verbringen konnte, lag vor mir. Nachdem ich mich von der langen Wanderung zur Höhle von Bisa und Beisa erholt hatte, war ich zur dörflichen Routine zurückgekehrt und lebte einfach in den Tag hinein. Geist und Körper waren wieder zur Ruhe gekommen und passten sich der Endlosigkeit der Zeit an. Mehrere Tage waren vergangen, und ich merkte, dass ich mich dem Lebensrhythmus der Fayu immer mehr näherte, ich gliederte mich in ihren Alltag ein, als wäre ich nie weg gewesen. Der einzige Unterschied zu damals bestand darin, dass ich inzwischen eine Frau war und einen entsprechend höheren Status in der Gemeinschaft hatte.

Ich saß stundenlang mit den Frauen zusammen, wir redeten und lachten und teilten Sago und Brotfrucht. Nur wenn mir jemand Kochbananen anbot, lehnte ich höflich ab oder gab sie gleich an eines der Kinder weiter. Sie waren alle von Insektenlarven befallen. Natürlich hätte ich sie einfach herauspulen können, aber die Jahre in Europa machten sich in diesem

170

Fall eben doch bemerkbar. Ich war empfindlich geworden, was Insekten anging, egal, ob lebendig oder tot, roh oder gekocht. Die anderen Frauen amüsierten sich königlich darüber und zogen mich mit meiner Pingeligkeit auf.

Andere westliche Angewohnheiten jedoch veränderten sich. So wusch ich mich zum Beispiel nicht mehr regelmäßig – anfangs hatte ich noch dreimal am Tag geduscht, dann zweiund schließlich einmal, und mit jedem Mal benutzte ich weniger Shampoo und Seife. So kam es, dass Papa, als ich eines Morgens zu ihm kam, um meinen Frühstückskaffee zu trinken, amüsiert zu mir sagte: »Mensch, Sabine, du riechst wie ein Wildschwein.«

»Dafür lassen mich jetzt die Fliegen und Moskitos in Ruhe!«, antwortete ich mit einem Lachen.

Tatsächlich konnte ich inzwischen ganz entspannt draußen sitzen, ohne dass mich eine dichte schwarze Insektenwolke attackierte.

Doch Papa sah auch nicht viel besser aus. Er saß da in einem T-Shirt, das mehr aus Löchern als aus Stoff bestand, und in seinen Shorts, die ich schon seit etlichen Jahren kannte. Über den Esstisch war ein Seil mit seiner frisch gewaschenen Unterwäsche gespannt, und während wir unseren Frühstückskaffee tranken, tropfte es munter auf die Tischplatte.

Papa und ich gaben wirklich ein lustiges Paar ab. Doch wir waren rundum zufrieden, machten keine Pläne für den kommenden Tag, sondern lebten nur für den Moment. Was für eine herrliche Unbekümmertheit!

Als Papa mich fragte, ob ich das Wildschwein für unser Fest mit ihm gemeinsam besorgen wollte, sagte ich spontan zu. Als mein Vater war er dafür verantwortlich, sich um das Essen zu kümmern, und da er selbst nicht jagen konnte (allein bei dem Gedanken muss ich laut auflachen), musste er es eben gegen etwas eintauschen.

Das Fest war für den kommenden Tag geplant, da viele Fayu noch immer von ihren jeweiligen Stammesgebieten hierher in unser Dorf unterwegs waren. Die Kunde von unserer Feier hatte sich rasch verbreitet, denn wenn es etwas zu essen gab, insbesondere frisches Wildschwein, dann wollte sich das keiner entgehen lassen.

Eines Morgens hatte ich mitbekommen, wie Papa sich bei einer Gruppe Fayu beschwerte, dass sie immer dann wie vom Erdboden verschluckt seien, wenn es darum ging, Gras zu mähen oder die Boote zu beladen. Gäbe es jedoch etwas zu essen, tauchten sie in Sekundenschnelle wie aus dem Nichts wieder auf, oft Stunden bevor das Essen fertig war. Ich musste lächeln, als ich ihn die jungen Fayu schelten sah – jetzt, da seine eigenen Kinder erwachsen waren …

Aufregung lag in der Luft, als das Fest näher rückte. Tuare, mein älterer Fayu-Bruder, war auf der Suche nach einem seiner Schweine, die frei im Dschungel umherstreiften. Die Fayu haben eine ganz eigene Methode der Schweinehaltung entwickelt, die so gut wie keine Arbeit macht: Zunächst werden die Frischlinge gezähmt, indem sie drei Tage lang ununterbrochen auf dem Arm getragen werden. Beim Füttern geben die Fayu einen ganz bestimmten Ton von sich und kraulen die Frischlinge an der Flanke, was diese sehr genießen. Nach drei Tagen lassen sie die Tiere frei, und von da an betrachten die Schweine den jeweiligen Menschen als ihren Herrn.

Die Wildschweine streifen danach frei durch die Natur, suchen sich ihre Nahrung selbst, werden erwachsen und bekommen Nachwuchs. Wenn es an der Zeit ist, geht der Besitzer des Schweins in den Dschungel und ruft das Tier herbei, indem er jenen speziellen Ton von sich gibt. Hat er es entdeckt, fängt er es ein und bringt es zurück ins Dorf, um es am Festtag zu schlachten.

Da wegen der Regenzeit kaum jemand auf die Jagd ging, hatte Papa einen Kirikiri gefragt, ob er ihm ein Schwein abkaufen könnte. Die Antwort des Mannes lautete Ja, er habe ein riesiges, prächtiges Schwein, das gerade schlachtreif sei. Und so folgte ich der kleinen Prozession, die sich zur Abholung auf den Weg über die Dschungelbrücke machte. Dabei merkte ich, wie geschickt ich inzwischen über die Bretter balancierte. Hatte ich mich anfangs noch richtig konzentrieren müssen, sah ich inzwischen kaum noch nach unten. Voller Stolz pfiff ich vor mich hin, Fusai wie immer direkt hinter mir. Als meine ältere Schwester war sie dafür verantwortlich, dass mir nichts passierte, und so fiel ihr die Rolle meiner ständigen Begleiterin zu.

Die Fayu gehen selten irgendwo alleine hin, meist sind sie paarweise oder zu mehreren unterwegs. Da ich inzwischen eine erwachsene Frau war, durfte mich nun kein Mann mehr begleiten, wie es in Kindertagen noch erlaubt war. Fusai war einfach wunderbar, und ich spürte, wie allmählich ein festes Band zwischen uns wuchs.

Zwei Stunden später erreichten wir das Dorf der Kirikiri. Bei unserer Ankunft liefen die Dorfbewohner sofort zusammen, um uns zu begrüßen. Papa ging als Erstes zum Häuptling, um ihm seinen Respekt zu zollen.

Der Häuptling der Kirikiri saß vor dem Eingang seiner Hütte, umgeben von zahlreichen Kindern, die alle sehr aufgeregt waren wegen des Besuchs von Klausu und seiner Tochter Sabine. Ich folgte Papa, um dem Häuptling ebenfalls meinen Respekt zu bekunden, wie es die Sitte verlangte.

Er war schon sehr betagt, vielleicht sogar der älteste Stammesangehörige, dem ich je begegnet bin. Er konnte nicht mehr laufen und stützte sich auf zwei Stangen und ein quer darauf liegendes Brett, das ihm als Sitzgelegenheit diente. Papa sagte mir, dass der Mann schon Häuptling gewesen sei,

Der Stammesälteste

als wir damals hierher zogen, und dass seine Leute ihn sehr mögen. Der Häuptling zog mich zu sich herüber, um mich genauer zu betrachten. Er sähe nicht mehr so gut wie früher, erzählte er mir und bat Papa, seine Worte zu übersetzen – doch er könnte sich noch gut an mich erinnern.

Ich fühlte mich geehrt, dass mir ein wichtiger Stammesführer so viel Aufmerksamkeit widmete. Er schwelgte nun in Erinnerungen und erzählte, wie er Papa zum ersten Mal begegnet war und wie er diesen »farblosen Mann« aus einer anderen Welt im Laufe der Zeit sehr schätzen gelernt hatte.

Großes Gelächter brach aus, als er seine Geschichten von früher zum Besten gab, und ich merkte bald, dass er viel Sinn für Humor hatte. Bald scherzte und lachte auch Papa mit ihm. Es faszinierte mich, dass die Kirikiri es ganz im Gegensatz zu den Fayu genossen, Begebenheiten aus ihrer Vergangenheit zu erzählen. Ich sah mich um und beobachtete die Kinder, die fast alle gesund und sorgenfrei um uns herumsprangen und sichtlich Spaß an der allgemeinen Heiterkeit hatten.

Kurz darauf kam ein Mann auf uns zu, ich schätzte ihn auf Ende dreißig. Er hatte es bisher alles andere als leicht im Leben gehabt, wie die Dorfbewohner Papa berichteten. Er war ohne Genitalien geboren und hatte deshalb nie eine Frau gefunden. Denn wozu heiraten, wenn man ohnehin keine Kinder bekommen kann? Anstatt also eine Familie um sich zu versammeln, hatte er sich voll und ganz und mit großem Erfolg der Wildschweinzucht gewidmet. Er war der Einzige, von dem wir wussten, dass er die Tiere nicht in die Freiheit des Dschungels entließ, sondern sich dauerhaft um sie kümmerte. Er hatte etwas ganz Besonderes an sich, und mir wurde schnell klar, dass er ungewöhnlich intelligent war.

Dennoch tat er mir irgendwie leid, und ich fragte mich, wie es ihm wohl erging in einer Gesellschaft, in der die Familie einen so hohen Stellenwert hat. Allerdings schien sein Handicap seinem Ansehen nicht zu schaden. Denn ich beobachtete, wie ihn die Fayu sofort umringten und hören wollten, was er zu erzählen hatte. Sie hingen ihm förmlich an den Lippen und nickten zustimmend zu seinen Worten, behandelten ihn überhaupt mit einem Respekt, wie ich es sonst nur gegenüber Häuptlingen beobachtet habe.

Das Wildschwein entsprach ganz Papas Vorstellungen – eine wohlgenährte, gesund wirkende Sau. Ich merkte, wie ich hungrig wurde, und mir lief das Wasser im Mund zusammen, während ich das Tier dabei beobachtete, wie es in seinem Pferch hin und her rannte. Das sollte ein köstliches Festmahl geben!

Mehrere Stunden später waren wir zurück in unserem Dorf,

und ich saß mit den Frauen auf der Veranda der Schule. Vor uns flackerte ein Feuer, in dem Kwas vor sich hin garten.

Erschrocken sprang ich auf, als ich ein Flattern an meinem Arm spürte. Der jüngste Sohn von Häuptling Kologwoi stand neben mir und hielt einen dünnen Halm in der Hand, auf den ein Käfer gesteckt war. Ich nahm ihm den Halm ab und sah, dass der Junge dem Käfer das untere Gelenk eines der Beine abgetrennt und den Halm in das obere Gelenk geschoben hatte, um es so zu befestigen. Das arme Insekt schlug verzweifelt mit den Flügeln, um sich zu befreien, daher auch das Flattern an meinem Arm. Es kam mir grausam vor, dieses Tier so zu quälen, doch ich sah, dass einige der anderen Kinder es dem Häuptlingssohn gleichtaten. Als ich den Jungen fragte, was der Zweck dieser Aktion sei, erklärte er mir, dass das Surren der Flügel die Mücken abhalte. Außerdem entstand so ein leichter Wind, der bei der Hitze ein bisschen Kühlung verschaffte.

»Und was machst du, wenn der Käfer nicht mehr mit den Flügeln schlägt?«, fragte ich.

Ohne zu zögern, nahm er das Tier vom Halm, riss ihm auch die anderen Beine und Flügel aus und steckte es sich in den Mund.

Herrje, warum habe ich bloß gefragt?, dachte ich entsetzt. Mir drehte sich schier der Magen um, als ich das Knirschen hörte, mit dem der lebende Ventilator in dem kleinen Mund zermalmt wurde. Als die Frauen und Kinder um mich herum meinen Gesichtsausdruck bemerkten, brachen sie in schallendes Gelächter aus.

»Oh Sabine, du bist ganz schön verweichlicht«, sangen sie in ihrer typischen Dreitonmelodie. »Du warst eindeutig zu lange weg«, neckten sie mich.

»Hast du vergessen, dass du als Kind diese Käfer auch gegessen hast?«, fragte Akaba.

»Na ja …«, begann ich unwillig, musste aber nicht weiter-
sprechen, denn nun knirschte es rings um mich herum, da die
Kinder alle ihren »Dschungel-Snack« genossen. Ich fragte
mich, ob meine Kinder diese Käfer wohl auch essen würden
– ich glaube es aber kaum.

Am späten Nachmittag waren die meisten der in der Nähe
lebenden Fayu eingetroffen. Ich beschloss, ein paar Fotos
von meinen Kindern zu zeigen. Sofort umringte mich eine
Menschenmenge, alle wollten einen Blick darauf werfen. Begeistert reichten sie die Fotos weiter, und ein jeder erklärte
dem Nebenstehenden, in welcher Beziehung er zu den Kindern stand.

Sogar Häuptling Kologwoi, der sich normalerweise von Men-
schenaufläufen fern hielt, kam zu uns herüber und wollte die
Fotos sehen. Höflich machten die anderen Platz. Nachdem er
die Gesichter meiner Kinder eingehend betrachtet hatte, nickte er anerkennend. Er versicherte mir, sie sähen gesund aus
und er sei davon überzeugt, dass meine Töchter mir eines Tages
viele Enkel schenken würden.

Nakire kam zu uns herüber und wollte wissen, wann er seine
Enkel endlich persönlich kennen lernen dürfte. »Ich werde
allmählich alt«, sagte er und sah mich vorwurfsvoll an. »Ich
möchte sie sehen, bevor ich endgültig blind bin.«

Nakires Augenlicht wurde zunehmend schlechter. Er hatte
bereits aufgehört, sich Armbänder aus Baumrinde anzufer-
tigen, für die er vor einiger Zeit regelrecht berühmt war; er
konnte die einzelnen Schnüre nicht mehr erkennen. Papa und
ich hatten ihm daraufhin eine Brille aus Jayapura mitgebracht.
Amüsiert beobachtete ihn das ganze Dorf, als er sie zum ersten Mal ausprobierte. Anfangs stellte er sich noch ein bisschen ungeschickt an, doch bald schon flocht er wieder seine
Armbänder, diesmal mit Unterstützung eines Werkzeugs aus
einer fremden Welt.

*Nakire, bebrillt,
mit einem seiner
Armbänder*

Papa rief mich zu sich ins Haus. Drinnen zeigte er mir stolz zwei große Kasuar-Eier, die er gerade von einer älteren Frau erstanden hatte.
»Damit haben wir auch heute schon ein richtiges Festmahl!«, sagte er voller Begeisterung.
Skeptisch betrachtete ich die beiden grünen Eier, und mir fiel ein, wie er ganz zu Beginn unserer Zeit im Dschungel zum ersten Mal welche besorgt hatte. Nur war leider statt Eiweiß und Dotter ein voll entwickeltes Küken in das brutzelnde Öl der heißen Pfanne gepurzelt.
Als Papa meinen Gesichtsausdruck bemerkte, fing er an zu lachen. »Keine Sorge, diesmal werfen wir einen Blick hinein, bevor wir es in die Pfanne schlagen.«
Er nahm eine große Schüssel und öffnete vorsichtig das erste

Ei. Es war eindeutig angebrütet, also legten wir es zur Seite. Das zweite war frisch. Papa stellte eine Pfanne auf den Herd, erhitzte ein wenig Öl, und bald schon roch es in der ganzen Küche köstlich nach Rührei.

Die Eier des Kasuars schmecken ein bisschen wie Hühnereier, nur viel sahniger und dickflüssiger, wie Schlagsahne im Vergleich zu Milch. Während ich auf meinem Teller herumstocherte, kam die Erinnerung an das brutzelnde Kasuar-Küken in der Pfanne wieder hoch. Es war lebendig gewesen, und mir war damals mein kleines Herz gebrochen, als ich dabei zusehen musste, wie es in der schwarzen, heißen Pfanne sein Leben ließ. Nach wenigen Bissen verging mir auch jetzt wieder der Appetit. Ich habe offensichtlich eine zu lebhafte Phantasie.

Ich ging nach draußen und gab das restliche Ei einem der Jungen, der aussah, als könnte er ein paar zusätzliche Kalorien gut gebrauchen. Begeistert schnappte er mir den Teller aus der Hand und verschwand hinter dem Haus, um seine Beute ja nicht teilen zu müssen. Papa musste lachen, als er den Kleinen durchs Küchenfenster beobachtete, wie er sich hinter den Büschen versteckte und so schnell aß, wie er nur konnte. Einige Dingos hatten den Geruch schon gewittert und machten sich auf die Suche nach ihm.

Die Sonne ging allmählich unter, Feuer wurden entfacht, und bald saßen alle darum herum, die Männer am einen, die Frauen und Kinder am anderen Ende der Veranda.

Ich hatte es aufgegeben, früh schlafen zu gehen. Es war absolut sinnlos, da der Lärm von draußen mich ohnehin für Stunden wach hielt. Also gesellte ich mich lieber zu ihnen, sah zu, wie das Tageslicht schwand und die Nacht zum Leben erwachte.

Sophia-Bosa saß neben mir am Feuer und zerkaute knirschend ihren Käfer-Snack. Allmählich gewöhnte ich mich an das Geräusch und überlegte sogar, ob ich auch einmal einen probieren sollte. Ich nahm einen der Käfer in die Hand, betrachtete seinen schwarzen Körper und spürte den harten Panzer auf meiner weichen Haut. Doch als er anfing zu zappeln und immer wieder vor und zurück hüpfte, gab ich ihn schnell Sophia-Bosa. Dafür war ich dann doch zu alt.

Als ich schließlich schlafen ging, war der Dschungel in tiefe Dunkelheit getaucht.

Der Tag war lang und voller schöner Erlebnisse gewesen, und nun war ich erschöpft, die Augen fielen mir zu, während ich unter mein Moskitonetz kroch und mich von den vertrauten Klagegesängen der Fayu in einen tiefen Schlaf wiegen ließ.

Der nächste Morgen begrüßte mich mit strahlendem Sonnenschein. Aufgeregt wegen des bevorstehenden Festes, stand ich in aller Frühe auf und ging hinüber zu Papa, um unserem Frühstücksritual bei Kaffee und Keksen zu frönen. Ein Blick in die Keksdose zeigte mir, dass meine Lieblingssorte aufgegessen war. Also öffnete ich die zweite Dose und nahm mir schnell ein paar heraus, bevor Papa sich zu mir setzte. Ich hörte ihn nebenan herumkramen, und kurz darauf kam er herein. Er sah müde aus, sein Gesicht angespannt und blass. Schon seit zwei Tagen machte ich mir Sorgen um seine Gesundheit.

Ich kochte ihm eine Tasse Kaffee, und gemeinsam sprachen wir durch, was für den Tag so anstand. Im Dorf ging das Gerücht, dass Tuare es geschafft hatte, sein Wildschwein ausfindig zu machen. Und Pak Hibiri war schon vor Sonnenaufgang aufgebrochen, um das zweite Schwein bei den Kirikiri abzuholen. Wir mussten bis zu seiner Rückkehr warten, ehe wir Tuare behilflich sein konnten.

Ich bot Papa an, Tuare abzuholen, damit er sich ein wenig ausruhen konnte. Wir wollten einen großen Topf Reis und

Die Eier des Kasuars

Nudeln kochen, und die Frauen hatten begonnen, Sago, Bananen und jede Menge Kwas heranzuschleppen. Auf der vorderen Veranda ging es bereits lebhaft zu, überall schwirrten Mücken herum.
Eine Stunde später saß ich mit ein paar Männern im Boot, um Tuare mit seiner Last behilflich zu sein. Wir entdeckten ihn und Bebe ein Stück flussaufwärts. Sie waren vom Kopf bis zu den Füßen schlammverspritzt und sahen beide aus, als brächen sie gleich vor Erschöpfung zusammen. Auf dem Boden neben ihnen lag das angebundene Wildschwein. Ich ging näher heran, um es zu betrachten, und sah, dass es ein dunkelgraues Fell hatte – ein Zeichen dafür, dass es schon recht alt war.
Die Männer hievten das Schwein ins Boot, und wir machten uns auf den Rückweg. Tuare saß im Heck, den Kopf auf die Knie gelegt, und versuchte sich ein wenig von der langen nächtlichen Suchaktion zu erholen. Aber als wir ankamen, schulterte er das Wildschwein, als wäre nichts gewesen, und

machte sich in Windeseile auf den Weg über die Dschungelbrücke ins Dorf.

Papa war mit dem Zustand des Schweins alles andere als zufrieden. Ich fand es spannend, wie die Fayu mit ihm darüber
stritten: Dies sei doch ein prächtiges Tier – das sähe man allein
an den langen Stoßzähnen, die dem Eber links und rechts aus
dem Maul ragten! Papa erklärte mir, dass vom Fayu-Stand-
punkt aus ein Wildschwein umso wertvoller sei, je länger seine Stoßzähne wären. Das Fleisch auf seinen Rippen und auch
sein Alter spielten keine Rolle.

Beide Schweine wurden am anderen Ende der Veranda fest-
gebunden, wo mehrere Kinder sie beaufsichtigen sollten. Die
Vorbereitungen für das Fest waren in vollem Gange, als unser
Trupp eintraf. Die jüngeren Frauen und Männer sammelten
möglichst große Äste für das Feuer, einige Männer hatten begonnen, eine Art Plattform zu bauen, auf der das Fleisch ge-
räuchert werden sollte. Aber zunächst mussten die Schweine
getötet werden.

Obwohl der Krieg lange vorbei war, trugen die Männer nach
wie vor Pfeil und Bogen mit sich herum. Auch Babu-Bosa
ging ohne seine Waffen nirgendwohin. Stolz hatte er mir
die verschiedenen Zeichen gezeigt, die er in seine Pfeile ge-
schnitzt hatte und die besagten, dass er sie ganz alleine gemacht hat.

Inzwischen waren auch einige Kirikiri eingetroffen, darunter
der Mann, der Papa das größere der beiden Schweine verkauft hatte. Ein munteres Stimmengewirr lag über dem Dorf,
und die Stimmung stieg angesichts des bevorstehenden Fest-
essens. Alle diskutierten wild durcheinander, wer denn nun
die Ehre haben sollte, die beiden Schweine zu erlegen.

Normalerweise war diese besondere Aufgabe dem Häuptling
oder zumindest einem der angeseheneren Männer vorbehalten, doch Häuptling Kologwoi lehnte höflich ab.

Daraufhin wurden zwei Männer aus dem Dorf ausgewählt. Sie nahmen Pfeile, die man eigens für Wildschweine und Kasuare einsetzt, und machten sich an die letzten Vorbereitungen. Diese besonderen Pfeile heißen in der Sprache der Fayu *bagai*. Die Spitze ist aus Bambusrohr und hat eine breite, oval zugeschnittene Form, die ein Tier besonders schnell tötet.

Der erste Fayu ging auf eines der beiden Wildschweine zu. Das Tier spürte genau, dass gleich etwas passieren würde, und begann mit lautem Grunzen aufgeregt am Seil zu ziehen. Der Mann nahm den Pfeil, legte ihn an und spannte langsam den Bogen. Er zielte auf einen Punkt direkt unter dem Schulterblatt des Tieres und ließ los. Mit unglaublicher Geschwindigkeit schnellte der Pfeil durch die Luft und bohrte sich tief ins Fleisch. Ein schrilles Quieken ertönte, und wenige Sekunden später fiel das Wildschwein um. Es zuckte noch ein paar Mal, dann war es tot.

Langsam näherte ich mich dem toten Schwein, fasziniert davon, wie rasch es gestorben war. Ich erinnerte mich an ein Erlebnis aus meiner Kindheit; damals war es deutlich dramatischer zugegangen. Das Wildschwein hatte mehrere Minuten lang gequiekt, gezuckt und gegen den Tod angekämpft. Papa hatte uns Kindern danach nicht mehr erlaubt, beim Töten zuzusehen.

Doch diesmal war es anders. Babu-Bosa erklärte mir, dies sei ein perfekter Schuss gewesen. Danach legte der zweite Mann Pfeil und Bogen an, und dieselbe Prozedur begann. Diesmal war der Schuss nicht ganz so gut platziert, und das Schwein, ohnehin das jüngere und kräftigere von beiden, strampelte und quiekte noch eine ganze Weile. Ich hielt mir die Ohren zu, damit ich diesen schrillen Todeskampf nicht mit anhören musste. Einer der jungen Männer ging schließlich zu dem Schwein hinüber, nahm einen weiteren Pfeil und bohrte ihn dem Tier tief in die offene Wunde. Wenige Sekunden später war es tot.

Der Anblick des vielen Blutes und auch sein Geruch ließen mich schwindeln. Zum Glück musste meine Schwester Judith, eine überzeugte Vegetarierin, das hier nicht miterleben. Mit ihrer Auffassung von Tierschutz hätten die Fayu wohl überhaupt nichts anfangen können.

Nun machten sich die Männer daran, die Schweine vorzubereiten. Dazu legten sie zunächst den Boden mit großen, breiten Kwa-Blättern aus. Papa holte mehrere Messer und Schüsseln für die Fleischstücke. Doch vorher noch wurden die beiden Wildschweine kurz ins offene Feuer gelegt, um die Borsten und die obere Hautschicht abzubrennen. Danach kamen die schwarz gebrannten Schweine auf die vorbereiteten Blätter, und die Fayu machten sich an die langwierige Aufgabe des Ausnehmens.

Der Tag war extrem heiß, die Sonne brannte erbarmungslos auf uns herab. Ich suchte mir einen Schattenplatz, um der glühenden Hitze ein wenig zu entfliehen. Der einzige Vorteil dieser Temperaturen war normalerweise, dass weniger Insekten herumschwirrten, doch der Geruch von Blut lockte sie heute trotz der Hitze aus ihren Verstecken hervor. Nicht nur die Fliegen, auch die Dingos umkreisten die toten Schweine in der Hoffnung, dass ein Happen für sie abfiel. Einer von ihnen gierte so sehr danach, dass er das Blut von den Blättern aufleckte.

Als der Geruch nach frischem Fleisch zu mir herüberdrang, knurrte auch mir der Magen vor Verlangen nach gebratenem Wildschwein. Doch ich musste mich noch ein wenig gedulden.

Die Augen fielen mir zu, und ich nickte immer wieder kurz ein, während meine Gedanken nach Hause zu meinen Kindern wanderten. Um mich herum saßen mehrere Kinder der

Unser Festmahl liegt auf der Veranda

Fayu und hielten mit ihren flatternden Käfern an den Halmen die heiße Luft und die Mücken von mir fern.
Am späten Nachmittag kam unser Fest endlich in Gang. Das Stimmengewirr schwoll immer mehr an, und alle mittlerweile eingetroffenen Fayu und Kirikiri versammelten sich, um am Festmahl teilzunehmen. Hungrig stellte ich mich in die wartende Schlange. Jemand gab mir ein ordentliches Stück Fleisch, eingewickelt in ein großes Blatt.
Sofort bekam ich ein schlechtes Gewissen angesichts der Riesenportion, daher teilte ich es auf und gab den Kindern um mich herum etwas ab. Dann setzte ich mich auf meinen angestammten Platz zwischen Akaba und Fusai und verschlang das Fleisch gierig. Ich aß mit den Händen und riss mit den Zähnen einzelne Bissen heraus. Es schmeckte hervorragend,

genau richtig gewürzt, nicht zu salzig und voller Saft, der mir nun die Unterarme herabbrann.

Ein Dingo kam zu mir herüber und leckte mir den Saft von der Haut. Eines der Kinder nahm einen Stock und verjagte das Tier. Ich sah zufrieden zu, wie es in der Menge verschwand – meine Großzügigkeit ging nicht so weit, dass ich meine Mahlzeit auch noch mit einem Dingo teilen wollte. Davon abgesehen, hätte er mir vielleicht in die Hand gebissen, mit der ich ihm das Fleisch hinhielt. Wie lautet das ungeschriebene Gesetz des Dschungels? Der Stärkere überlebt.

Nachts im Bett gingen meine Gedanken einmal mehr auf Wanderschaft. Die ersten Nächte waren entsetzlich gewesen, voller Alpträume und Qualen, doch dann, vor etwa zwei Tagen, war etwas passiert. Ich hatte eine innere Stabilität erlangt, die ich seit Jahren nicht mehr gehabt hatte. Meine Gedanken waren deutlich klarer geworden, und allmählich gelang es mir, mein Inneres zu betrachten, ohne dabei Angst vor der Vergangenheit zu haben. In dem Bewusstsein, dass ich mich meinem inneren Selbst annäherte, begab ich mich auf die Suche. Fest überzeugt, dass irgendwo da draußen eine Berufung auf mich wartete und ebenso die Antwort auf die Fragen, wer ich eigentlich war und welche Aufgaben von mir in Angriff genommen werden wollten. Mir war schon vor langer Zeit klar geworden, dass ich das Leben, nach dem ich mich so sehr sehnte, nicht würde führen können, solange ich diese Aufgaben nicht entdeckt und erfüllt hatte.

13
Tag der
Demonstrationen

Jakarta, eine Stadt der Widersprüche: alt und neu, super-
reich und bettelarm, atemberaubende Architektur, die sich
gegen den tiefblauen Himmel abhebt, und baufällige Holz-
hütten an verseuchten, schlammigen Flüssen. Eine Stadt, die
niemals schläft, in der es die schlimmsten Staus gibt, die ich je
erlebt habe, und dennoch vibriert sie vor Wärme und Lebendigkeit.

Wir nehmen ein Taxi zum Hotel, das in einem der Vororte
liegt. Es ist schrecklich heiß und laut. Tausende Autos, Menschen, Flugzeuge und Maschinen sind für diesen unglaub-
lichen Lärmpegel verantwortlich. Das Tor zum Hotel wird
streng bewacht – erst kürzlich gab es Warnungen vor mög-
lichen Anschlägen, und die ganze Stadt ist in Alarmbereit-
schaft. Nachdem das Taxi ausgiebig durchsucht worden ist,
können wir am Haupteingang vorfahren.

Nach dem Aussteigen passieren wir einen weiteren Sicher-
heitscheck mit Metalldetektoren und Taschenkontrolle. Und
dann gehen wir endlich die Treppe zum Eingang empor, wo
uns zwei attraktive Indonesierinnen in roter Livree die Tür
aufhalten. Wir treten durch die Glastür – und befinden uns in
einer anderen Welt. Die Luft ist angenehm kühl, leise Hintergrundmusik erklingt, luxuriöse Teppiche bedecken den Boden, ein Springbrunnen verleiht der Szenerie etwas Fried-

liches. Den Lärm und die verunreinigte Luft haben wir an der Tür hinter uns gelassen. Ich sehe mich um, fasziniert, wie dramatisch die Atmosphäre sich von einem Moment zum anderen verändern kann. Während Jon uns eincheckt, setze ich mich auf ein weiches Sofa in der Eingangshalle, lehne den Kopf zurück und betrachte die Decke, die sich nach oben im Unendlichen zu verlieren scheint.

Kaum haben wir unser Zimmer bezogen, verlassen wir das Hotel auch schon wieder und bahnen uns mühsam einen Weg durch den Abendverkehr. Die Dämmerung legt sich über die Stadt, und die ersten Straßenlaternen tauchen alles in ein fahles Licht. Wir sind unterwegs zu einer Zusammenkunft der Studentenführer aus West-Papua, um mit ihnen die letzten Vorbereitungen für die Demonstration am nächsten Tag zu treffen.

Nachdem sich das Taxi eine Stunde lang im Zickzack durch den Verkehr geschlängelt hat, biegen wir in eine enge, holprige Gasse ein. Das Nachtleben ist nun in vollem Gange, überall stehen bunte Buden, an denen alles Mögliche zum Verkauf angeboten wird, von heimischen Spezialitäten bis zu gefälschten Gucci-Taschen. Die Menschen drängen sich zwischen den engen Ständen, die Kinder weichen den geschäftigen Füßen aus.

Jon bittet den Taxifahrer anzuhalten, wir zahlen und gehen durch ein endloses Straßengewirr. Schließlich betreten wir ein kleines Restaurant, dessen enger Raum vollgestellt ist mit schäbigen Tischen und Stühlen. Die papuanischen Studenten sind bereits da, grüßen uns mit leiser Stimme und holen zwei Stühle für uns. Alle rücken zusammen, und das Gespräch wendet sich dem bevorstehenden Ereignis zu.

Die Studenten wollen mit einem friedlichen Aufmarsch die Schließung von Freeport, der amerikanischen Betreiberfirma der Gold- und Kupferminen, fordern. Jon holt seinen Laptop heraus, um den Studenten einen Zeitungsartikel zu zeigen, den die New York Times über Freeport veröffentlicht hat. Darin geht es um versteckte Zahlungen an das indonesische Militär und die verheerenden ökologischen Schäden, die durch die Minenarbeiten angerichtet werden.

Auf einmal kommt ein gut gekleideter Indonesier auf uns zu. Sofort klappt Jon seinen Laptop zu. Der Fremde beginnt uns Fragen zu stellen, doch ich kann ihn nicht verstehen. Irgendwie spricht er seltsam, außerdem wandert sein Blick immer wieder zu dem Computer auf dem Tisch. Die Stimmung schlägt plötzlich um, Spannung liegt in der Luft.

Es ist offensichtlich, dass der Fremde nicht zum normalen Publikum dieser Kneipe gehört – er wirkt sehr selbstbewusst, mit einem autoritären Unterton in der Stimme. Einer der Studenten beginnt stockend, die Fragen des Mannes zu beantworten. Da sieht Jon erst mich an und blickt dann zur Hintertür hinüber. Ich deute ein Nicken an. Es ist höchste Zeit für uns, diesen Ort zu verlassen.

Der Fremde versucht weiter, den Studenten in ein Gespräch zu verwickeln. Zwischendurch wirft er Seitenblicke auf Jon und mich, dann späht er nach draußen, als würde er jemanden erwarten. Als plötzlich das Quietschen von Reifen zu hören ist, dreht der Mann sich um. Jon und ich springen blitzschnell auf und stürmen zur Hintertür, während die Studenten an dem Fremden vorbei durch die Vordertür davonrennen.

Wir reißen die Tür auf und stehen in einem kleinen Hof. Hastig klettern wir über ein paar Mülltonnen und erklimmen eine niedrige Steinmauer. Dann rennen wir los, immer auf die Hauptstraße zu. Ich merke, wie mein Herz heftig gegen meine Rippen klopft, höre meinen schweren Atem und das klappernde Geräusch unserer Schritte, während das Adrenalin mir durch den Körper schießt.

Endlich erreichen wir die Hauptstraße, Jon winkt ein Taxi

herbei, und wir springen hinein. Sekunden später hat uns das abendliche Verkehrschaos verschluckt.

Ich zittere noch immer am ganzen Körper, wie ich da stumm im Taxi sitze. Auf einmal muss ich an Jons Freund denken, der kürzlich angerufen hat, um uns zu warnen, wir sollten extrem vorsichtig und ständig auf der Hut sein. Er hatte gehört, dass Jon auf der roten Liste stehe, die Polizei also nach ihm fahnde. Jon ist bereits seit einigen Jahren für die Unabhängigkeitsbewegung aktiv, und frühere Fälle haben gezeigt, dass alle in die Bewegung verwickelten Personen verfolgt und irgendwann entweder des Landes verwiesen oder verhaftet werden.

Was werden sie mit uns machen, wenn sie uns erwischen?, schießt es mir durch den Kopf. Immerhin sind wir aktiv auf der Suche nach Zeugen von Menschenrechtsverletzungen, und diese Suche bringt uns immer weiter ins Zentrum der Unabhängigkeitsbewegung hinein. Eine Bewegung, die von der indonesischen Regierung des Hochverrats bezichtigt wird.

Als wir unser Hotel erreichen, beschließe ich, mich früh hinzulegen. Der morgige Tag wird sicher sehr anstrengend. Von meinem Bett aus kann ich hören, dass Jon bis spät in die Nacht telefoniert. Irgendwann falle ich in einen unruhigen Schlaf.

Am nächsten Morgen erfahren wir, dass in Jakarta Massendemonstrationen stattfinden. Tausende Indonesier haben sich versammelt, um für bessere Arbeitsbedingungen auf die Straße zu gehen. Ich mache mir Sorgen, ob es zu Zusammenstößen zwischen unseren Studenten und den anderen Demonstranten kommen könnte.

In den letzten Wochen haben die Medien wiederholt Szenen gezeigt, in denen Studenten in der Hauptstadt von West-Papua mehrere Polizisten zu Tode geprügelt haben. Wie erwartet, haben die örtlichen Fernsehsender kein Wort darüber verloren, was die Ursache für die Gewaltausschreitungen und die schrecklichen Folgen war.

Eine seltsame Unruhe beschleicht mich, innerlich schrillen alle Alarmglocken. Ob das von unserer überstürzten Flucht vergangene Nacht herrührt, kann ich nicht sagen, doch während meiner Kindheit im Urwald habe ich gelernt, auf meine Instinkte zu hören.

Eine Stunde später checken wir deshalb aus und nehmen ein Taxi ins Stadtzentrum, wo wir bald eine günstige Unterkunft finden. Was für ein Unterschied zu dem Luxushotel, das wir gerade erst verlassen haben. Das Zimmer ist winzig und düster, und es gibt nur ein Fenster zum Innenhof – aber immerhin wird uns hier ganz bestimmt niemand suchen.

Der Beginn der Demonstrationen rückt immer näher. Wir fahren zu dem Ort, von dem aus der Marsch starten soll. Um möglichst wenig ins Rampenlicht zu geraten, beschließe ich, die Ereignisse aus der Ferne zu betrachten. Ich trage Jeans, ein dunkelblaues Shirt mit langen Ärmeln und einen Hut, um mein Gesicht zu verdecken, und hoffe, dass ich so nicht allzu sehr aus der Menge heraussteche.

Die Straßen sind voller Menschen, die Transparente tragen, andere haben bunte Logos auf ihren T-Shirts und Mützen, und an zahlreichen Motorrädern sind Plakate befestigt. Später habe ich gelesen, dass an jenem Tag insgesamt 70 000 Menschen demonstriert haben. Ganze Hundertschaften an Polizei sind präsent, Übertragungswagen mit Satellitenschüsseln säumen die Straßen, die Luft vibriert förmlich vor Spannung.

Auch ich werde immer aufgeregter, als ich mich durch die überfüllten Seitenstraßen zwänge. Bald finde ich die kleine Studentengruppe aus West-Papua, die sich bereits unter roten Transparenten und Fahnen versammelt hat. Sie haben einen

Wagen mit offener Ladefläche gemietet, auf der eine Plattform, Mikrofone und Lautsprecher angebracht sind. Gemeinsam mit ein paar Journalisten beginne ich Fotos zu machen.

Zum ersten Mal in meinem Leben nehme ich an einer Demonstration teil. Als ich die vertrauten Gesichter der Papua
betrachte, die sich hinter dem Wagen in Positur stellen, würde ich am liebsten zu ihnen hinüberrennen und ihnen meine
Solidarität zeigen. Doch ich weiß, dass das momentan alles
andere als klug wäre. Schließlich wollen wir in den kommenden Tagen nach West-Papua einreisen, und ich darf auf keinen Fall vorher ins Fahndungsraster der Behörden geraten.

Ein junger Mann erklimmt den Wagen, stellt sich auf die Ladefläche und greift nach einem Mikrofon. Er beginnt die Menge
anzustacheln und erläutert das Vorhaben für die nächsten
Stunden. Allerdings betont er mit Nachdruck, dass es sich
um eine friedliche Aktion handele und dass keinerlei Aus-
brüche toleriert würden.

Der Demonstrationszug setzt sich mit Fahnenschwenken
und Liedern in Bewegung. Da fällt mein Blick auf einen Polizisten, der in sein Funkgerät spricht. Als die Demonstranten
eine Kreuzung erreichen, werden sie dort von etwa zweihun-
dert Polizisten erwartet.

Ich mache mir Sorgen, weil ich nicht weiß, was sie vorhaben.
Zunächst kesseln sie die Studenten ein und halten sie davon
ab, weiterzugehen. Dann drängen sie den Zug in eine Seiten-
straße ab, und plötzlich ist alles voller Polizisten. Die Demonstranten bleiben stehen, setzen sich hin, und einer der
Studentenführer klettert auf den Wagen und beginnt zu reden. Er heizt die Menge regelrecht auf, die daraufhin anfängt
zu singen. Die Leute aus Papua singen für ihr Leben gern, das
habe ich schon in meinen ersten Jahren dort gelernt. Ich sehe,
wie der Lärm immer mehr Journalisten anzieht, die Fotos

machen und Interviews führen. Ich halte mich im Hintergrund und warte ab.

Es ist Mittag, und die Sonne brennt mit voller Kraft vom Himmel. Von der Hitze wird mir langsam schwindlig, und ich kaufe mir an einer kleinen Bude Wasser. Nach etwa einer Stunde beschließe ich zu gehen, denn wegen meiner Größe und der weißen Hautfarbe errege ich leider doch zu viel Aufmerksamkeit. Mehrere Polizisten haben mich bemerkt und pfeifen, lachen und winken, um mich zu sich hinüberzulocken. Ich lächle höflich zurück, gehe aber unbeirrt weiter.

Aus sicherer Entfernung rufe ich Jon an und berichte ihm, dass die Polizei die Demonstranten umstellt habe. Er sagt, ich solle warten, also suche ich mir einen etwas abgelegenen Ort. Auch dort fühle ich mich unwohl, heiß und verschwitzt, wie ich bin, und insgeheim sehne ich mich nach dem kühlen, klimatisierten Zimmer im Luxushotel zurück.

Als ich nach etwa einer halben Stunde nachschauen gehe, ist alles unverändert. Gerade will ich nach einem Taxi Ausschau halten, um zurück in unser Gästehaus zu fahren, da wendet der Wagen plötzlich, und die Demonstranten folgen ihm auf dem Fuß. Sie gehen die Straße zurück, die sie gekommen sind, woraufhin auch die Reihen der Polizisten sich auflösen. Für den Moment haben sie ihre Arbeit getan.

Später habe ich erfahren, dass die Straße, die gesperrt wurde, zum Parlament und anderen Regierungsgebäuden führt. Es gab wohl die strikte Anweisung, dass die Menschenmenge unter allen Umständen daran gehindert werden sollte, diesen Weg einzuschlagen.

Es tut mir gut, wieder in Bewegung zu sein. Ich folge den wehenden Flaggen und Rufen die Hauptstraße hinunter, die am UN-Hauptquartier vorbei ins Stadtzentrum von Jakarta führt. Die Luft lädt sich mit elektrischer Spannung auf, je näher wir der Innenstadt kommen.

Als ich mich umsehe, bemerke ich, dass keine Polizisten mehr um uns herum sind. Tausende Menschen sind auf der Straße, der Verkehr ist zum Erliegen gekommen, Straßenschilder werden verbogen, Bäume und Pflanzen, die den Straßenrand schmückten, sind zerstört oder liegen mitten auf dem Weg, überall Müll, das totale Chaos.

Ich fühle mich so lebendig in jenem Moment, jede einzelne Zelle meines Körpers ist hellwach, und Adrenalin pulst durch mich hindurch. Alle singen, rufen, lachen, und am lautesten von allen skandiert jene kleine Gruppe papuanischer Studenten mit ihren strahlend bunten Fahnen: »Macht Freeport zu! Macht Freeport zu!«

Als ich das höre, frage ich mich, ob es jetzt zu Zusammenstößen mit den anderen Demonstranten kommen wird. Aber dann geschieht etwas, das ich niemals erwartet hätte: Die anderen johlen und klatschen zustimmend. Manchmal singen sie sogar mit, wenn wir an ihnen vorbeikommen, und schlagen ihre Trommeln, die sie wenige Stunden zuvor noch für ihre Zwecke eingesetzt haben. Die Luft ist aufgeladen mit knisternder Euphorie, ein Gefühl totaler Freiheit beherrscht die Straßen, als existierten keinerlei Grenzen, als gäbe es weder Regeln noch Einschränkungen. Es kommt mir so vor, als hätte sich die Außenwelt in Luft aufgelöst, als gäbe es nur noch diesen einen Moment, den Moment, in dem die Zeit stillsteht.

In der Menge entdecke ich einen der Studentenführer, den ich am Vortag kennen gelernt habe. Mit einem breiten Grinsen macht er das papuanische Friedenszeichen in meine Richtung. Glücklich sieht er aus und stolz, wie er da mit hoch erhobenem Haupt wie ein echter Stammeskrieger einherschreitet. Er gehört einem Stamm im Hochland von West-Papua an, der weit verstreut lebt, wie er mir später erzählt. Sie haben ihr Land verloren, ebenso ihre Besitztümer, und

*Demonstration papuanischer Studenten
mit dem Banner »Macht Freeport zu«*

kämpfen nun ums nackte Überleben. Sein Vater war der Häuptling des Stammes, doch nun ist er tot wie so viele andere auch.
Wir haben inzwischen das Stadtzentrum erreicht, dessen Wahrzeichen ein riesiger Springbrunnen an einer Kreuzung ist. Inzwischen ist es fünf Uhr nachmittags. Eine leichte Brise kommt auf und lindert die Hitze zumindest ein wenig. Die Demonstranten lassen sich rund um den Brunnen nieder, während weiter Reden von der Ladefläche des Wagens aus gehalten werden. Ich setze mich neben eine Gruppe von Papua, all meine Vorsicht ist mit dem Wind der Freiheit davongeflogen, der uns umweht. Sofort kommen einige Demonstranten auf mich zu, und bald ist eine rege Unterhaltung im Gange.
Die Zeit vergeht im Nu, und als ich mich irgendwann um-

sehe, stelle ich erstaunt fest, dass sich der Platz fast komplett geleert hat. Die Sonne geht bereits unter, es ist Zeit zu gehen.

Ich winke ein Taxi herbei, und zwei Stunden später, es ist fast schon dunkel, komme ich endlich in unserer Unterkunft an. Ich bin völlig erschöpft, durstig und habe einen Bärenhunger. Bei einem schnellen Abendessen mit Jon tauschen wir uns über unsere Erlebnisse aus. Was für ein Tag! Ich fühle mich geehrt, dass ich die Chance hatte, dabei zu sein. Später erfahre ich, dass die Kamera eines Journalisten, der die Demonstranten aus West-Papua fotografiert hat, von Polizisten in Zivil beschlagnahmt wurde. Einen anderen haben sie abgeführt.

Am nächsten Morgen weckt mich heftiges Klopfen an der Tür. Ich schleppe mich aus dem Bett und öffne, das strahlende Sonnenlicht lässt mich blinzeln.

Jon mustert mich kurz. »Sabine, du siehst ja schrecklich aus!«, lautet sein Gruß.

»Danke auch«, murmle ich matt.

Er erwidert, ich solle mich beeilen, die Anführer mehrerer Studentenorganisationen würden gleich eintreffen. Also springe ich schnell unter die Dusche und gehe hinunter in den kleinen Speisesaal. Beim Frühstück sprechen wir das bevorstehende Treffen durch.

Ein Mann aus West-Papua namens Yolan* setzt sich zu uns. Mein Kopf hämmert, und mein Hirn ist völlig benebelt. Meine Gedanken schweifen ab, während die beiden Männer die Einzelheiten unserer geplanten Einreise nach West-Papua durchgehen. Yolan wird uns zu unserem Schutz begleiten und uns den Rücken freihalten, und sollten wir verhaftet werden, wird er sofort unsere Anwälte einschalten.

Nachdem ich die vierte Tasse Kaffee geleert habe, gehe ich

hinauf in einen größeren Raum mit langem Tisch und mehreren Stühlen, den wir für einen Tag gemietet haben. Bald darauf treffen die ersten Studentenführer ein. Sie begrüßen mich lächelnd und gut gelaunt. Der vergangene Tag ist erfolgreich verlaufen, und die Nachwirkungen sind noch deutlich spürbar. Es kommen viel mehr Menschen, als wir erwartet haben, und alle wollen hören, was Jon zu sagen hat.

Nachdem alle einen Sitzplatz ergattert haben, wenn auch manche wie ich auf dem Boden, beginnt das Treffen mit einer Willkommensrede von einem der Anführer. Ich sitze neben einer jungen Frau aus West-Papua, einem hübschen Mädchen, das sich bunte Bänder ins Haar geflochten hat. Irgendwann tippt sie mir auf die Schulter und sagt: »Ich habe gehört, dass du mal in Danau Bira gelebt hast. Stimmt das?«

Ich nicke bestätigend.

Sie lächelt übers ganze Gesicht. »Ich bin in Danau Bira geboren.«

Mein Herz hüpft vor Freude, als ich das höre. Ich umarme sie und sage: »Dann sind wir ja verwandt.«

Sie nickt heftig. »Ich bin so froh, dass wir uns hier getroffen haben, dass du dabei bist bei unserem Kampf.« Sie macht eine kurze Pause. »Der inzwischen ja auch zu deinem Kampf geworden ist«, fügt sie dann hinzu.

Ja, sie hat Recht, denke ich. *Das hier wird tatsächlich auch zu meinem Kampf.* Ich lasse den Blick durch den Raum schweifen, betrachte die Mienen der etwa dreißig Studenten und lese darin Hoffnung, Verzweiflung, Entschlossenheit und Trauer. Ein Streit entbrennt. Jon steht auf und bittet mich, mit ihm nach draußen zu kommen. Im Flur gesteht er mir, das Ganze sei deutlich schwieriger, als er erwartet habe. Nicht wenige haben die Hoffnung auf eine friedliche Lösung längst aufgegeben, und es besteht die Gefahr, dass die Bewegung sich in eine Richtung entwickelt, die viele Menschenleben kosten kann. Die Studenten stehen mit dem Rücken zur Wand, allmählich macht sich unter ihnen Verzweiflung breit. Dreizehn von ihnen wurden bereits inhaftiert, weil sie im Bürogebäude von Freeport in Jakarta Fenster eingeschlagen hatten. Und viele sitzen unschuldig in Gefängnissen in West-Papua, nur weil sie an Demonstrationen teilgenommen haben oder weil ihnen als papuanischen Studenten vorgeworfen wird, der Freiheitsbewegung anzugehören.

Jon will diese Entwicklung stoppen, bevor die Dinge weiter eskalieren, er muss einen Weg finden, ihnen klar zu machen, dass Gewalt nicht die Antwort sein kann.

»Aber wie soll ich das jemandem vermitteln, der ansehen musste, wie Familienmitglieder oder Freunde unterdrückt und getötet wurden?«, fragt er ratlos.

»Mach ihnen Mut«, antworte ich, »und lass sie wissen, dass sie nicht alleine sind, dass es viele gibt, die ihren Kampf unterstützen. Sag ihnen, dass sie sich zusammentun und ihre Stimme gemeinsam erheben müssen, als eine Nation. Schließlich entsteht wahre Stärke erst durch Solidarität, und nicht durch Einzelaktionen. Und Gewalt wird immer nur neue Gewalt erzeugen.«

Jon entfernt sich ein paar Schritte, um seine Gedanken zu ordnen. Dann gehen wir gemeinsam zurück in den Raum, und ich merke, dass sich etwas an ihm verändert hat. Als er diesmal zu den Anwesenden spricht, liegt eine unglaubliche Kraft und Entschlossenheit in seiner Stimme. Die Stimmung unter den Studenten verändert sich ebenfalls. Jon steht jetzt vor ihnen, findet starke Worte, und seine Stimme wird eindringlich, als er sie auffordert, sich zusammenzuschließen. Er gibt ihnen die Hoffnung zurück, die sie schon verloren hatten. Erregung macht sich breit, und bald springen alle auf und klatschen begeistert.

Ein paar Tage später bekommen wir einen Anruf von einem

der Studenten. Die Polizei hat zurückgeschlagen, hat Vergeltung für die Demonstrationen geübt. Studentenheime und Schlafsäle wurden durchsucht, zum Teil zerstört und angezündet, die Studenten sind alle auf der Flucht. Doch sie werden nicht aufgeben, werden weiter für Gerechtigkeit und Freiheit kämpfen, für ihre Heimat und eine bessere Zukunft.

Als ich einige Wochen später zurück in Deutschland bin, höre ich von Jon, dass die Situation sich dramatisch verschlechtert hat. Frustriert darüber, dass die Studenten fliehen konnten, unter ihnen auch die Studentenführer, die auf der roten Liste standen, hat die Polizei ihre Taktik geändert: Anstatt die Studenten zu fangen und zu verhaften, gilt jetzt die Order »shoot at sight« – also sofort erschießen. Eine schwere Zeit hat begonnen. Schon bald treffen die ersten Nachrichten über ermordete Studenten ein. Ich bin zutiefst schockiert. Die überlebenden Studenten sind bis heute auf der Flucht.

14
Zwischen Alt und Neu

Draußen war es dunkel, das Licht der Kerosinlampe warf tanzende Schatten auf die Holzwände, die Frösche im nahe gelegenen Busch stimmten ihr abendliches Quakkonzert an. Die Stimmen der Fayu drangen zusammen mit der Hintergrundmusik des Urwalds durch das Fenster herein. Ich saß mit Papa am Tisch in seiner Hütte und hörte gespannt der Geschichte von Babu-Bosa und der schönen Adia zu.

Adia wurde schon in jungen Jahren einem Mann namens Abusai versprochen. Wie die Beziehung der beiden zueinander war, kann niemand mit Sicherheit sagen, doch eines stand fest: Adia war unglücklich.

Nicht lange nachdem Abusai Adia zur Frau genommen hatte, verliebte sich Babu-Bosa unsterblich in das Mädchen. Eines Nachts war er so verzweifelt, dass er seinem älteren Bruder Tuare sein Herz ausschüttete. Als dieser die Klagen seines Bruders vernahm, riet er ihm, das zu tun, was unter den Fayu früher einmal sehr verbreitet gewesen war: die so sehr begehrte Adia ihrem Mann zu stehlen.

Nach alter Tradition besaß der Ehemann daraufhin das Recht, die Entführung seiner Frau zu rächen, indem er den Dieb umbrachte. Aber Tuare wusste, dass sich die Zeiten geändert hatten, die Morde der Vergangenheit angehörten und Abusai keine Rache üben würde.

Die schöne Adia ...

Einige Wochen später bahnte sich Babu-Bosa in tiefer Dunkelheit einen Weg durch den Dschungel bis zur Hütte von Abusai und Adia. Er wartete, bis die beiden eingeschlafen waren, schlich ins Innere und schnappte sich Adia. Dabei hielt er ihr den Mund zu, damit sie nicht losschrie, und zerrte sie in den schützenden Dschungel.

Die Reise zurück zu seiner Hütte dauerte zwei volle Tage, und Adia folgte ihm die ganze Zeit, ohne ein Wort zu sprechen. Während sie unterwegs waren, bekam Babu-Bosa ein schlechtes Gewissen. Ihm wurde plötzlich bewusst, was er da eigentlich getan hatte. Zerknirscht brachte er Adia zur Hütte ihrer Eltern, entschuldigte sich mehrfach und versicherte ihnen, dass er ihre Tochter zu keiner Zeit berührt habe. Aus Scham über das, was er getan hatte, hielt sich Babu-Bosa in den kommenden Monaten von größeren Stammesversammlungen fern.

Doch dann ereignete sich etwas, womit niemand gerechnet

... und ihr Auserwählter Babu-Bosa

hatte und was noch nie zuvor geschehen war. Anstatt zu ihrem Mann zurückzukehren, wie es die Tradition verlangt hätte, rannte Adia von ihren Eltern weg. Zum großen Erstaunen der Stammesmitglieder, die natürlich bestens über die Ereignisse Bescheid wussten – schließlich können die Fayu kein Geheimnis für sich behalten –, machte sie sich auf den mehrere Tage währenden Fußmarsch zu Babu-Bosas Hütte und ernannte sich kurzerhand selbst zu seiner neuen Ehefrau.

Dies sorgte für großen Aufruhr unter den Fayu, und niemand wusste, wie er mit der neuen Situation umgehen sollte. Wie sollten sie einen Dieb bestrafen, wenn sein Diebesgut aus eigenem Willen zu ihm zurückkehrte?

Wochen vergingen, ohne dass eine Entscheidung fiel, und so blieb Adia an der Seite des Mannes ihrer Wahl.

Bis zum heutigen Tag leben sie nun zusammen und teilen sich ein Haus mit Tuare, seiner Frau Doriso-Bosa und ihren Kindern. Mir war bereits aufgefallen, dass die Beziehung zwischen Doriso-Bosa und Adia sehr innig war. Adia übernahm die Rolle der jüngeren Schwester, half bei der Versorgung der Kinder, sammelte Holz und Nahrung. Adia und Babu-Bosa wirkten glücklich und sorglos, sie schienen das Leben und die verschiedenen Alltagstätigkeiten zu genießen. Dennoch zeigten die beiden ihre Zuneigung nie in der Öffentlichkeit – jedenfalls habe ich das nie gesehen.

Adia war die erste Frau bei den Fayu, die sich ihren Ehemann selbst ausgesucht hat. Dies ließ die sonst so rigiden Traditionen der Alten ins Wanken geraten, gab Anstoß zu einschneidenden Änderungen, was die Rechte der Stammesfrauen anging. Sie fingen an, ihre eigenen Interessen zu vertreten, auch auf anderen Gebieten als der Wahl des Ehemanns. Und selbst wenn die Dorfältesten auf Adia heruntersahen, ihr Verhalten zeigte, dass Zeit und Traditionen sich verändern, sogar an diesem abgelegenen Ort der Welt. Ein neues Zeitalter brach an, und die oft so starre, unnachgiebige Art, die das Leben der Fayu lange Jahre bestimmt hatte, wich nun neuen Ideen und Sichtweisen.

Nach alter Tradition wurde ein Mädchen heiratsfähig, sobald es die Pubertät erreichte, also im Alter von dreizehn oder vierzehn Jahren. Jungen dagegen galten als bereit für die Ehe, sobald ihnen der erste Bartflaum wuchs. Im Gegensatz zu vielen anderen Kulturen feierten die Fayu die Heirat zwischen Mann und Frau nicht mit einem großen Fest, einer Mitgift und besonderen Zeremonien. Die Eltern gaben ihre Tochter einem Mann, den der Vater zuvor ausgesucht hatte. Normalerweise widersetzten sich die Töchter nicht, und nach außen schien alles immer sehr harmonisch. Doch was, wenn ein junger Mann sein Herz an eine bestimmte Frau verloren hatte und sie oder ihr Vater nicht einverstanden war? An dem Punkt begannen dann die Schwierigkeiten, da der Mann jetzt versuchte, die Frau zu stehlen. (So lautet auch die genaue

Übersetzung des Wortes Heirat in der Sprache der Fayu: der »Diebstahl einer Frau«.)

Meine Familie und ich hatten in der Vergangenheit immer wieder mitbekommen, wie Väter ihren Söhnen auftrugen, ein Auge auf die Schwester zu haben, um sie vor einer Entführung zu bewahren. Die Söhne, nicht selten gerade mal fünf Jahre alt, mussten dann mit Pfeil und Bogen bewaffnet vor der Hütte Stellung beziehen. Doch meistens fand der Verehrer einen Weg, das junge Mädchen zu ergreifen und es – zur Not auch mit Gewalt – in den Dschungel zu schleppen.

Das Erstaunliche daran war jedoch: Schaffte das Mädchen es nicht, zu fliehen, und kehrten die beiden nach drei Tagen zusammen aus dem Dschungel zurück, dann gab die gesamte Dorfgemeinschaft, sogar der Vater des Mädchens, der neuen Verbindung ohne Einschränkung ihren Segen. Das Leben ging weiter wie bisher, mit dem einzigen Unterschied, dass die junge Frau von nun an mit ihrem neuen Ehemann zusammenlebte.

Da die Polygamie ebenfalls weit verbreitet war, herrschte bald akuter Frauenmangel, ein Problem übrigens nicht nur der Fayu, sondern auch vieler anderer Stämme der Gegend. Das hatte natürlich zur Folge, dass die Männer oftmals Frauen von anderen Stämmen oder Gruppen innerhalb desselben Stammes stahlen. Nicht selten wurde der Mann der entführten Frau getötet, was nur wieder ein neuer Anlass für einen Rachefeldzug war. Die Frauen wurden zu einem geschätzten Gut, gefangen zwischen den Fronten der sich bekriegenden Stämme.

Über die Jahre nahmen die Kriege ab, bis schließlich Friede unter den Stämmen herrschte. Um diesen zu wahren, legten die Häuptlinge neue Regeln fest: Frauen durften von nun an nicht mehr gestohlen werden. Die älteren Männer einigten sich außerdem darauf, sich keine weiteren Nebenfrauen mehr zu nehmen und die heiratsfähigen Mädchen den jungen Männern zu überlassen.

Es ist faszinierend, zu beobachten, welch wichtige Rolle die Frauen nun in dieser Gesellschaft spielen, die bis dahin von Männern dominiert war. Besonders klar konnte man dies erkennen, als vor ein paar Jahren ein Kampf zwischen den Männern ausbrach. Mit Pfeil und Bogen bewaffnet, stellten sie sich in zwei Reihen gegenüber, und der Kriegstanz begann. Sie tanzten im Kreis herum, sprangen von einem Fuß auf den anderen – in der einen Hand den Menschenpfeil, in der anderen den Bogen. Spannung lag in der Luft, als sie ihre Stimmen erhoben, die Luft vibrierte vor Aggressivität. Die Kinder begannen zu weinen und rannten ängstlich durcheinander. Normalerweise nehmen die Frauen in einer solchen Situation ihren Nachwuchs und suchen Schutz im Dschungel, um vor dem Gewaltausbruch zu fliehen.

Doch dann geschah das Unerwartete. Anstatt den Schauplatz zu verlassen, bestrichen mehrere Frauen ihr Gesicht mit Erde, ein Ritus, der sonst der Trauer vorbehalten ist. Sie nahmen sich lange Stöcke und stellten sich zwischen die kämpfenden Männer. Immer und immer wieder hämmerten sie mit den Stöcken auf den trockenen Erdboden, und ein dreitoniges Klagelied erklang: »Hört auf zu töten, hört auf, euch zu bekämpfen! Wir wollen weder unsere Väter noch unsere Männer oder Söhne begraben.« Ihre Rufe vermischten sich mit dem Lärm des aufkommenden Krieges.

Dieses erstaunliche Verhalten irritierte die Männer zutiefst, und sie verstummten einer nach dem anderen. Sie hörten auf zu tanzen, sie hörten auf zu streiten, langsam senkten sie die hoch erhobenen Pfeile, und alles kam zu einem guten Ende. Seit diesem Tag mischen sich die Frauen in die Streitigkeiten und Kriege der Männer ein.

Ich habe selbst erlebt, welchen Einfluss die Frauen der Fayu heutzutage haben, als es während meines Besuchs zu einer Situation kam, die eine schmerzliche Erinnerung wieder aufleben ließ.

Eine Weile nachdem unsere Familie damals zu den Fayu übergesiedelt war, lernte ich ein Mädchen namens Faisa kennen. Sie war etwa so alt wie ich und wurde meine erste Freundin. Eines Tages, Faisa war vor kurzem in die Pubertät gekommen, spielten wir auf der Sandbank, als wir plötzlich Schreie hörten. Ich sah Nakires taubstummen Bruder mit einem Buschmesser in der Hand auf uns zustürmen. Er wollte Faisa zur Frau haben, doch sie und ihr Vater hatten ihn abgewiesen. Nun wollte er sie mit Gewalt erobern. Faisa gelang es nur knapp, in einem Kanu zu flüchten. Aber am meisten schockierte mich damals die Reaktion der anderen Fayu. Sie standen reglos da und beobachteten die Ereignisse, die sich vor ihren Augen auf der Sandbank abspielten. Niemand rührte auch nur einen Finger, um Faisa zu helfen oder Nakires Bruder aufzuhalten.

Ziemlich genau zweiundzwanzig Jahre später saß ich mit Sophia-Bosa zusammen, die nun etwa im gleichen Alter war wie damals Faisa. Plötzlich hörten wir Schreie, und Sophia-Bosa sprang panisch auf. Als ich mich umdrehte, sah ich, wie damals, Nakires Bruder auf uns zurennen, Pfeil und Bogen schussbereit in der Hand. Er war deutlich gealtert und hatte bereits eine Frau in seinem Alter.

Überall ertönten Warnschreie, und meine Gedanken begannen zu rasen, als mir klar wurde, dass mir nur wenige Sekunden blieben, um zu reagieren. Sollte ich mich vor Sophia-Bosa stellen und ihr so die Flucht ermöglichen, oder sollte ich mich lieber aus der Schusslinie entfernen? Noch bevor ich mich bewegen konnte, tauchte Fusai hinter Nakires Bruder auf und umschlang ihn mit beiden Armen, um ihn zurückzuhalten. Diesen Mut hätte früher keine der Frauen aufgebracht. Sie rief Sophia-Bosa zu, sie solle losrennen. Panisch stürmte das Mädchen auf den Dschungel zu.

Nakires Bruder wand sich, stieß Fusai von sich und stürzte sich auf sie. Nun mischten sich einige andere ein und versuchten ihn zu beruhigen. Doch er war völlig außer sich, gab unverständliche Laute von sich und zielte mit seinem Pfeil auf Babu-Bosa und Bare, die Fusai zu Hilfe gekommen waren.

Fusai versuchte ihm den Pfeil aus den Händen zu reißen – vergeblich, niemand konnte Nakires Bruder beruhigen. Stattdessen richtete er seine Wut immer mehr gegen die Beschwichtiger.

Genau in diesem Moment kam Papa aus dem Haus gerannt. Häuptling Kologwoi war nicht da, und der Nächste in der Reihe der Dorfältesten war er. Papa lief entschlossen direkt auf Nakires Bruder zu und wich auch nicht zurück, als dieser seinen Pfeil auf ihn richtete. Stattdessen ging Papa immer weiter und redete beruhigend auf ihn ein. Als er Nakires Bruder erreichte, legte er die Arme um ihn und versuchte ihn mit dieser Berührung zu trösten. Schließlich nahm er ihm Pfeil und Bogen aus der Hand, gab beides Fusai und zog ihn mit in sein Haus. Etwa eine Stunde lang war alles ruhig, und als Nakires Bruder wieder ins Freie trat, schien er entspannt und ganz der Alte. Nicht das geringste Anzeichen von Ärger oder Aggression war mehr zu spüren.

Ich ging hinein und fragte Papa, wie so etwas zum zweiten Mal passieren konnte und weshalb niemand etwas unternommen hatte, um Nakires Bruder aufzuhalten. Doch wie so oft im Leben hatte auch diese Geschichte eine andere Seite. Papa erklärte mir, dass Nakires Bruder wegen seiner Behinderung sein Leben lang schlecht behandelt worden war. Er war nicht

207

nur taub und damit unfähig zu sprechen, sondern auch geistig zurückgeblieben, wofür aber niemand jemals Verständnis oder Mitgefühl aufgebracht hatte. So war er zum Außenseiter geworden.

Papa hatte nun nichts anderes getan, als ihm etwas zu essen gemacht und ihm gut zugeredet. Mehr war nicht nötig gewesen, um ihn zu beruhigen, und Papas Ansicht nach war die ganze Aktion nichts anderes gewesen als der Versuch, die Aufmerksamkeit zu erhalten, die er sich so sehnlich wünschte.

Das Leben im Dschungel ist wahrlich nicht einfach für diejenigen, die in dieser kleinen Gemeinschaft nicht voll einsatzfähig sind. Als Kind hatte mich dieses Zusammenspiel zwischen den Stammesangehörigen und die Frage, wie ihre Gesellschaft eigentlich funktioniert, nicht weiter interessiert. Ich war glücklich gewesen, weil ich mir das Beste aus beiden Welten nehmen konnte. Einerseits war ich nicht in die blutigen Auseinandersetzungen verwickelt, von denen auch die Kinder bei den Fayu nicht verschont blieben. Andererseits lebte ich frei wie ein Fayu-Kind, war in keinerlei System eingebunden, hatte keine Pflichten außer den täglichen Schularbeiten, denn die Jugendlichen dort haben bis zu ihrer Hochzeit eigentlich keine Aufgaben in der Gemeinschaft.

Von morgens bis abends hatten meine Geschwister und ich tun und lassen können, was wir wollten – die Umgebung erkunden und mit allem spielen, was die Natur uns bot. Für die Kinder der Fayu gab es da natürlich eine Kehrseite, die ich erst jetzt wahrnehmen konnte, da ich als erwachsene Frau und Mutter einen geschärften Blick für diese Gesellschaft entwickelt hatte. Die Kinder waren hier allzu sehr auf sich gestellt, ohne einen Erwachsenen, der ihnen etwas über das Leben hätte beibringen können. Wie gesagt, die einzige Aufgabe, die sie erfüllen mussten, war zu überleben, bis sie schließlich heirateten.

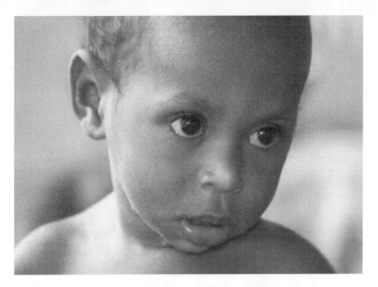

Ernsthaft blickendes Fayu-Kind

Besonders auffallend war, wie sich die ganz kleinen Kinder, die noch gestillt wurden und noch nicht laufen konnten, verhielten. Sie lachten nie und schienen auch sonst keinerlei soziale Fähigkeiten entwickelt zu haben. Sie saßen bloß auf dem Schoß ihrer Mutter oder wurden so lange herumgetragen, bis sie auf zwei Beinen gehen konnten. Bis heute habe ich noch nicht ein Kind der Fayu krabbeln sehen.

Früher war mir das völlig normal vorgekommen, und als vor vierzehn Jahren meine älteste Tochter Sophia auf die Welt kam, trug ich sie den ganzen Tag herum, wie ich es bei den Fayu-Frauen gesehen hatte. Bei einer der üblichen Routineuntersuchungen fragte mich der Kinderarzt, ob meine Tochter schon krabbeln konnte.

Zutiefst erstaunt sah ich ihn an und antwortete: »Wieso sollte sie krabbeln? Ich trage sie doch!«

Nachdem er mir geduldig erklärt hatte, dass Krabbeln sehr

wichtig für die Gehirnentwicklung sei, ging ich wieder nach Hause.

Meine Schwester Judith war damals gerade zu Besuch. Erstaunt erzählte ich ihr, was der Arzt gesagt hatte, und sofort legten wir die kleine Sophia auf den Teppich und warteten darauf, dass sie anfing zu krabbeln. Nach einer halben Stunde meinte Judith, dass mit ihr wohl etwas nicht stimme. Panisch brachte ich meine Tochter am nächsten Tag wieder zum Kinderarzt.

Der schüttelte den Kopf über diese seltsame Frau und ihr Kind. »Kinder müssen das Krabbeln *lernen*«, erklärte er mir. »Und das braucht Zeit.«

Nach einiger Zeit war es Sophia tatsächlich gelungen, und ich war erleichtert, dass ich sie nicht mehr die ganze Zeit herumtragen musste. Schließlich wurde sie mit jedem Tag schwerer.

Nach zwei Töchtern und zwei Söhnen bin ich nun eine Expertin geworden, was das Großziehen von Kindern betrifft. Und bei allem Glück, das ich als Kind bei den Fayu erleben durfte, bin ich doch dankbar, dass ich die Möglichkeit hatte, meine eigenen Kinder in einem Krankenhaus zu bekommen – und auch später medizinisches und psychologisches Wissen über Kinder in Anspruch nehmen zu können. In der Gesellschaft der Fayu ist das Leben für kleine Kinder keineswegs einfach.

Bei meiner Rückkehr wunderte es mich nun, warum diese kleinen Kinder weder lachten noch sonst irgendwelche Emotionen zeigten – außer Weinen natürlich. Bis ein Kind laufen kann, hängt es an der Brust seiner Mutter und wird unaufhörlich gestillt. Es schläft in Mutters Armen, wird in Mutters Armen gefüttert, und wenn es ein bestimmtes Alter erreicht hat, stellt die Mutter es auf die Füße und stützt es so lange, bis

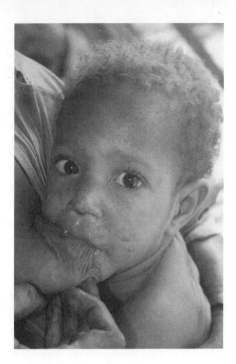

Kind an der Mutterbrust (das helle Haar zeugt von Mangelerscheinungen)

es allein laufen kann. Auch dann bleibt das Kind noch in nächster Nähe der Mutter, bis es etwa fünf Jahre alt ist. Danach wird es hinaus in die Welt geschubst; oft dann, wenn wieder einmal ein Geschwisterchen angekommen ist und die Frau ihre Aufmerksamkeit auf das Neugeborene lenkt.
Das Erstaunliche daran ist, dass diese Kleinkinder nun innerhalb kürzester Zeit unglaubliche soziale Fähigkeiten entwickeln. Plötzlich lächeln sie, nehmen Kontakt zu anderen auf, und – das Wichtigste – sie schaffen sich allmählich ein dichtes Netzwerk von Freunden. Und das ist für sie der Schlüssel zum Überleben. Mit dem kleinen Freundeskreis sind ihre Chancen deutlich besser. Nahrungsmittel werden gemeinsam gesammelt und anschließend geteilt, und wer es gerade benötigt, bekommt Schutz, Hilfe oder Trost. Diese Freund-

schaften halten in der Regel ein Leben lang. Und wenn jemand stirbt, trauern die Freunde oft am meisten.

So hatte ich es bei Klorus Frau erlebt. Die Person, die am meisten trauerte und die ganze Zeit, während ich dort war, ihr Gesicht mit Erde eingerieben hatte, war eine der engsten Freundinnen von Klorus Frau. Tatsächlich schienen die Söhne Tuare, Bebe und Babu-Bosa lange nicht so berührt vom Tod ihrer Mutter wie diese Frau.

Obwohl die Kinder immer noch mit ihren Familien leben, verbringen sie die meiste Zeit im Freundeskreis. Dieser ist in der Regel strikt nach Geschlechtern getrennt, Mädchen spielen mit Mädchen, Jungen mit Jungen. Sophia-Bosa hatte ebenfalls zwei Freundinnen in ihrem Alter, eine davon war das Mädchen, dessen Eltern vom Stamm der Dou getötet worden waren und das Fusai und Nakire bei sich aufgenommen hatten.

Ich konnte beobachten, dass die Kinder wie die Kletten aneinander hingen und einander beschützten, selbst vor ihren eigenen Familienmitgliedern.

Einmal ging ich mit ein paar Frauen zu einer Quelle ganz in der Nähe meines Hauses, um Wäsche zu waschen. Eine kleine Gruppe von Jungen begleitete uns, und einer von ihnen begann an dem Wasserrohr aus Bambus herumzuspielen, das dazu diente, das Wasser aufzufangen, bevor es im Boden versickerte. Die Mutter des Kleinen befahl ihm, sofort damit aufzuhören. Als er nicht gehorchte, nahm sie einen Stein und warf damit nach ihm.

Ein Kampf brach aus, bei dem die Mutter weiter Steine nach ihrem Sohn warf und er sich wehrte, indem er versuchte, mit einem langen Stock zurückzuschlagen. Plötzlich warf sich ein anderer kleiner Junge zwischen die Streitenden und streckte beschützend die Arme vor seinem Freund aus. Nach wenigen

Minuten beruhigte sich die Lage, und die beiden Jungen gingen davon.

Nach meiner Rückkehr nach Deutschland fragte ich einen Kinderpsychologen, wieso die Kinder der Fayu anfangs keinerlei Interaktion mit anderen Menschen zeigen. Seine Vermutung war, dass die Kleinen alles haben, was sie zum Überleben brauchen: Wärme, Sicherheit, Nahrung, Schutz. Sie sind auf soziale Fähigkeiten nicht angewiesen und entwickeln sie daher auch nicht. Wohingegen ein Kind, das auf sich selbst gestellt ist und sich einen ersten Freundeskreis aufbaut, sehr wohl Geschick im Umgang mit anderen braucht und dieses auch schnell erwirbt.

Natürlich bedeutet das keineswegs, dass die Fayu-Frauen ihre Kinder nicht lieben. Sie haben ihre Kleinen sogar sehr lieb, was sich allein daran zeigt, wie stolz sie mir bei meiner Ankunft jedes einzelne Kind vorstellten. Sie leben eben in einer anderen Gesellschaft. Ob sie besser oder schlechter ist als die unsere, kann ich nicht beurteilen, sie ist nur anders. Am meisten hat mich jedoch wieder einmal beeindruckt, mit welchem Engagement und welcher Aufrichtigkeit Freundschaften gepflegt werden. Das Netzwerk an Freunden ist in jeder Hinsicht genauso wichtig wie die eigene Familie.

Allerdings bemerkte ich hier nach einigen Tagen, dass auch in Bezug auf kleine Kinder eine Veränderung im Gange war; warum, weiß ich nicht. Bei meinem Willkommensfest ging ich umher und fotografierte die Kinder. Ich wollte auch einige der Kleinsten in den Armen ihrer Mütter ablichten, doch sobald ich mich ihnen näherte, fingen sie an zu weinen oder drehten sich weg. Da traf eine Familie mit zwei Kindern ein, einem Jungen von fünf oder sechs und einem kleinen Mädchen im Alter von etwa einem Jahr. Die Mutter hielt ihre Kleine auf dem Arm, als ich auf sie zuging. Ich hob die

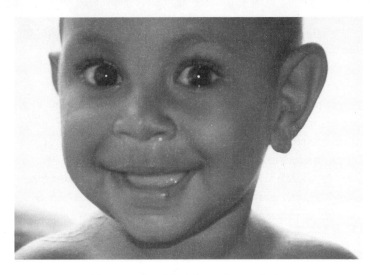

Das einzige Mädchen, das lächelte

Kamera vors Auge, und zu meinem grenzenlosen Erstaunen schenkte mir das Mädchen ein strahlendes Lächeln. Was für ein bewegender Moment!
Bald fiel mir auf, dass auch der Junge anders war als die anderen Kinder. Er lächelte die ganze Zeit und schien eine enge Beziehung zu seiner Mutter zu haben, obwohl es inzwischen eine jüngere Schwester gab. Leider hatte ich keine Gelegenheit, sie genauer zu beobachten, da die Familie schon am Tag nach dem Fest wieder aufbrach. Doch das Foto des kleinen Mädchens mit dem strahlenden Lächeln steht jetzt auf meinem Schreibtisch.
Eine Gesellschaft verändert sich, so wie sich die Zeiten ändern. Wenn sie sich nicht weiterentwickelt, entwickelt sie sich rückwärts. In der Vergangenheit war das Leben der Fayu von Stammeskriegen beherrscht. Kaum aber war das Kriegsbeil begraben, machten sich die ersten Veränderungen bemerkbar. Die Männer und Frauen heirateten auch über die Grenzen

ihrer eigenen kleinen Clans hinaus, und die einst so strikt getrennten vier Fayu-Stämme, die verfeindet gewesen waren, entwickelten sich zu einer großen Gemeinschaft. Heute sind die Stammesgebiete noch immer getrennt, und die Menschen tragen nach wie vor ihren Clan-Namen. Doch dieser wird immer mehr zu einer Art Familienname. Tuare hieße demnach Tuare Iyarike.

Wohin diese Veränderungen eines Tages führen und wie sie diese einzigartige Gesellschaft prägen werden, wird die Zeit zeigen. Doch nach allem, was ich gesehen habe, sind die Neuerungen größtenteils positiv, bewirkt durch eine ganz natürliche Anpassung an veränderte Verhältnisse und durch den Willen zu überleben.

15

Die zweite Rückkehr
nach Papua

Es ist spät am Nachmittag, als wir mit dem Anflug auf Jayapura, West-Papua, beginnen. Ich werfe einen Blick aus dem Fenster: Was für eine traumhafte Aussicht! Die geschwungenen Hügel, das glitzernde Meer und die untergehende Sonne ergeben zusammen ein Bild von fast irrealer Schönheit, mehr ein Gemälde als Wirklichkeit.

»Ist das nicht herrlich?«, sage ich zu Jon, der neben mir sitzt.

Er nickt wortlos, und plötzlich wird mir bewusst, dass ich in wenigen Minuten wieder in meiner Heimat sein werde. Mir schießen Tränen in die Augen.

Die vergangenen Tage sind sehr hektisch gewesen, erst die Demonstrationen in Jakarta und danach die Vorbereitungen für unsere Einreise nach West-Papua. Noch immer schwirrt mir der Kopf von all dem, was ich gesehen und erlebt habe. Die Nachricht, dass die Polizei in papuanischen Studentenheimen überall in Indonesien Razzien durchführt, sozusagen als Vergeltungsmaßnahme für die Demonstrationen, macht mir Sorgen.

Ich sehe die Gesichter der einzelnen Studenten vor mir, von denen die meisten inzwischen untergetaucht sind.

Wir haben lange darüber diskutiert, wie wir einreisen sollen.

Dass die indonesische Regierung alle Ausländer davor gewarnt hat, West-Papua ohne Genehmigung zu betreten, und jegliches Interesse an internen Angelegenheiten mit sofortiger Ausweisung bestraft, ist uns nur allzu klar. Wir dürfen unter keinen Umständen auffallen, dürfen uns nicht in der Öffentlichkeit zeigen und sollten Hotels möglichst meiden. Die nötigen Vorkehrungen werden getroffen, und bald schon sind wir wieder einmal mit Yolan unterwegs, der uns in sicherem Abstand folgt, für den Fall, dass wir in Schwierigkeiten geraten.

Nach unserer Landung spähe ich in alle Richtungen und halte nach Polizei oder Militär Ausschau – wird uns überraschend ein Begrüßungskomitee erwarten? Doch ich kann nichts Ungewöhnliches erkennen, nur die üblichen Flughafenmitarbeiter. Mein Herz schlägt bis zum Hals, während wir aus der Maschine aussteigen und im Bus die kurze Strecke zum Terminal fahren. Die ganze Zeit über halte ich den Blick gesenkt, und dennoch entgeht mir nichts.

Auf einmal tippt Jon mich an, ich folge seinem Blick. Dort hinten stehen mehrere Polizisten, doch sie scheinen uns nicht weiter zu beachten. Mit schnellen Schritten gehen wir ins Terminal hinein, dasselbe Gebäude, das ich vor wenigen Monaten schon einmal betreten habe. Während ich mich umsehe, lässt meine innere Unruhe allmählich nach. Ein Gefühl von Vertrautheit überkommt mich – wie gut es tut, wieder hier zu sein!

Auf dem Parkplatz wartet ein Bekannter von Jon auf uns, bei dem wir wohnen werden. Wir fahren auf der mir wohlvertrauten Straße nach Jayapura, und langsam nimmt die Anspannung, unter der ich seit unserer Abreise stehe, ab. Wir kommen an zahlreichen Orten vorbei, mit denen ich Erinnerungen verbinde, und Jon hört sich meine Erzählungen geduldig an.

Dann kommen wir auf ein aktuelles politisches Ereignis zu sprechen. Jemand hat heimlich die papuanische Flagge gehisst, und der Mann, den man der »Tat« verdächtigt, ein Professor von der hiesigen Universität, ist spurlos verschwunden. Das Militär behauptet, den Mann nicht verhaftet zu haben, doch seine Studenten sind der festen Überzeugung, er sei erschossen und seine Leiche weggeschafft und irgendwo verscharrt worden.

»Wie kann es sein, dass niemand weiß, wo der Mann steckt?«, frage ich.

»Das ist leider nicht ungewöhnlich«, erwidert Jon. »Niemand kann mit absoluter Sicherheit sagen, wie viele Leute in den vergangenen vierzig Jahren verschleppt worden sind. Aber die Zahl soll in die Zehntausende gehen.«

Seltsam, denke ich, *wie können so viele Menschen spurlos verschwinden?*

Nach einer Dreiviertelstunde fahren wir eine Anhöhe hinauf und halten vor einem Haus. Eine ältere Frau erwartet uns an der Tür. Sie wirft die Arme um Jon und begrüßt ihn wie einen verlorenen Sohn.

Nachdem Jon sie mir vorgestellt hat, heißt sie mich ebenso stürmisch willkommen, zieht mich ins Haus und sagt, sie freue sich ja so, mich endlich kennen zu lernen, denn sie hatte von meinem Buch und meiner Unterstützung für West-Papua gehört. Dann dürfen wir uns in einem Raum mit mehreren Sofas niederlassen und uns ausruhen, während sie uns einen Tee kocht.

Wenige Minuten später kommt »Mama« – sie besteht darauf, dass ich sie so nenne – mit einem Teetablett und gebackenen Bananen wieder herein. Sie setzt sich neben mich, nimmt meine Hand in ihre und wiederholt noch einmal, wie froh sie über mein Kommen sei. Dann entschuldigt sie sich für ihr schlichtes Zuhause.

Ich widerspreche ihr nachdrücklich, bedanke mich für ihre Gastfreundschaft und erkläre ihr, dass ihr Haus im Vergleich zu dem meiner Eltern in Abepura sehr schön sei. Sie nickt zufrieden, ich scheine die richtige Antwort gegeben zu haben.

Als die Sonne langsam untergeht, merke ich, wie müde ich bin. Ich habe in den letzten Tagen vor Angst und Anspannung kaum abschalten können.

Ich gehe früh ins Bett, und zum ersten Mal seit Wochen komme ich innerlich zur Ruhe, im Einklang mit mir selbst und der Welt um mich herum.

Am nächsten Morgen scheint die Sonne durchs Fenster, und ich bleibe noch ein paar Minuten liegen, um die Wärme und die frische Morgenluft in mich aufzunehmen. Jon scheint noch zu schlafen, daher mache ich mich schließlich allein auf die Suche nach einer Tasse Kaffee. Im Esszimmer sitzt Mama schon und fragt mich mit einem herzlichen Lächeln, was ich zum Frühstück möchte.

»Nur einen Kaffee, danke«, erwidere ich.

Enttäuscht mustert sie mich. »Du bist viel zu dünn, mein Kind, du musst dringend mehr essen.«

»Nein, danke, eine Tasse Kaffee reicht mir. Wirklich«, versichere ich.

Dieses Spiel wird sich von nun an jeden Morgen wie ein Ritual wiederholen, Tag für Tag möchte ich nur eine Tasse Kaffee, und jedes Mal werde ich ausgeschimpft, ich sei viel zu dünn. Danach sitzen wir zusammen und unterhalten uns. Ich spüre, wie allmählich ein freundschaftliches Band zwischen uns wächst, und verliere mich von neuem in einer Welt, die mir so nahe ist. Wärme, Vertrautheit und Zugehörigkeit – all dies verleiht mir ein Gefühl von Sicherheit, das ich jahrelang vermisst habe.

Wenige Tage später fragt Mama mich, ob ich mit ihr aufs Land fahren und ihre Tochter besuchen möchte. Es klingt nach einer schönen Gelegenheit, mir Teile der Insel anzusehen, die ich bisher nicht kenne. Also sage ich zu. Ich habe in West-Papua all die Jahre immer nur im Dschungel, in Danau Bira oder in der Hauptstadt selbst gelebt. In die Umgebung der Stadt bin ich nie gekommen.

Eine Stunde später fahren Mama, ein Bekannter von ihr und ich mit dem Auto los. Unterwegs halten wir bei einem Laden, wo Mama Öl und einen Sack Reis für ihre Tochter kauft, denn auf dem Land gibt es keine Geschäfte. Schließlich verlassen wir die Hauptstraße und biegen auf eine enge, kurvenreiche Straße ab. Es gibt hier kaum noch Autos, und die Landschaft ist überwältigend. Wir fahren einen Hügel hinauf, und von dort oben kann ich das Meer sehen, das sich wie ein unendlicher tiefblauer Teppich vor uns ausbreitet. Am Straßenrand wachsen tropische Pflanzen und Blumen, dazwischen Bananenstauden, Kokospalmen, Mango- und viele andere Bäume.

Ich sitze da und lasse all die Schönheit vorbeiziehen, verliere mich im Dröhnen des Motors und in der Bewegung des Wagens auf der schmalen Straße. Dabei landen meine Gedanken erneut bei der Frage, warum ich mich hier eigentlich so sicher fühle. Jon war vorhin richtig wütend und hat mir vorgeworfen, ich sähe der Realität nicht ins Auge, denn wir seien hier alles andere als sicher. Und tatsächlich sind wir in jeder Minute, die wir in diesem Land verbringen, in Gefahr, ich weiß das. Doch woher kommt dann dieses untrügliche Gefühl der Geborgenheit? Wodurch wird es ausgelöst? Was ist der Grund dafür, dass ich mich hier sicherer fühle als in Europa?

Ich beobachte Mama, die vorne sitzt und aus dem Fenster schaut. Die Falten in ihrem Gesicht zeugen von ihrem harten

Leben, und dennoch liegen darin sanfte Heiterkeit und Frieden. Ich erinnere mich, wie sie mich begrüßt hat, wie sie mich in ihrem Haus willkommen geheißen und fast wie eine Tochter behandelt hat. Theoretisch bin ich ja eine Fremde für sie, ich habe noch nicht mal dieselbe Nationalität. Und dennoch hat sie mich innerhalb kürzester Zeit in ihr Heim und in ihr Herz gelassen.

Doch nicht nur Mama, sondern ihre ganze Familie, von der einige mich noch aus der Kindheit kennen, hat mich herzlich aufgenommen. Die Papua haben große Familien, zu denen oft auch entfernte Verwandte und Freunde gehören. Sie helfen einander, eröffnen gemeinsam Geschäfte, feiern Hochzeiten und Geburtstage und betrauern zusammen jene, die von ihnen gegangen sind.

So entsteht eine eng verbundene Gemeinschaft. Die Jungen kümmern sich um die Alten, die Alten wiederum beraten und belehren die Jungen. Das Leben ist für die Papua nicht einfach, aber dank des Netzwerks aus Familie und Freunden schaffen sie sich einen sicheren Hafen, wie ich es immer nenne, einen Hafen, der sie beschützt und für sie Sorge trägt.

Allmählich wird mir klar, dass mein trügerisches Gefühl von Sicherheit nicht von dem Land selbst herrührt, sondern von genau diesen Familienhäfen. Ich bin inmitten einer solchen Struktur aufgewachsen, und als ich nach Europa zurückkehrte, war ich verloren.

Da ich nichts anderes kannte, verhielt ich mich weiterhin wie in einem Hafen. Ich nahm mir Dinge, ohne vorher zu fragen, schließlich wird in einem Familienhafen alles geteilt. Ich vertraute leichthin anderen Menschen, und die Tür zu meinem Zuhause stand jederzeit all jenen offen, die ich meine Freunde nannte.

Aber die Reaktionen der anderen auf mein offenherziges Verhalten verwirrten mich. Niemand hatte mir erklärt oder beigebracht, wie ich mich und meine Gefühle schützen und mich zur Wehr setzen konnte.

Im sicheren Hafen ist niemand allein, und alle Lasten, egal, ob mentaler, körperlicher oder finanzieller Art, werden auf mehrere Schultern verteilt. So war es mir völlig fremd, mich allein durchs Leben schlagen zu müssen. Irgendwann verstand ich die Welt nicht mehr, und Panik überkam mich, wenn ich in unbekannte Situationen geriet. Denn ich wusste nicht mehr, an wen ich mich anlehnen, wen ich um Rat fragen konnte.

Wieder zurück in solch einer familiären Gemeinschaft, gehen mir nun plötzlich die Augen auf, und zum ersten Mal erklären sich mir die Ängste, mit denen ich all die Jahre gekämpft habe.

Mama ist ein wunderbares Beispiel für einen Hafen. Sie hat ihr Leben lang gearbeitet und nichts gespart, sondern immer alles ihren Kindern und engen Freunden gegeben. Sie hat ihnen geholfen, ihnen eine Ausbildung ermöglicht, hat sie ernährt. Dafür braucht sie sich auch keine Sorgen um ihre Zukunft zu machen, denn sie kann sicher sein, dass jemand sie tragen wird, wenn sie nicht mehr laufen kann, dass jemand sie füttern wird, wenn sie nicht mehr allein essen kann, dass jemand für sie da sein wird, wenn sie sich nicht mehr allein waschen oder anziehen kann. Sie wird alles zurückbekommen, was sie im Laufe ihres Lebens gegeben hat. Ihre Kinder und Freunde werden für sie sorgen, und ihre Enkel, genau wie die Enkel ihrer Freunde, werden sie lieben und achten. Und wenn sie einmal stirbt, werden viele herbeikommen, um sich an sie zu erinnern, um ihr die letzte Ehre zu erweisen und zu trauern, denn der Tod eines Menschen bedeutet für den Hafen jedes Mal einen großen Verlust.

Das Leben im Hafen hat eine feste Struktur, in der jeder Einzelne seinen Platz hat. Das klingt im ersten Moment vielleicht paradiesisch, aber genau so, wie man dort alles bekommt, muss man auch alles geben. Sonst würde das System zusammenbrechen.

Wenn also mein Freund fragt, ob er sich mal mein Auto ausleihen darf, sage ich ja, wenn mein Cousin Geld braucht, gebe ich ihm welches, wenn ich meinen ersten Job antrete, überlasse ich einen Teil meines Gehalts meinen Eltern, falls sie es brauchen. Die Türen meines Hauses stehen immer offen, Gäste sind jederzeit willkommen, Essen wird ebenso bereitwillig geteilt wie Informationen und Wissen.

In gewisser Weise ist man in diesem System nicht Herr über sein eigenes Leben, weil der sichere Hafen über das Dasein aller bestimmt. Natürlich kann der Einzelne seine persönlichen Entscheidungen treffen, und es steht jedem frei, seinen Weg zu gehen, wenn er das möchte. Doch wer will schon eine Gemeinschaft verlassen, die ein Leben lang Schutz und Sicherheit bietet? Zumal das Leben da draußen geradezu furchteinflößend ist, wenn man nichts anderes kennt als seinen Hafen.

Ich will diese Kultur und diese Art zu leben gar nicht idealisieren. Es gibt viele Aspekte, mit denen nur schwer umzugehen ist, vor allem wenn man nicht damit aufgewachsen ist. Eine der größten Schwierigkeiten ist sicher der Mangel an Privatsphäre, die man in der Kultur des sicheren Hafens einfach nicht kennt. Jemand, der Wert auf seine persönliche Freiheit legt, wird sich nur schwer an dieses Leben gewöhnen können.

Da ich in einer solchen Gemeinschaft aufgewachsen bin, stört es mich jedoch nicht weiter, wenn ich keine Privatsphäre habe, solange ich von meinem Netzwerk umgeben bin. Denn es hält meine Feinde von mir fern, nimmt mir die Angst vor der Zukunft, und ich werde so akzeptiert, wie ich bin. Dieses Geben und Nehmen, dieser Kreislauf ohne Anfang und Ende schafft eine Art von Sicherheit, die keine Regierung oder sonstige Institution von außen ersetzen kann.

Natürlich gibt es, wie überall im Leben, bestimmte Häfen, die besser sind als andere. Manche funktionieren auch so gut wie gar nicht. Doch im Allgemeinen klappt es, und vor allem der Hafen, in dem ich gerade bin, scheint mir überaus stark und gefestigt. Die sicheren Häfen haben es dieser Gesellschaft mit ihrer Vielfalt an Stämmen überhaupt erst ermöglicht zu überleben. Im System der Familienhäfen liegt ihre Stärke.

Endlich erreichen wir das Haus von Mamas Tochter, doch wir haben Pech: Der Schwiegersohn, dem Mama mich stolz vorstellt, erzählt uns, dass seine Frau gerade bei seinen Eltern zu Besuch ist und auch die Nacht über dort bleiben wird. So etwas kann in Papua leicht passieren, denn es ist im Gegensatz zu Deutschland nicht üblich, einen Besuch bei Freunden oder Verwandten im Voraus anzukündigen. So gehen wir nach einem kurzen Plausch wieder zum Auto zurück, doch für mich war die Fahrt keineswegs umsonst, denn ich bin mir über wichtige Dinge klar geworden. Außerdem kündigt Mama an, dass wir auf dem Rückweg noch etwas zu erledigen haben.

Die Sonne geht schon unter, als wir in die Stadt zurückkehren und auf eine Häuserreihe zusteuern. Der Wagen hält am Straßenrand, und Mama winkt mir, ihr zu folgen. Vor einem der kleinen Häuser sitzt eine ältere Frau, die bei unserem Anblick aufspringt, sich mit der Hand durch die Haare fährt, ihren Rock glatt streicht und zur Tür geht, um uns zu begrüßen. Sie ist erstaunt, als sie mich sieht, doch sie lächelt herzlich.

Wir setzen uns, und nach einigen Minuten Unterhaltung kommt die Sprache auf den Ehemann von Mamas Freundin.

»Er ist schwer krank und kann nicht mehr aufstehen«, erklärt Mama mir.

»Aber sicher würde er sich freuen, euch zu sehen«, fügt die Frau hinzu und begleitet uns ins hintere Zimmer.

Ich schaue mich um und bin erschrocken, wie arm diese Leute sind. In den kleinen Räumen, durch die wir gerade gehen, stehen nur ganz vereinzelt Möbelstücke. Wir betreten das Schlafzimmer, in dem es nichts außer dem Bett und einer Matratze gibt, noch nicht einmal Bettlaken.

Mamas Freundin richtet ihren Mann im Bett ein wenig auf. Ich knie mich neben ihn und mustere seine Gelenke, die Arme und Beine. Sein ganzer Körper ist voller Wasser, die Ellbogen und Knie sind zu unglaublicher Größe aufgeschwollen. In den Füßen hat er überhaupt kein Gefühl mehr. Ich sehe ihm an, dass er starke Schmerzen hat.

»War der Arzt schon bei ihm?«, wende ich mich an seine Frau.

»Ja, er war hier.«

»Welche Medikamente nimmt Ihr Mann?«, frage ich weiter.

»Wir haben kein Geld für Medikamente«, sagt sie.

Ihre Antwort überrascht mich nicht. Die meisten Menschen in West-Papua können sich keine ausreichende medizinische Versorgung leisten.

Wieder knie ich mich neben den Kranken, er atmet schwer, seine Augen sind gerötet und glasig.

»Er ist seit zwei Jahren ans Bett gefesselt«, berichtet die Frau.

Ich drehe mich zu ihr um und gebe ihr Geld. »Kaufen Sie davon die nötigen Medikamente für Ihren Mann, vor allem Schmerzmittel.«

Sie betrachtet das Geld in ihrer Hand und starrt mich ungläubig an. Der alte Mann beginnt zu weinen, als seine Frau es ihm zeigt.

Ich lasse die anderen in dem Raum zurück und gehe nach draußen, um meine Tränen und meinen Ärger zu verbergen. Wie kann es nur sein, dass in einem Land, das derart reich an Bodenschätzen ist, eine solche Armut herrscht? Dieser alte Mann, dem ich gerade ein bisschen Geld gegeben habe, ist durchaus kein Einzelfall, so etwas kommt überall vor. Ich blicke die Straße hinunter – Armut; ich gehe in die Stadt – Armut; ich betrachte die Menschen um mich herum – nichts als Armut. Dieses Land badet in Armut.

Dabei weiß ich genau wie viele andere hier, dass West-Papua eine enorme Menge an natürlichen Ressourcen hat und dass die Einheimischen kaum etwas oder gar nichts von dem Geld sehen, das durch die Ausbeutung gemacht wird. Schleichend werden sie über die Jahre hinweg beraubt – nicht nur ihrer Zukunft, sondern auch all dessen, was von Rechts wegen ihnen gehört. Sie bekommen dafür keinen Ersatz, und es bleibt ihnen nichts, als das Übriggebliebene zusammenzukratzen und auf bessere Zeiten zu hoffen.

In dieser Nacht kann ich nicht schlafen. Ich wälze mich im Bett herum und versuche vergeblich, eine bequemere Position zu finden. Ein Hund fängt an zu bellen. Ich stehe auf und sehe nach draußen, versuche herauszufinden, was das Tier aufgeschreckt hat. Doch ich bemerke nichts und lege mich wieder hin.

Ich hasse diese schlaflosen Nächte.

Kurz denke ich darüber nach, ob ich Jon wecken soll. Ich sehe seine Silhouette im Halbdunkel, er schläft tief und fest. Ein Ventilator ist direkt auf ihn gerichtet, den ich nun in meine Richtung drehe. Sofort wird die drückende Hitze, die den Raum erfüllt, ein wenig gemildert. Endlich kann auch ich einnicken.

Plötzlich reißt mich etwas aus dem Schlaf, und ich bin auf

einen Schlag hellwach. Ich weiß nicht, wie spät es ist. Irgendetwas ist anders, ich spüre es mit allen Sinnen. Langsam stehe ich auf und sehe aus dem Fenster. Draußen herrscht totale Finsternis. Offenbar haben sie wieder mal den Strom abgestellt. Der Mond wirft sein fahles Licht auf die Holzhäuser, die entlang der Straße stehen.

Und plötzlich gerate ich in Panik, jede Zelle fühlt sich an, als wolle sie im nächsten Moment explodieren, meine Muskeln sind vor Schreck erstarrt. Es war nichts als eine kleine Bewegung im Augenwinkel, der Schatten eines Mannes, dann zwei weitere, die durch die Dunkelheit schleichen. Eine Stimme in meinem Kopf wiederholt, was mir erst vor kurzem jemand erzählt hat:

»Sie kommen immer in der Nacht, wenn der Strom abgestellt ist. Und jedes Mal in Gruppen von sechs Mann.«

Nein, schießt es mir durch den Kopf, *das kann nicht sein. Das wäre ja wie in einem schlechten Film.*

»Sie bringen ihre Opfer immer auf die gleiche Weise um, entweder brechen sie ihnen das Genick, oder sie stechen ihnen ein Messer in den Rücken.«

Ich bekomme keine Luft mehr, wage es nicht, mich zu bewegen.

»Sie sind ganz in Schwarz gekleidet und ziehen sich Masken übers Gesicht. Sie bewegen sich lautlos, töten und verschwinden, ohne eine Spur zu hinterlassen.«

Das ist sicher alles nur erfunden, ein Gerücht, das sich unter den Leuten verbreitet hat.

»Sie scheinen kein Motiv zu haben, denn sie machen bei ihren Opfern keinen Unterschied nach Rasse, Hautfarbe oder Religion. Wir leben in großer Angst, verbarrikadieren unsere Türen und Fenster, und sobald der Strom wieder einmal abgestellt wird, um Energie zu sparen, bleiben wir alle zusammen.«

Warum sollte ein Mensch so etwas tun, und wer ist zu solch einer Tat in der Lage?

»Wir wissen nicht, wer hinter diesen Angriffen steckt, es kann jeder sein. Sie sind so professionell, dass es heißt, es müsse sich um Außenstehende handeln.«

Wo ist der Beweis dafür, dass es tatsächlich geschieht, wo ist die Gewissheit?

»Das geht jetzt seit über einem Jahr so, und inzwischen sind alle größeren Städte in West-Papua betroffen.«

Ist an der Sache doch etwas dran? Wie könnten so viele Menschen in verschiedenen Städten alle dieselbe Geschichte erzählen, wenn sie nicht wahr wäre?

»Ich kann es bezeugen. Ich habe sie mit eigenen Augen gesehen. Es war spätabends, und ich war mit meiner Mutter zu Hause, als das Licht plötzlich ausging. Kurz darauf kamen sie durch die Eingangstür herein. Sie überfielen meine Mutter und brachen ihr das Genick. Ich konnte durch das hintere Fenster fliehen. Als ich ein paar Stunden später zurückkam, war ihre Leiche verschwunden. Wir haben sie nie wieder gefunden.«

Mir ist auf einmal schlecht, mein Magen rebelliert, das schmerzverzerrte Gesicht des Zeugen tanzt vor meinen Augen, sein Schluchzen, während er seine Geschichte erzählt, dröhnt mir in den Ohren.

»Warum geschieht so etwas? Wie lange sollen wir diese Ungerechtigkeit und den Schmerz denn noch ertragen? Was haben wir getan, dass wir so etwas verdienen? Warum hilft uns niemand?«

Mein Schrei erstirbt, als sich eine Hand fest auf meinen Mund legt. Jemand zieht mich auf den Boden.

»Beweg dich nicht«, flüstert Jon mir zu.

Er hält mich fest umschlungen, während ich am ganzen Körper zittere. Der Hund bellt wieder in der Ferne. Wir sitzen

unter dem Fenster und lauschen, trauen uns nicht mal zu atmen. Der leise Widerhall von Schritten kommt unserem Zimmer immer näher. Jon schiebt mich unters Bett.

»Was auch immer passiert, rühr dich nicht«, zischt er mir zu.
Dann geht er vor dem Bett in Stellung. Stille. Die Türklinke
quietscht leise, und von meinem Versteck unter dem Bett aus
sehe ich, dass die Tür sich langsam öffnet.

16
Ein Tag
wie jeder andere

Der Klang von Trauergesängen erfüllte die Luft, Geschichten aus der Vergangenheit wehten durch den grauen Morgenhimmel.

»Du warst meine engste Gefährtin, ooohhhh, unsere Herzen schlugen wie eines, ooohhhh, warum hast du mich verlassen, ooohhhh, wer wird jetzt mit mir Sago machen, ooohhhh, wer soll jetzt mit mir lachen, mit mir weinen und mich trösten, ooohhhh.«

Klorus Frau hatte lange gelebt und drei Söhne großgezogen. Wie viele weitere Kinder sie vor oder nach der Geburt verloren hatte, würden wir nie erfahren. Ich konnte mich nicht sehr gut an sie erinnern. Dennoch war ich traurig, als ich die Erinnerungslieder hörte, die von ihrem Grab an der Seite des Hügels zu mir herüberdrangen. Sonderbar fand ich allerdings die Tatsache, dass allein Bebe den Tod seiner Mutter zu betrauern schien. Im Gegensatz zu Tuare und Babu-Bosa hatte er sich das Gesicht mit Lehm eingerieben. Seine Stimme war es, die ich oft in der Morgendämmerung hörte, wie er der Frau, die ihn geboren hatte, die letzte Ehre erwies. Tuare dagegen war offenbar mehr mit seinen eigenen Angelegenheiten beschäftigt, und Babu-Bosa genoss mit seiner Frau den Alltag.

Da ich mir das Grab gerne genauer ansehen wollte, machte

230

ich mich später auf die Suche nach Papa, um ihn zu fragen, ob das überhaupt erlaubt war. Ich fand ihn im Bett, vor ihm stand ein batteriebetriebener Ventilator. Obwohl sich am Himmel dunkle Wolken türmten, war die Luft im Haus drückend heiß und schwül.

Papa sah müde aus, er hatte dunkle Ringe unter den Augen und atmete schwer, sein Hemd war schweißnass. In solchen Momenten wurde mir immer bewusst, dass es mit seiner Gesundheit nicht zum Besten stand. Der dreifache Bypass hatte seinen Tribut gefordert, selbst von einem so energiegeladenen Menschen wie Papa.

Nachdem er mir versichert hatte, dass ich mich dem Grab durchaus nähern durfte, ging ich mit einigen Kindern im Schlepptau den Hügel hinauf. Wir kamen an mehreren Hütten vorbei, und ich blieb kurz stehen, um nachzusehen, wie es der Mutter mit dem Neugeborenen ging.

Sie begrüßte mich freudestrahlend und zeigte mir ihren Säugling. Ich untersuchte die Nabelschnur, die noch nicht abgefallen war, auf irgendwelche Anzeichen einer Infektion. Doch Mutter und Kind waren offenbar kerngesund.

Also ging ich weiter, bog rechts ab und folgte dem kleinen, sich windenden Pfad. Die kühle Erde unter meinen nackten Füßen fühlte sich angenehm an. Ausladende Büsche mit roten Blüten daran bildeten einen wunderschönen Bogengang über dem Weg. Ich pflückte eine der Blüten und steckte sie Sophia-Bosa hinters Ohr. Die anderen Kinder fingen an zu lachen, aber kurz darauf hatten sie alle rote Blüten hinter den Ohren. Als Kinder hatten wir Teile dieser Blüten oft gegessen, denn das Innere ist zuckersüß und zieht nicht nur kleine Kinder, sondern auch Unmengen an Insekten an.

Als wir uns dem Friedhof näherten, wurden die Klagegesänge lauter. Wir bogen um die letzte Ecke und betraten eine Lichtung. Am oberen Hang des Hügels hatten sie eine kleine

Konstruktion errichtet. Es sah aus wie eine Miniaturhütte mit einem Palmdach, aber ohne Wände, die auf vier hölzernen Pfählen stand. Im Inneren war zwischen den Pfählen ein Moskitonetz befestigt.

Die Fayu vergraben sämtliche persönlichen Dinge zusammen mit den Toten. Es sah seltsam aus, dieses bunte Moskitonetz mit all den Gegenständen von Klorus Frau darin. Da ich nichts riechen konnte, ging ich davon aus, dass sie die Leiche bereits bestattet hatten, und um ehrlich zu sein, war ich darüber sehr erleichtert. Der Verwesungsgeruch kann einem für Tage den Appetit verderben, das hatte ich während meiner Kindheit immer wieder erlebt.

Vor Jahren hatten die Fayu ihre Toten nämlich noch nicht bestattet. Stattdessen legten sie die Leichen in ihre Hütten, und sobald die Verwesung einsetzte, pressten sie die restliche Flüssigkeit aus dem Körper und rieben sich damit ein. Nachdem die Leiche komplett zerfallen war, was durch die unzähligen Insekten und die hohe Luftfeuchtigkeit recht schnell ging, hängten sie die Knochen in ihrer Behausung auf.

Kloru und Bebe waren am Grab, beide mit Lehm eingerieben, Pfeil und Bogen in der Hand, und tanzten um die Trauerstätte. Eine ältere Frau kümmerte sich liebevoll um die Hütte. Immer wieder stimmte sie in die Gesänge der beiden ein, dann kehrte sie wieder zu dem hölzernen Grab zurück, zog das Netz glatt oder legte Blumen und Blätter auf das Dach.

Bebe winkte mir zum Gruß, als er gemessenen Schrittes vorbeitanzte. Ich winkte zurück, blieb aber in respektvollem Abstand stehen. Vielleicht war es auch die Angst, die Leiche könnte doch noch nicht bestattet sein und der Geruch würde nur von dem Netz abgefangen oder von Insekten, die inzwischen die Leiche bedeckten, oder aber vom Rückenwind, den ich hin und wieder spürte.

Ich sah mir die Zeremonie eine Weile an, dann machte ich mich wieder auf den Weg, angetrieben von den Kindern, die sich allmählich langweilten. Wir nahmen einen anderen Pfad zurück zum Dorf und erkundeten die Umgebung, wobei wir weitere Hütten entdeckten, die von dichten Büschen und Bäumen völlig zugewuchert waren.

Ich fühlte mich ein wenig bedrückt, als wir das Dorf wieder erreichten. In den letzten Tagen waren so viele Erinnerungen lebendig geworden, so viele Emotionen bei all diesen Begegnungen mit längst Vergangenem hochgekommen. Und während die Tage in ihrem ewig gleichen Rhythmus dahingingen, glomm ein wachsender Funke Angst in mir auf, die Furcht, was wohl auf mich wartete, wenn ich in die westliche Welt zurückkehren musste.

Ich war in der Hoffnung hierher gekommen, mit der Vergangenheit abschließen zu können, um die Heimatlosigkeit zu vertreiben, die mich seit Jahren überallhin begleitete, diese Rastlosigkeit ohne Zweck und Ziel. Ich dachte, wenn ich all das hier wiedergesehen hätte, dann würde ich zufrieden sein und mich endlich in die Welt eingliedern können, in der ich seit nunmehr fünfzehn Jahren lebte. Stattdessen hatte ich mich bei meiner Rückkehr wie ein fehlendes Puzzleteil in die Welt hier in West-Papua eingegliedert – und alles passte perfekt zusammen. Jede Rundung, jede Krümmung, jede Gerade hatte sich sanft an ihren Platz gefügt. Nein, ich wollte noch nicht darüber nachsinnen, wollte mir gar nicht ausdenken, was noch alles vor mir lag. Ich schob die Gedanken beiseite und verbrachte den Rest des Tages wie alle anderen: indem ich nichts tat.

Am nächsten Morgen weckte mich Fusai ungewohnt früh.
»Beeil dich, Klausu will dir etwas zeigen!«

»Was denn?«, fragte ich.

»Das neue Fayu-Dorf«, sagte Fusai stolz.

Papa hatte mir vor ein paar Tagen erzählt, dass es ganz verborgen in einem Seitenfluss, mitten in einem gefährlichen Sumpfgebiet lag. »Ein gutes Versteck vor allen Gefahren«, hatten die Fayu ihm erklärt, als sie dort hinzogen.

Welche Gefahren?, dachte ich spontan. Ich wusste ja inzwischen, dass es Ärger mit dem Stamm der Dou gegeben hatte, aber nie hätten sie es gewagt, so tief ins Stammesgebiet der Fayu vorzudringen.

Ich zog mir schnell ein T-Shirt über, das ich schon seit zwei Tagen trug, und schlüpfte in meine Jeans, die nach getrocknetem Fleisch und Rauch rochen. So ging ich zu Papas Haus hinüber, um dort meinen Instantkaffee zu trinken.

Es ist lustig: In Europa achte ich sehr auf Sauberkeit. Doch bei den Fayu machte mir meine schmutzige Umgebung gar nichts aus. Hier fühlte sich alles irgendwie rein und auf natürliche Weise sauber an, auch wenn ich meine Kleider mehrere Tage hintereinander trug und nur noch äußerst selten duschte. Zu Hause dagegen kommt es mir vor, als sei ich immer und überall von aggressiven Bakterien und verschmutzter Luft umgeben.

Nach einer Tasse Kaffee gingen wir zum Fluss hinunter. Die übliche Gruppe begleitete uns, und alle lachten und riefen aufgeregt durcheinander, während wir uns in das sofort überfüllte Boot quetschten. Bald waren wir unterwegs und glitten mit der starken Strömung dahin, der Motor dröhnte laut in der frischen Morgenluft.

Nach einer Weile bogen wir links in einen kaum sichtbaren Nebenarm des Flusses ab. Zuerst war er so eng, dass wir fast das Ufer zu beiden Seiten berühren konnten, doch dann

Dihida

öffnete er sich zu einem breiten Wasserlauf mit nur sehr schwacher Strömung.
Hier kann man sicher wunderbar angeln, dachte ich, während ich die paradiesische Natur an mir vorüberziehen ließ.
Nakire saß ganz vorn im Boot und dirigierte das Kanu um die dicken Äste und Baumstämme herum, die sich unter der Wasseroberfläche verkeilt hatten. Für die Regenzeit war der Wasserstand erstaunlich niedrig, und irgendwann saßen wir tatsächlich fest und mussten aussteigen. Ein riesiger Baumstamm lag quer im Wasser. Einige junge Männer machten sich daran, mit ihren Äxten den Weg freizuschlagen, und eine halbe Stunde später senkte sich der Baum endlich um wenige Zentimeter, so dass unser Boot darüber hinweggleiten konnte.
Unter lautem Siegesgeheul kletterten wir zurück ins Kanu und setzten unsere Fahrt fort. Bald schon paddelten uns mehrere Kanus voller Fayu entgegen, das Begrüßungskomitee. Kurz darauf kam die erste Hütte in Sicht.
Die Fayu bauen ihre Hütten heute noch genauso wie schon

vor Generationen: vier Pfähle, eine Plattform und ein Dach aus Palmwedeln. Mir fiel auf, dass immerhin einige der Behausungen jetzt Wände aus rauen, ungleichmäßig zugeschnittenen Brettern besaßen, aber grundsätzlich hatten die Fayu immer schon der Tradition den Vorzug vor Veränderungen gegeben. Das Konzept eines stabilen Hauses, das vor Regen und Sonne schützt, mag uns vollkommen logisch erscheinen, für die Fayu ist es viel zu aufwändig: Sie sind Jäger und Sammler, und für sie steht im Vordergrund, jederzeit den Ort wechseln zu können.

Je länger wir den Fluss hinunterfuhren, desto mehr Hütten kamen in Sicht. Wegen des niedrigen Wasserpegels standen die Behausungen momentan auf festem Grund. Normalerweise schwillt der Fluss während der Regenzeit an, und die Hütten ragen nur dank ihrer langen Pfähle noch knapp aus dem Wasser. Ich war ein bisschen enttäuscht von dem Anblick, denn es sieht wesentlich eindrucksvoller aus, wenn das Land mit dunklem Wasser überflutet ist und die Hütten scheinbar direkt darüberschweben.

Immer wenn wir an einer Hütte vorbeifuhren, kamen mehrere Leute heraus, um uns zu begrüßen, und immer hielten wir an, rieben die Stirn, berichteten uns gegenseitig Neuigkeiten und tauschten Nahrungsmittel gegen Angelhaken, Seife, Messer, Handtücher oder was sonst so gebraucht wurde. Jedes Mal, wenn wir jemandem begegneten, zu dem ich als Kind eine enge Beziehung hatte, fiel das Wiedersehen besonders herzlich aus. Dihida, Biya – die Mutter von Doriso-Bosa – und viele andere begrüßten mich überschwänglich.

Es war faszinierend, wie jung Dihida, einer der Fayu, mit dem wir als Kinder viel Zeit verbracht hatten, im Vergleich zu den anderen noch immer aussah. Immerhin hatte er inzwischen ebenfalls erwachsene Kinder. Ich hatte einmal mit meiner Schwester Judith überlegt, ob es mir wohl möglich

Ein Kind kaut süßes Zuckerrohr

gewesen wäre, einen Mann vom Fayu-Stamm zu heiraten. Es gab nur zwei Jungen, die in Frage gekommen wären, einer von ihnen war Tuare, der andere Dihida. Zwar war ich in keinen von beiden verliebt gewesen, doch man heiratet bei den Fayu sowieso eher aus praktischen Gründen und nicht aus romantischer Liebe.

Mit jedem vertrauten Gesicht durchströmte mich eine neue Welle von Glück. Sie waren ganz und gar meine Familie, die ich vor Jahren verlassen hatte und in die ich nun zurückgekehrt war. Wie sicher ich mich fühlte, wie beschützt und geliebt! Wenn ich sie mir so ansah, wollte ich nichts lieber, als für immer hier bleiben. Je mehr Zeit verging, desto klarer wurde mir, dass ich in diese Welt hier gehörte, dass ich diese Art zu leben voll und ganz verstand und mich darin geborgen fühlte.

Mehrere Stunden später fuhren wir flussaufwärts zurück. Ich hörte die Vögel in den Bäumen zwitschern und sah sie über uns hinwegfliegen, Vögel jeder nur vorstellbaren Größe und Farbe. Papa saß lächelnd im Heck des Bootes und beobachtete seine Tochter, die beim Anblick jener seltenen Tiere begeistert aufschrie – und im Gegensatz dazu die Fayu, die dies mit Bemerkungen kommentierten, wie gut die Vögel schmeckten und wie man sie am besten zubereitete. Sie hatten sich immer schon über unsere Einstellung gegenüber Tieren amüsiert. Für sie waren Tiere ein Nahrungsmittel und nicht dazu da, bewundert zu werden.

Während der Fahrt, als mir der Wind durchs Haar wehte und meinen erhitzten Körper ein wenig abkühlte, gab mir Fusai ein großes Stück Zuckerrohr. Ich musste lachen beim Gedanken daran, wie Mama uns oft die Leviten gelesen hatte, wenn meine Geschwister und ich zu viel Zuckerrohr in uns hineinstopften. Sie erklärte uns, dass unsere Zähne ganz schwarz werden und ausfallen würden, wenn wir weiterhin so viel von diesem süßen, dickhalmigen Gras äßen, das hier entlang der Flüsse wuchs.

Mit den Zähnen riss ich die harte Außenhaut ab und saugte den süßen Saft heraus. Plötzlich bemerkte Papa uns und schimpfte mich in der Sprache der Fayu:

»Oh, seht nur meine Tochter Sabine. Was gibt sie nur für ein schlechtes Beispiel ab. Sie isst etwas, das ihre Zähne schwarz macht, bis sie ausfallen, und alle machen es ihr nach. Wie sollen Klausu und Doriso den Fayu noch in die Augen sehen, wenn sie ihnen sagen, sie sollen kein Zuckerrohr essen, wo es doch sogar ihre eigene Tochter isst. Oh, was haben wir nur für ein schlechtes Kind.«

Inzwischen lachten wirklich alle laut mit und amüsierten sich prächtig darüber, wie der farblose Mann seine farblose Tochter tadelte. Natürlich hielt es weder mich noch die anderen davon ab, weiterzuessen. Den Rest der Fahrt verbrachten die Fayu damit, Papa und mich nachzuahmen, und lachten jedes Mal lauter. Bei dem Lärm, den wir veranstalteten, waren wir sicher meilenweit zu hören. Ja, in solchen Momenten schien die ganze Welt im Frieden mit sich selbst.

Die Fayu haben einen ausgeprägten Sinn für Humor. Manchmal brauchen sie allerdings ein bisschen, ehe sie merken, was an einer Situation gerade so lustig ist, wie etwa bei dem Streich, den Papa und ich ihnen tags zuvor gespielt hatten. Wir hatten einen großen Topf Nudeln und Reis für alle gekocht. Zusammen trugen wir ihn nach draußen und holten Schüsseln und Löffel, um das Essen zu verteilen. Normalerweise erhalten erst die Männer ihren Anteil, dann die Frauen und zum Schluss die Kinder. Papa setzte den Topf auf der Veranda der Schule ab und verkündete mit lauter Stimme, er würde das Essen nun an die Männer austeilen.

»Oh nein«, rief ich daraufhin genauso laut, »ich werde es zuerst an die Frauen und *dann* an die Männer verteilen.«

Daraufhin gerieten wir in schönster Fayu-Manier in Streit.

»Nein«, gab Papa zurück. »Erst die Männer.«

»Nichts da«, rief ich. »Die Frauen zuerst.«

Papa warf mir vor, ich hätte ein hartes Herz, woraufhin ich ihn desgleichen beschuldigte, und so stritten wir immer weiter. Dabei hielten wir die ganze Zeit den Topf fest, und keiner von uns wollte ihn loslassen.

Die armen Fayu saßen um uns herum, wussten nicht, was sie tun sollten, und sahen uns mit großen Augen beim Zanken zu. Als ich ihre erstaunten Gesichter bemerkte, brach ich in schallendes Gelächter aus. Selbst Häuptling Kologwoi, der sonst alles andere als leicht zu beeindrucken ist, wirkte von unserer kleinen Theateraufführung fasziniert.

Schließlich konnte sich auch Papa nicht länger zurückhalten

*Junges
Fayu-Mädchen*

und musste loslachen. Ich nahm eine Schüssel, füllte sie mit Nudeln und Reis und gab sie dem Häuptling, der mich nur schweigend anstarrte. Er schaute auf die Schüssel, dann zu Papa hinüber, und schließlich fragte er ihn mit unsicherer Stimme, ob er seine Portion denn essen dürfe. Daraufhin musste Papa nur noch mehr lachen. Er nickte, woraufhin Häuptling Kologwoi nach der Schüssel griff und sagte: »Sabine hat ein gutes Herz.«

Wenige Stunden später, ich war gerade in Papas Haus, hörte ich Gelächter von draußen. So laut, dass ich hinausging, um nachzusehen, was los war. Einige Fayu standen mit dem leeren Topf in der Hand da und stritten – genau wie Papa und ich vorher –, während sich die Umstehenden vor Lachen bogen. Papa war auch dabei und amüsierte sich mit ihnen, nun, da sie unseren kleinen Scherz verstanden hatten und die ganze Szene nachspielten. Bis tief in die Nacht hinein wurde die

Geschichte immer und immer wieder erzählt, jedes Mal mit mehr Gelächter und Zwischenrufen. Ich musste lächeln, da ich wusste, dass noch tagelang alle darüber reden würden, wie Sabine und Klausu dem ganzen Stamm einen Streich gespielt hatten, indem sie darüber stritten, ob sie das Essen nun erst an die Männer oder die Frauen verteilen sollten.

Wenn ich aus heutiger Sicht auf unsere Zeit bei den Fayu zurückblicke, wird mir klar, wie wichtig es war, dass meine Eltern beide viel Sinn für Humor haben. Die Fayu mussten erst wieder lernen, was Humor eigentlich ist und wie schön es ist, völlig sorglos zu lachen. Denn das hatten ihnen die Kriege genommen. Wenn man zum ersten Mal einem Fayu begegnet, könnte man meinen, dass sie sehr ernste Menschen seien. Doch im Laufe der Jahre erfuhren sie wieder, wie sehr Lachen und Spaß das Leben bereichern. Auch wenn sie den Witz an einer Situation oft nicht auf Anhieb erkennen, so sind sie doch imstande, sich im Nachhinein tagelang darüber zu amüsieren.

Am späten Nachmittag machten Papa und ich einen Spaziergang zum Fluss. Während wir die Dschungelbrücke überquerten, erzählte mir Papa eine Geschichte, die vor ein paar Jahren passiert war, eine Geschichte von Wagemut und einer faszinierenden Heilung:

»Eines Nachts schliefen Kloru und Babu-Bosa in ihrer Hütte. Draußen war es stockfinster, und wegen der schweren Regenfälle war das Wasser gestiegen und bedeckte die Erde wie eine kühle, glatte Decke. Das Feuer war erloschen, nur der Mond spendete in der Dunkelheit der Nacht ein wenig Licht. Da kroch aus einem der unheimlichen Tümpel eine riesige Schlange, so lang wie drei Menschen und so dick wie der Oberschenkel eines Mannes. Sie glitt auf die Plattform des Hauses und griff Kloru an, indem sie sich um den schlafenden Mann wand.

Mit einem Schrei fuhr Kloru aus dem Schlaf hoch, versuchte das Untier abzuwehren und griff nach seinem Buschmesser, das er immer neben sich hatte. Der kleine Babu-Bosa, der etwa zehn Jahre alt gewesen sein dürfte, wachte von dem Tumult auf und fing vor Angst an zu weinen. Als er merkte, dass er nichts tun konnte, rannte er davon, sprang in ein Kanu und paddelte los, um Hilfe zu holen.

In der Zwischenzeit rang Kloru weiter mit der Schlange. Sie rollten auf der dünnen Plattform umher, und ein Kampf auf Leben und Tod begann. Endlich bekam Kloru sein Buschmesser zu fassen und hieb damit auf die Schlange ein. Doch auch nachdem er ihr den Schwanz abgehackt hatte, versuchte sie ihn noch zu töten, denn in dem riesigen Tier steckten ungeahnte Kräfte. Die beiden kämpften die ganze Nacht, und selbst als sie von der Plattform ins kalte Wasser stürzten, hörten sie nicht auf. Als immer mehr und mehr Stiche auf die Schlange niederprasselten, lockerte sie auf einmal ihre Umklammerung, und so plötzlich, wie das Gefecht zwischen den beiden begonnen hatte, so plötzlich hörte es auch wieder auf. Mit letzter Kraft kroch Kloru wieder auf die Plattform, sein Körper übersät mit Wunden und Prellungen. Bald traf Hilfe ein, doch die Erlebnisse der Nacht hatten Kloru einen tiefen Schock versetzt.

Die nächsten sechs Wochen blieb er immerzu in seiner Hütte, er sprach nicht und bewegte sich nicht. Seine Familie pflegte ihn, sie brachten ihm zu essen und zu trinken oder setzten sich stumm neben ihn. Und auch nachdem die Wunden abgeheilt waren, blieb er noch liegen und entzog sich jeder Tätigkeit und Verantwortung. Dann, eines Morgens, stand er auf – und ohne eine Spur von körperlichen oder seelischen Schäden machte er weiter wie vorher, als wäre nichts gewesen. Er lachte, redete und nahm sich auch wieder all der Arbeiten und der Verantwortung als Familienoberhaupt an.«

Kloru, der stets eine Kopfbedeckung trägt

Als ich in der Nacht im Bett lag, kehrten meine Gedanken zu dieser Geschichte zurück. Sie war wieder einmal ein gutes Beispiel dafür, wie die Fayu mit der Psyche umgehen, vor allem wenn es sich um dramatische oder tragische Erfahrungen handelt. Das zählt eindeutig zu ihren Stärken. Bis heute legen sie wenig Wert auf körperliche Heilung, dafür geben sie sehr viel auf die seelische. Kloru hätte deutlich früher von seinem Krankenlager aufstehen und zu seinem normalen Leben zurückkehren können. Doch seine Psyche war noch nicht wiederhergestellt, der innere Heilungsprozess dauerte länger als der der körperlichen Wunden.
Könnte dies der Grund dafür sein, warum es bei den Fayu keine bekannten Fälle von Depression, Schizophrenie oder anderen psychisch bedingten Krankheiten gibt? Während

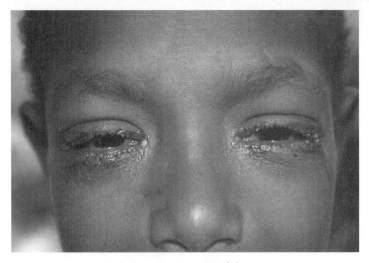

*Eine eitrige Augeninfektion,
wie sie im Dschungel häufig vorkommt*

unserer Zeit dort hatten wir nur zwei Fälle von leichter geistiger Zurückgebliebenheit erlebt, und diese war bereits angeboren. Doch nie hatten wir von Problemen gehört, die von tragischen Ereignissen oder Schockerlebnissen herrührten. Und das bei all dem, was die Fayu in Kriegszeiten durchgemacht hatten. Kinder mussten zusehen, wie ihre Eltern getötet wurden, manchmal wurden sie sogar vor ihren Augen in Stücke gehackt, ein jeder war in ständiger Angst um sein Leben. Der Krieg war ihr täglicher Begleiter, und die Sterberate war so hoch, dass die durchschnittliche Lebenserwartung gerade mal zwischen dreißig und fünfunddreißig Jahren lag, die Sterberate unter Kindern betrug sogar über 70 Prozent.
Wenn man die Fayu jedoch heute betrachtet, wirken sie sehr zufrieden mit ihrem Leben; Spätfolgen sind nicht zu erkennen. Dies zählt zu den größten Unterschieden, die mir auffallen, wenn ich die beiden Welten vergleiche, die ich

kennen gelernt habe: In Europa hat das physische Wohlbe-
finden einen hohen Stellenwert, überall gibt es Krankenhäuser, Notaufnahmen, eine Arztpraxis neben der anderen, Apo-
theken wie Sand am Meer. Dazu unzählige verschiedene Medikamente, mit denen man nahezu jede Krankheit heilen oder
zumindest fast jeden körperlichen Schmerz lindern kann.
Doch was ist mit dem seelischen Schmerz, mit dem wir konfrontiert werden? Was ist mit den Verletzungen oder tragischen Erlebnissen, mit denen die Menschen hierzulande
umgehen müssen?
Wenn jemand bei uns zugibt, dass er in psychologischer Behandlung ist, sehen die anderen gleich auf ihn herab, als wäre
das eine Schwäche. In der Welt der Fayu dagegen verhält es
sich genau andersherum. Körperliche Bedürfnisse werden
nahezu ignoriert, Krankheiten galten lange Zeit als Fluch,
und niemand machte sich die Mühe, ein Heilmittel zu finden.
Während meiner Kindheit im Urwald haben wir Menschen
in unvorstellbar schlimmer körperlicher Verfassung gesehen,
mit Infektionen, die sogar schon die Knochen angegriffen
hatten. Ein Mann hatte derart geschwollene Hoden, dass er
nicht mehr laufen konnte. Es gab Kinder, deren Körper mit
riesigen Beulen übersät waren. Aus Rücksichtnahme hat Papa
sie nie fotografiert.
Wenige Tage zuvor hatte ich einen Fayu-Jungen kennen gelernt, der eine so schlimme Augeninfektion hatte, dass ihm
der Eiter wie Tränen herauslief. Ab und zu wischte er sich mit
seinem T-Shirt übers Gesicht und hielt sich immer nur im
Schatten auf, da ihm das Sonnenlicht in den Augen brannte.
Ich war entsetzt über seinen Zustand, nahm sein T-Shirt, warf
es ins Feuer und gab ihm eines von meinen, zusammen mit
einem frischen Taschentuch. Nachdem ich ihm die Augen mit
Salzwasser ausgewaschen hatte, um die Verkrustungen zu
entfernen, bekam er Antibiotika. Binnen kürzester Zeit klang

245

die Infektion ab, doch leider verließ seine Familie das Dorf, bevor ich ihm die zweite Dosis Medikamente verabreichen konnte. Obwohl ich sehr deutlich gemacht hatte, wie wichtig es wäre, die Behandlung bis zum Ende fortzusetzen, achteten sie nicht weiter darauf. Schließlich ging es nur um Körperliches. Sie machten sich auf den Rückweg in ihr Stammesgebiet.

Ich bin in einer Welt aufgewachsen, in der den emotionalen Bedürfnissen jedes Menschen viel Beachtung geschenkt wurde. Danach bin ich in eine Welt gelangt, in der die Menschen zwar keine Kriege mit Waffengewalt mehr führten, in der jedoch ein Psychokrieg im Gange war. Der Weg, bis ich gelernt hatte, mein Seelenleben zu verteidigen, war lang und schwer. Ich musste erfahren, dass die Leute einem hemmungslos ins Gesicht lügen können, dass viele Menschen um einen herum zwar wie Freunde erscheinen, jedoch nicht zögern würden, einem in den Rücken zu fallen und einen zu betrügen.

All das hat Spuren hinterlassen, zahlreiche emotionale Wunden, die nie richtig verheilt sind. Doch hier, zurück in den Armen derer, die mich als Kind schon einmal aufgenommen hatten, fielen sämtliche Mauern in sich zusammen. Von neuem war ich in einem Hafen – dem Hafen, den ich vor fünfzehn Jahren verlassen hatte. Und ich war glücklich.

17

Verlorene Unschuld

Alles in Ordnung mit dir?«, ertönt eine vertraute Stimme an der Tür.

Mit großer Erleichterung erkenne ich Mama, die ins Zimmer tritt. Die umherhuschenden Schatten draußen haben sie ebenfalls geweckt, und nun geht sie durchs Haus, um sich zu vergewissern, dass alle wohlauf sind. Ich krieche unter dem Bett hervor, lege mich wieder hin und ziehe mir die Decke über den Kopf.

Plötzlich bekomme ich schreckliches Heimweh nach meinen Kindern, am liebsten würde ich sofort aufspringen und die nächste Maschine nach Europa nehmen. Mein Herz fühlt sich an, als würde es in Stücke gerissen. In jener Nacht weine ich um meine Kinder, um die Fayu und um die gesamte Nation West-Papua. Diesmal dauert es sehr lange, bis ich endlich einschlafe.

Am nächsten Morgen wache ich gereizt auf. Der Kopf tut mir weh, und Halsschmerzen habe ich auch. Der Schlafmangel hat mir jede Energie geraubt. Ich stehe auf, ziehe mir etwas an und will mir eine Tasse Kaffee machen, in der Hoffnung, dass dadurch die Kopfschmerzen und das dumpfe Gefühl in meinem Hirn nachlassen. Ich spüre die Spannung, die in der Luft liegt, die Atmosphäre um mich herum wirkt bedrückt.

Im Wohnzimmer sitzen mehrere Männer, die alle aufsehen,

als ich hereinkomme. Ich begrüße sie und setze mich in eine Ecke des Raumes. Sie unterhalten sich weiter und scheinen meine Anwesenheit völlig zu vergessen, während sie Jon eine Begebenheit schildern.

Nicht weit von Jayapura lebte ein Stamm von Eingeborenen. Ihr Häuptling, das war allgemein bekannt, war in der Unabhängigkeitsbewegung aktiv. Sein Volk liebte ihn sehr, doch die Regierung betrachtete ihn als eine Bedrohung. Eines Nachts rief der Häuptling seinen engsten Vertrauten zu sich, da er spürte, dass sein Leben in Gefahr war. Er berichtete dem Freund von seinem Verdacht und bat ihn, sich um seine Familie zu kümmern, sollte ihm etwas zustoßen.

Aber erst das, was nun kam, ließ den Freund überrascht aufblicken. Der Häuptling senkte die Stimme und sagte, sollte er jemals das Schicksal zahlreicher anderer Papua teilen und spurlos verschwinden, so sollten sie jenseits der Grenze zu Papua-Neuguinea nach seinen sterblichen Überresten suchen. Er wollte nämlich an der Seite seiner Ahnen begraben werden und wünschte sich, dass seine Seele bei jenen Ruhe fand, die er liebte.

Einige Zeit darauf wurde der Häuptling tatsächlich ermordet. Unter lautem Klagen trugen sie ihn zu Grabe, und zahlreiche Menschen kamen herbei, um seinen Tod zu betrauern. Mehrere Monate später erinnerte sich der Freund an das Gespräch von jener Nacht zurück, und obwohl die Leiche des Häuptlings nicht verschwunden war, beschloss er, sich entlang der Grenze auf die Suche zu machen.

Was er dort entdeckte, so berichtete er, jagte ihm wahre Schockwellen durch den Körper. Er schilderte, wie er auf ein Areal stieß, das mit sterblichen Überresten und Skeletten unzähliger Menschen übersät war. Manche davon waren halb verscharrt, andere lagen einfach so herum. Er schilderte auch, dass dies nicht das einzige Feld der Verwüstung gewesen sei; wie viele er noch gesehen hatte, konnte er nicht sagen.

»Bringt mich dorthin«, höre ich mich in meiner Zimmerecke sagen.

Alle Blicke sind auf mich gerichtet. Nur Jon ignoriert mich und stellt einem der Männer eine Frage.

»Bringt mich dorthin«, wiederhole ich, diesmal lauter.

»Es ist zu gefährlich«, antwortet Jon.

»Das ist mir egal. Ich will es mit eigenen Augen sehen«, sage ich.

»Nein«, entgegnet Jon, und diesmal ist die Verärgerung in seiner Stimme nicht zu überhören.

Plötzlich unterbricht eine Stimme unseren Zwist. »Ich bin mit meiner Geschichte noch nicht fertig«, erklärt der Zeuge leise.

Eine unheimliche Ruhe breitet sich im Raum aus. Ich schaue den Mann an, er ist ziemlich groß, und ich schätze ihn auf Ende fünfzig.

Er sieht uns direkt in die Augen und fährt mit seinem Bericht fort.

»Seit langem wird gerätselt, wie so viele Menschen in Papua spurlos verschwinden können. Ich bin hergekommen, um euch zu sagen, dass es Spuren gibt, viele Spuren sogar. Nur haben die meisten zu große Angst, um darüber zu reden, und nicht wenige werden bedroht, damit sie schweigen. Denn die Vergeltung kommt bestimmt, und sie wird mit brutaler Gewalt ausgeführt. Wer ist da, um uns zu beschützen? Wer ist da, um der Welt zu berichten, dass wir ermordet werden? Wer kann für unsere Sicherheit garantieren, wenn wir aussagen?«

»Ich brauche Gewissheit«, erwidere ich und betrachte ihn ebenfalls eingehend.

»Wenn du eine Kamera hast, dann sorge ich für Gewissheit«, antwortet der Mann. »Jon hat nämlich Recht. Der Ort, von dem ich gesprochen habe, ist in der Nähe einer großen Militärbasis. Eine weiße Frau würde zu viel Aufmerksamkeit erregen. Das wäre viel zu gefährlich.«

Ich nicke zustimmend, gehe meine Kamera holen und überreiche sie ihm.

»Morgen werde ich dir die Bilder bringen«, verspricht er.

Ich setze mich wieder hin, um den Rest der Geschichte anzuhören.

»Vor einiger Zeit kam ein einheimischer Fischer zu mir. Er sagte, er habe in einer verlassenen Gegend, wo er gerade arbeitete, eine furchtbare Entdeckung gemacht. Während er seine Netze auswarf, hatte er mehrere große Reissäcke bemerkt. Er fragte sich, warum sie im Wasser schwammen, paddelte auf einen der Säcke zu und zog ihn in sein Boot. Ein ekelerregender Geruch stieg von ihm auf. Der Fischer nahm ein Messer und schnitt den Sack auf. Ein Schrei entfuhr ihm, als ein abgetrennter Arm herausfiel. Der Mann war derart entsetzt, dass er alles zurück ins Wasser warf.

Nachdem der erste Schreck nachgelassen hatte, beschloss er, doch noch die anderen Säcke zu untersuchen. Sie enthielten alle das Gleiche: Arme, Beine, Torsi. Wie von Sinnen paddelte er zurück zum Ufer und holte zur Verstärkung mehrere Männer, die ihm beim Einsammeln der restlichen Säcke halfen. Sie reihten sie am Strand auf und öffneten sie: Jeder einzelne enthielt Teile mehrerer Leichen.

Offensichtlich haben die indonesischen Militärs aus ihren Fehlern in Osttimor gelernt, und um möglichst keine Beweise zu liefern, haben sie ihre Strategie geändert. Anstatt die Leichen an Land zu entsorgen oder zu verscharren, gingen sie dazu über, die Toten zu zerteilen und sie ins Meer zu werfen. In einem Fall, von dem mir aus erster Hand erzählt wurde, brachten sie eine ganze Gruppe von Papua aufs offene Meer hinaus. Sie mussten sich auf dem Rand des Bootes aufstellen, damit ihre Leichen gleich dort ins Wasser fielen, wo man sie erschoss. Niemand weiß, wie viele Leute auf diesem Weg beiseite geschafft worden sind.«

Nachdem die Männer wieder gegangen sind, bleibe ich stumm in meiner Ecke sitzen, während meine Gedanken sich überschlagen. Ist das etwa alles wahr? Welche Beweise werde ich vorzeigen können? Dann wieder: Warum sollten sie sich diese Geschichten ausdenken? Viele der Zeugen sind einfache Menschen. Und wie sollte es sonst möglich sein, dass Zeugen Hunderte Kilometer von hier entfernt ähnliche Geschichten erzählen?

Ich merke, wie meine Lider schwer werden, der Schlafmangel holt mich wieder ein, während die Hitze des Tages langsam ins Haus kriecht. Meine Gedanken kehren immer wieder zu der Geschichte mit den Skeletten zurück. Ist auch sie wirklich wahr, oder handelt es sich doch nur um ein Gerücht? Vielleicht war es ja ein alter Friedhof, und ein paar Schweine, die ja bekanntlich gern den Erdboden umgraben, haben die Knochen zutage gefördert? Doch irgendwie sagt mir mein Gefühl, dass an der Sache mehr dran ist, als ich glauben möchte. Sollte es sich hier tatsächlich um ein Massengrab handeln, in das man die Leichen all der verschwundenen Menschen geworfen hat?

Ich gehe in mein Zimmer und lege mich aufs Bett, dankbar, dass es im Haus so ruhig ist. Außer mir und Mama ist niemand mehr da, und sie hält gerade ihren Mittagsschlaf. Müde und nervös falle ich bald in einen leichten Schlaf. Dass ich bei meiner Rückkehr hierher gleich auf so etwas stoßen würde, daran hätte ich im Traum nicht gedacht.

Am späten Nachmittag wache ich wieder auf. Die Sonne brennt auf das Hausdach nieder, und kein noch so leichter Wind sorgt für Linderung. Mama ist schon aufgestanden und kocht mir Kaffee. Ich setze mich an den Tisch und esse ein bisschen geräucherten Fisch mit Reis. In Papua gibt es keine festen Essenszeiten. Vielmehr steht die ganze Zeit etwas zu essen auf dem Tisch, abgedeckt mit einem Korb. Nur der Reis wird den ganzen Tag über warm gehalten. Wann immer man also Hunger hat, geht man hin und nimmt sich etwas.

Wenige Stunden später, die Dämmerung liegt bereits über der Insel, stehe ich an der Eingangstür, als Jon um die Ecke biegt. Ein Blick in sein Gesicht, und ich weiß sofort, dass etwas gehörig schief gelaufen sein muss. Ohne ein Wort eilt er ins Haus, sieht nach, ob jemand da ist, geht wieder nach draußen und kehrt kurz darauf mit zwei jungen Einheimischen zurück.

Mein Herz schlägt schneller, als ich die beiden erkenne. Es sind die Anführer der Studentenbewegung, die sich wochenlang im Dschungel versteckt gehalten haben. Ihre Namen stehen seit Jahren für die Schlagkraft der papuanischen Studenten. Ich freue mich, sie kennen zu lernen, obwohl ich genau weiß, dass wir ein ernsthaftes Problem haben werden, wenn man uns genau jetzt aufspürt.

Auf die beiden Männer ist ein Kopfgeld von 50 Millionen Rupien ausgesetzt, mehr, als die meisten Menschen hier pro Jahr verdienen. Sie werden von Polizei und Militär mit offiziellem Haftbefehl gejagt, weil sie angeblich für die Gewalt bei den jüngsten Demonstrationen verantwortlich waren. In jener Nacht erfahre ich allerdings auch, warum die Sicherheitsbehörden die beiden jungen Männer gerade jetzt so intensiv suchen: Jon erzählt mir, sie hätten das Boot verpasst, das sie von der Insel bringen sollte, und jetzt wüssten sie nicht, was sie tun sollten. Wochenlang waren sie auf der Flucht, und der Kreis schloss sich immer enger um sie, ihre Zeit war abgelaufen.

Wir müssen die beiden Studenten unbedingt außer Landes in Sicherheit bringen. Denn hatten wir nicht geschworen, unseren Brüdern zu helfen und uns gegenseitig zu beschützen, selbst unter Lebensgefahr? Und schnell müssen wir sein, da wir alle in großer Gefahr schweben.

»Jon«, entgegne ich daher. »Jetzt mal ganz langsam. Sag mir, was passiert ist.«

Er beginnt zu erzählen, wie sie die beiden Studenten aus dem Dschungel geholt haben, indem sie Späher vorausschickten, die schauen sollten, ob die Luft rein war. Mit dem Auto fuhren sie eine vorher festgelegte Route am Waldrand entlang. Sie bremsten ab und ließen den Wagen ganz langsam weiterrollen. Plötzlich kamen aus dem Unterholz zwei wild aussehende, völlig verdreckte und in Lumpen gekleidete Studenten, die durch die offene Autotür zu ihnen hineinsprangen und sich unter den Sitzen versteckten. Im ganzen Land hängen Fahndungsplakate von ihnen, die Gefahr, erkannt zu werden, war groß. Daher fuhren sie zunächst zum Haus eines Eingeweihten, bei dem die beiden sich waschen und umziehen konnten.

Danach brachten sie die beiden zum Hafen hinunter, wo sie mit dem Boot zu einem anderen Teil der Insel fahren sollten. Von dort aus sollten sie außer Landes gebracht werden. Doch es schien ein Missverständnis gegeben zu haben, was die Abfahrt des Bootes betraf, und so war das Boot schon weg, als sie am Hafen anlangten.

Zunächst waren sie völlig außer sich, doch später sollte sich herausstellen, dass dieses Missverständnis ihre Rettung war.

Genau auf diesem Boot hatte die Polizei unmittelbar zuvor eine Razzia durchgeführt und zehn Studenten verhaftet, die West-Papua verlassen wollten.

Doch jetzt haben wir ein großes Problem. Wie sollen wir die beiden sicher über die Grenze bringen? Offensichtlich ist die Suche nach ihnen in vollem Gange, überall Sicherheitskräfte, und das Militär hat an allen wichtigen Straßen Sperren errichtet.

Ich betrachte die beiden jungen Männer, die am anderen Ende des Raumes sitzen. Sie sehen müde aus, und die Angst ist ihnen im Gesicht geschrieben. Meine Gedanken überschlagen sich, während ich im Geiste die verschiedenen Möglichkeiten durchspiele, wie wir ihnen helfen können.

Als Erstes müssen wir ihnen Ausweise mit Foto besorgen, schlage ich vor. Ihr Aussehen soll verändert werden, damit sie nicht so leicht zu erkennen sind. Vor allem aber müssen wir uns beeilen, da der Geheimdienst uns sicher bald aufspüren wird.

Wir kommen zu dem Schluss, dass wir nur eine einzige Chance haben: Wir müssen so handeln, wie es niemand von uns erwartet, und die beiden Männer geradewegs durch die »Vordertür« außer Landes bringen. Die Fahndung konzentrierte sich hauptsächlich auf Schleichwege, auf Boote, Busse und Autos. Niemand käme ernsthaft auf den Gedanken, dass wir so verrückt wären, sie einfach auf dem Hauptflughafen in eine Linienmaschine zu setzen.

Nach einigem Hin und Her einigen wir uns auf diesen Plan. Um das Leben ihrer Gastgeber nicht unnötig in Gefahr zu bringen, machen die beiden sich auf den Weg, sobald alles Nötige veranlasst ist. Wir haben ihnen für den nächsten Morgen einen Flug gebucht, damit ihnen noch genug Zeit bleibt, sich neue Ausweise und Fotos zu besorgen.

Ein Teil des Massengrabs

Nachdem die anderen gegangen sind, bleibe ich noch auf dem Sofa sitzen. Jon begleitet die Studenten, um sicherzustellen, dass alles glatt geht.
Völlig in Gedanken versunken, merke ich nicht, dass ein Mann das Zimmer betritt. Erst als er unmittelbar vor mir steht, sehe ich ihn und springe erschrocken auf. Er streckt mir die Arme entgegen, um mich zu beruhigen. Dann gibt er mir eine kleine Tasche aus Baumrinde. Er sagt, er sei geschickt worden, mir diese Tasche zu geben. Dann macht er kehrt und verschwindet in der finsteren Nacht. Mehrere Sekunden lang starre ich ihm nach, bis ich die Tasche öffne. Darin ist meine Kamera, die ich am Vormittag dem Augenzeugen mitgegeben hatte.
Ich drücke auf den Einschaltknopf. Es flackert, dann ist ein Bild zu erkennen. Zunächst ist es noch unscharf, doch während die Kamera hochfährt, wird es immer schärfer, bis ich schließlich die Überreste von mehreren menschlichen Schädeln erkenne.
Ich klicke weiter und merke, dass der gesamte Speicher voll

ist. Es ist völlig still um mich herum, während sich die Bilder der Toten in mein Gedächtnis einbrennen. Als ich genauer hinsehe, merke ich, dass jemand dort ein Kreuz aufgestellt hat und dass auf manchen Schädeln etwas geschrieben steht. Was darauf steht, werde ich nie herausbekommen, aber das Kreuz, so wird mir später jemand erklären, haben die Anwohner aufgestellt, damit die Seelen der Toten zur Ruhe kommen. Da die Stammesleute äußerst abergläubisch sind, befürchten sie, die Toten könnten herumgeistern und ihnen Unglück bringen.

Ich sitze eine ganze Weile da und betrachte die Fotos. Schließlich gehe ich nach draußen, atme tief ein, starre in die Dunkelheit und komme mir völlig verloren vor in dieser Welt, die von meinem bisherigen Leben so unendlich weit entfernt ist. Das Ganze erscheint mir wie ein schlechter Traum, der jeden Moment zu Ende sein könnte. Wenn all das, was ich da sehe und höre, tatsächlich wahr ist, warum hilft keiner? Warum ignoriert die internationale Gemeinschaft dieses Land?

Ich bin hierher gekommen, um mit Zeugen über das zu sprechen, was sie seinerzeit erlebt haben. Wenn ich mich hier so umsehe, erscheint mir alles völlig normal, ich kann keine Anzeichen für Gewalt oder Menschenrechtsverletzungen erkennen, nur ein enormes Militäraufkommen sticht ins Auge. Doch kaum kratze ich ein bisschen an der glänzenden Oberfläche, bricht auch schon alles hervor. Damit habe ich nicht gerechnet.

Als ich am Abend im Bett liege und mein Adrenalinspiegel wieder gesunken ist, überkommt mich nackte Angst. Mein Leben in Deutschland erscheint mir plötzlich nur noch als ferne Erinnerung, völlig irreal mit all dem Luxus. Die Probleme, die mir dort so groß und bedeutend vorkamen, sind mit einem Mal nichts weiter als Sandkörner, verglichen mit der Situation, der ich hier gerade ausgesetzt bin.

In jener Nacht bete ich um Schutz und darum, dass das, was ich entdeckt habe, ein Einzelfall sein möge. Doch insgeheim weiß ich ganz genau, dass dies bloß der Anfang ist.

Am nächsten Morgen fährt Jon in aller Frühe zum Flughafen. Die Männer haben einen ebenso mutigen wie genialen Plan ausgeheckt.

Die kommenden Stunden sitze ich da und warte angespannt auf eine SMS. Eine kleine Tasche mit den notwendigsten Dingen ist gepackt, für den Fall, dass wir schnell fliehen müssen. Jon hat einen Fluchtplan für mich vorbereitet, falls er bei der Aktion festgenommen wird. Er hat mir genaue Anweisungen gegeben, wohin ich gehen soll, damit ich sicher bin. Denn sollten sie ihn tatsächlich verhaften, wird es nicht lange dauern, bis die Polizei auf meine Spur kommt.

Die Minuten vergehen immer langsamer, je näher der entscheidende Moment rückt. Als der kritische Zeitpunkt erreicht ist, laufe ich unruhig auf und ab. Mama ist in die Kirche gegangen, um zu beten, außer mir ist niemand sonst im Haus. Mein Handy vibriert, ich habe eine SMS erhalten. Ich atme tief ein und öffne die Nachricht.

»Es hat geklappt.«

Ich lasse mich auf die Stufen vorm Haus fallen, unendliche Erleichterung durchströmt mich. Ich kann kaum glauben, dass wir es geschafft haben. Die Details unseres Plans kann ich hier nicht darlegen, denn es könnte die Beteiligten im Nachhinein gefährden. Aber ich möchte an dieser Stelle sagen, dass ich großen Respekt und Bewunderung für all die habe, die ihr Leben aufs Spiel gesetzt haben, um die Studentenführer außer Landes zu bringen. Doch so ist es hier eben: Die Menschen halten zusammen, in guten wie in schlechten Tagen. Man opfert sich für die Gemeinschaft, für die anderen, ja für die gesamte Nation.

Wenige Tage später fahnden sie sogar im Fernsehen nach den beiden Studenten. Sie haben die Suche auf ganz Indonesien ausgedehnt. Außerdem sind bis zu dem Tag, da ich dies hier schreibe, in allen Studentenwohnheimen des Landes immer wieder Razzien durchgeführt worden.

Am nächsten Tag kündigt Jon an, er werde jemanden mitbringen, den ich kennen lernen sollte. Ich denke nicht weiter darüber nach und ahne nicht, was der Abend noch für mich bereithält. Und es geschieht in einer Nacht, in der totaler Stromausfall herrscht. Ist das ein Zufall?

Die Sonne ist schon untergegangen, Mama hat überall Kerzen aufgestellt. Ich sitze auf den Stufen zur Eingangstür, als Jon ankommt, hinter ihm drei Papua. Ich stehe auf, um sie zu begrüßen. Einer nach dem anderen schütteln sie mir die Hand.
Mama geht in die Küche, um Tee und etwas zu essen für die Gäste zu machen. Ich mustere die drei Männer, die inzwischen nebeneinander auf dem Sofa im Wohnzimmer sitzen. Der linke trägt eine lange Hose und ein gestreiftes Hemd, ein Hut bedeckt seinen Kopf. Ich schätze ihn auf Ende vierzig. Der Mann macht einen bescheidenen, ruhigen Eindruck, dennoch strahlt er eine gewisse Autorität aus. Neben ihm sitzt ein Mann, in dessen Augen eine tiefe Traurigkeit liegt. Ihm ist deutlich anzusehen, dass er gebildet ist, und tatsächlich stellt sich später heraus, dass er von Beruf Anwalt ist. Der dritte Gast ist der stillste von allen und sagt während des gesamten Treffens kaum ein Wort. Er ist klein von Gestalt, trägt lange dunkle Hosen und ein blaues, abgewetztes Hemd. Mit dem Bart, der seine Gesichtszüge verdeckt, und den dunklen, kleinen Augen sieht er aus wie ein Buschmann aus dem Bilderbuch. Er hat sich eine Tasche aus Baumrinde über die

Schulter gehängt, und er hat eine seltsame Ausstrahlung, auch wenn ich nicht genau sagen kann, warum. Etwas Mächtiges geht von ihm aus, gepaart mit Gefahr, und ich kann den Blick die ganze Zeit nicht von ihm abwenden.

Als Erstes macht Jon uns förmlich miteinander bekannt, wie es in der papuanischen Kultur üblich ist. Den ersten Mann stellt er als Häuptling Noak vor und verkündet mit stolzer Stimme, unser Gast sei der Häuptling von Wasior, seinem Heimatort. Und er ist nicht nur Häuptling, sondern außerdem auf der Flucht, da sein Leben in Gefahr ist.

Der zweite Mann, der Anwalt, heißt Thelis und arbeitet für die indonesische Menschenrechtsorganisation Omnas Ham. Er hat einen Bericht über ein Geschehnis geschrieben, das sich in Wasior vor einigen Jahren abgespielt hat.

Der dritte Mann, der rechts von mir sitzt, ist ein mächtiger Magier, wie ich später erfahren soll, der mit dem geheimen Wissen der Ahnen vertraut ist. Seit Generationen, über mehrere hundert Jahre hinweg, sind diese Geheimnisse immer von Vater zu Sohn weitergegeben worden.

In meiner Kindheit und Jugend habe ich mich von den magischen Traditionen, die viele alte Stammesvölker bis heute pflegen, immer fern gehalten. Hier in Europa mögen die Menschen auf diese Praktiken herabsehen und sie für lächerlich halten. Doch diese Stämme in West-Papua zählen zu den ältesten Kulturen der Menschheit, es gibt sie seit über 10 000 Jahren. Wie lange existiert dagegen unsere so genannte »moderne Kultur«? Wissen wir denn wirklich alles? Das, was ich am späteren Abend noch erleben werde, hat mit westlicher Logik nichts zu tun. Ist es deshalb unwirklich?

Ich setze mich mit meinem Laptop auf den Boden, die Kerzen um mich herum verströmen ihr gelbes Licht, und ich dokumentiere eine der bekanntesten Menschenrechtsverletzungen in West-Papua. Denn diese Männer sind hier, um mir ihre Geschichte zu erzählen. Sie sind Zeugen eines Ereignisses, das ganz West-Papua erschüttert hat und bei dem Tausende von Menschen entweder verschleppt, verhaftet oder getötet wurden.

Ich habe während meiner Wahrheitssuche in West-Papua verschiedenste Berichte von verschiedensten Augenzeugen gehört. So gut es mir möglich war, habe ich versucht, die einzelnen Ereignisse mit Hilfe von mehreren Quellen zu belegen und das Glaubwürdige vom Unglaubwürdigen zu trennen. Doch in jener Nacht, in der der Strom ausfällt und in der ich den Häuptling eines Dorfes, einen Magier und einen Anwalt kennen lerne, in jener Nacht weiß ich, dass es richtig ist, genau diese eine Geschichte zu verfolgen. Denn in ihr finden sich alle Elemente, Verwicklungen und Probleme, die diese Insel zerreißen.

Eine Geschichte, die das »Ereignis von Wasior« genannt wird.

Drei Stunden später ist das Treffen beendet. Mir schwirrt der Kopf von all dem, was ich gerade gehört habe, aber es gibt noch einige Fragen, die mir die drei Männer nicht beantworten konnten. Ich will mehr über Wasior erfahren, und mein Wunsch geht in Erfüllung, als wir einige Tage später direkt zum Ort des Geschehens reisen. Dort sprechen wir mit Menschen, die mir noch mehr Einblick vermitteln können, und treffen weitere wichtige Zeugen. Deren Berichte liefern mir die fehlenden Zwischenstücke, so dass ich mir endlich ein vollständiges Bild von dem machen kann, was passiert ist.

Die Kerzen sind heruntergebrannt, nach und nach verlöschen die Flammen mit einem letzten Flackern, und die Dunkelheit nimmt mit jeder ersterbenden Flamme zu. Die drei Männer stehen nacheinander auf und verabschieden sich, bedanken sich für unsere Gastfreundschaft. Ich bringe sie noch hinaus, und genau in dem Moment, als der Magier durch die Haustür tritt, geht der Strom wieder an. Als ich mich umdrehe, um einen letzten Blick auf ihn zu werfen, passiert es: Er löst sich in Luft auf, verschwindet direkt vor meinen Augen. Völlig perplex und ungläubig starre ich auf den leeren Fleck vor mir.

Jon tritt hinter mich und sagt voller Ehrfurcht und Respekt: »Er hat unglaubliche Kräfte, die alten Geheimnisse dieses Landes werden seit zahllosen Generationen an ihn weitergegeben. Seine Ahnen lassen sich über mehrere Jahrhunderte zurückverfolgen, er gehört der ältesten Magierfamilie an, die wir kennen.«

In jener Nacht geht mir der geheimnisvolle Magier nicht aus dem Sinn. Zwei Monate später, als ich meine Notizen durchgehe, fällt mir auf, dass der Magier von anderen Zeugen nicht erwähnt wurde. Als ich Jon anrufe, um zu fragen, welche Rolle der Mann in der Geschichte gespielt hat, sagt Jon nur, er vermute, dass er die rechte Hand von Häuptling Noak sei, doch an diese Erklärung glaube ich nicht. Ich vermute, der Magier war aus anderen Gründen da, aus Gründen, die ich bis heute nicht kenne.

Als ich noch ein Kind war, hieß es immer, ich solle mich von solchen Leuten fern halten, und wenn ich doch mal einem begegne, dürfe ich ihm niemals in die Augen schauen. Die Leute vom Stamm der Dani in Danau Bira hatten mir das schon sehr früh beigebracht.

Ich bin in einer altertümlichen Welt aufgewachsen, in einer Welt voller Rätsel. Hier in Europa sehen wir auf diese Welt herab, wir lernen, dass es für alles eine logische Erklärung geben muss. Aber wo bleibt die Logik, wenn der Mensch als einziges Lebewesen seine Umwelt systematisch zerstört, was ist logisch an Kindesmissbrauch, Rassismus oder Menschenrechtsverletzungen?

Das Leben folgt keiner Logik, und auch wenn manche mich verspotten oder für verrückt erklären mögen für die Behauptung, ein Mann sei einfach so verschwunden, so weiß ich doch, was ich gesehen habe. Und ich weiß auch, dass es im Leben viele Rätsel gibt, die man mit Hilfe der Logik allein niemals wird lösen können.

18
Dunkle Wolken

Ich stand wieder auf dem Hügel. Die Luft roch süß, die Sonne schien, und alles wirkte unglaublich friedlich – zu friedlich. Kein Vogelgezwitscher war zu hören, weder Grillen noch andere Insekten sirrten im umliegenden Grün, und nicht einmal eine sanfte Brise strich über mich hinweg – es war, als wäre die Welt zum Stillstand gekommen.

Alle meine Sinne waren plötzlich hellwach, ein ungutes Gefühl machte sich in mir breit. Ich spürte, dass etwas im Anflug war, konnte allerdings nicht sagen, was. Drohte Gefahr? Eine Veränderung? Oder drang etwas Unbekanntes in meine Welt ein? Ich bekam Angst, wusste jedoch nicht, wovor, ich war traurig, ohne sagen zu können, weshalb. Nur eines stand fest: Etwas kam auf mich zu.

Selbst für den frühen Nachmittag war es ungewöhnlich heiß, die Luft fühlte sich an, als wäre sie frei von Sauerstoff. Ich tat es den wilden Tieren gleich, die sich in den Schatten verzogen hatten, und suchte mit einem Buch im Haus Zuflucht. Die Hitze machte mich müde, und bald schlief ich ein.

Irgendwann weckten mich laute Stimmen von draußen. Als aus den Rufen ein wildes Geschrei wurde, sprang ich auf und öffnete die Vordertür. Die Hitze hatte inzwischen nachgelassen, die Sonne ging unter. Eine seltsame Anspannung lag über dem gesamten Dorf, ich konnte die drückende Last förmlich

263

Tuare

spüren. Lange zurückliegende Erinnerungen kamen mit einem Mal hoch, ein unheimliches Gefühl, das mir in alle Glieder kroch, dasselbe Gefühl, das ich als Kind hatte vor dem Beginn eines Stammeskrieges. Erst der Streit, dann die Schreie, das Tanzen, das Kriegsgeheul und schließlich der endgültige Ausbruch.

Ich war verwirrt und machte mich auf die Suche nach Papa. Dann sah ich sie. Mehrere Männer, die sich gegenseitig mit Pfeil und Bogen bedrohten, während die Frauen versuchten, sie zurückzuhalten. Kinder fingen an zu weinen. *Das kann doch gar nicht sein!*, dachte ich. Schließlich war das Kriegsbeil seit Jahren begraben, die Kämpfe und das Morden gehörten der Vergangenheit an.

Da kam Papa auch schon von der Dschungelbrücke herbeigerannt. Er hatte wie so oft einen Abendspaziergang gemacht, als jemand ihn benachrichtigte, dass es Ärger im Dorf gab. Häuptling Kologwoi folgte dicht hinter ihm. Ich stand neben dem Haus und beobachtete ungläubig, was sich da vor meinen Augen abspielte. Tuare hatte sich mit gespanntem Bogen vor Diro aufgebaut, der wiederum auf Tuare zielte. Babu-Bosa und Bebe ragten beide kampfbereit hinter ihrem Bruder auf. Hinter Diro drängten sich mehrere andere Männer mit wutverzerrten Gesichtern.

Geschrei, Rufe, Weinen, die Stimmen zitterten vor Aggressivität, der Hass war körperlich zu spüren, er schraubte sich wie eine Spirale in die Höhe. Bald würde die Lage außer Kontrolle geraten.

Was als Nächstes geschah, ist mir nur bruchstückhaft in Erinnerung. Papa und Häuptling Kologwoi warfen sich zwischen die Männer, Papa hielt die eine Angreifergruppe zurück, der Häuptling die andere. Mehrere ältere Männer und Frauen umschlangen die Krieger von hinten und drückten ihnen die zum Schuss erhobenen Arme nach unten. Alle schrien wild durcheinander, ein nicht zuzuordnendes Stimmengewirr.

Plötzlich riss sich Tuare los, schnappte sich seine Brüder, seine Frau und die Kinder und rannte in Richtung Dschungelbrücke davon. Als er an mir vorbeikam, würdigte er mich keines Blickes, sein Gesicht war düster, der ganze Mann brannte vor Hass. Eine tiefe Verzweiflung überkam mich, als ich beobachtete, wie sich seine jüngste Tochter umdrehte und mich mit großen, traurigen Augen ansah, während ihr Onkel sie weiterzerrte. Ihr jüngerer Bruder schrie verzweifelt, Doriso-Bosa dagegen folgte ihrem Mann stumm und mit gesenktem Blick. In Sekundenschnelle war die kleine Gruppe außer Sichtweite.

Am liebsten wäre ich Tuare nachgelaufen, hätte ihn in die Arme genommen und getröstet. Aber mit einem Mal fühlte

265

ich mich wie eine Fremde und kam mir vor, als gehörte ich nicht länger in diese Welt. Die Tränen rannen mir über die Wangen, als mir bewusst wurde, dass ich zu lange weg gewesen war, dass ich damals gegangen und nicht zurückgekommen war, obwohl ich es versprochen hatte.

Hatten wir uns nicht ewige Freundschaft geschworen? War Tuare in der Kindheit nicht mein Beschützer und Vertrauter gewesen?

Ich hatte mein Versprechen gebrochen, und jetzt war ich eine Außenstehende, nur eine Erinnerung, die mit der Zeit verblassen würde. Hilflosigkeit überkam mich und dazu eine unbändige Wut auf mich selbst. Dass ich so viele Jahre in einer weit entfernten Welt verbracht hatte, mit der ich noch nicht mal zurechtgekommen war! Wie konnte ich für die Fayu denn noch von Nutzen sein?

Fusai stellte sich neben mich und legte mir den Arm um die Schultern. Gemeinsam standen wir da und starrten auf die verlassene Dschungelbrücke.

Irgendwann schob Papa mich ins Haus zurück. Stumm saßen wir um den Holztisch, während ich aus dem Fenster starrte und beobachtete, wie die Fliegen summend gegen den Fensterdraht flogen. Schließlich erzählte Papa mir die Geschichte von Tuare und Diro und wie ihre einst so gute Freundschaft zerbrochen war. Das enge Band zwischen zwei jungen Männern, zerrissen für immer durch die Welt da draußen.

Tuare und Diro waren ausgewählt worden, in Jayapura weiter zur Schule zu gehen, um ihre indonesischen Sprachkenntnisse und andere Fächer wie Mathematik zu verbessern. Sie waren überdurchschnittlich intelligent. Während ihres Aufenthalts in der Hauptstadt wurden sie die besten Freunde, Diro übernahm die Rolle des Anführers, während Tuare sich seinem Einfluss beugte. Sie bekamen ausgezeichnete Noten und erkundeten zum ersten Mal eine große Stadt. Nach einer

266

Weile kehrten sie ins Dorf zu ihren Frauen und Kindern zurück.

Nach mehreren Monaten beschlossen sie, wieder nach Jayapura zu gehen, der Reiz des modernen Lebens lockte sie wohl zu sehr. Da es keinen Flug in die Hauptstadt gab, liefen sie durch den Dschungel nach Nabire, der nächstgelegenen Küstenstadt, um von dort mit dem Schiff weiterzureisen. Die Wanderung durch den Dschungel war lang und beschwerlich, doch mit der von den Abholzungsfirmen kürzlich errichteten Lehmstraße immerhin machbar. In Nabire angekommen, fanden sie bald ein Schiff, das sie nach Jayapura brachte.

Während der Überfahrt machte sich eine Prostituierte an die beiden heran. Wie sie das nötige Geld dafür aufbrachten, wissen wir nicht.

Einige Wochen später kehrten Diro und Tuare ins Dorf der Fayu zurück. Von dem Tag an begann die Freundschaft der beiden Männer allmählich zu bröckeln. Diro zettelte immer wieder Streit unter den Stammesangehörigen an und rief mehrfach zur Rebellion gegen die Ältesten auf. Tuare verurteilte das, zog sich mehr und mehr von seinem ehemals besten Freund zurück.

Diro ärgerte sich sehr darüber, und aus Rache schlief er irgendwann mit Doriso-Bosa, Tuares Frau. Als dieser davon erfuhr, war er außer sich vor Wut und sagte den Ältesten, er werde seine Frau verlassen und wolle nichts mehr mit ihr zu tun haben. Doch dann änderte er seine Meinung, warum auch immer, und beschloss, bei seiner Familie zu bleiben.

Vor kurzer Zeit kam dann Diro zu Papa und sagte ihm, er sei krank, eine weiße Flüssigkeit fließe aus seinem Penis. Bald darauf klagte Tuare über die gleichen Beschwerden. Schließlich kam heraus, dass die beiden sich bei der Prostituierten angesteckt und inzwischen auch schon ihre Frauen infiziert hatten. Tuare und Diro beschuldigten sich gegenseitig, und einer schob dem anderen die Verantwortung in die Schuhe.

Die Situation zwischen ihnen spitzte sich derart zu, dass sie sich schließlich ganz aus dem Weg gingen. Doch als Papa und ich ankamen, wollten sie uns beide sehen. Ein paar Tage lang ging alles glatt, aber dann warf Diro seinem ehemaligen Freund vor, den Stamm gegen ihn aufzuwiegeln. Er drohte, Tuare umzubringen, und schon riss die Wunde wieder auf.

Für eine Gesellschaft wie die der Fayu hatte dieses Verhalten gravierende Auswirkungen. Sollte Diro Tuare tatsächlich verletzen oder gar töten, würden dessen Brüder sofort Rache üben und ihrerseits entweder Diro oder jemanden aus seiner Familie umbringen. Diese würde sich rächen, und schon wäre die Spirale der Vergeltung, die dieses Volk schon einmal beinahe ausgelöscht hatte, nicht mehr aufzuhalten.

Beim Zusammensein mit Tuare hatte ich gespürt, dass etwas nicht stimmte. Vor allem zwischen ihm und Doriso-Bosa war die Atmosphäre nahezu hasserfüllt. Bebe hielt sich ebenfalls von den anderen Stammesangehörigen fern. Nur Babu-Bosa und Adia wirkten glücklich und zufrieden und bewältigten den Alltag mit einem Lächeln auf den Lippen.

Wenn sich in der westlichen Welt zwei Menschen entzweien oder in Streit geraten, so tut dies weh, aber dann hofft man auf einen neuen Freund oder Partner, und das Leben geht weiter. Doch in einer so kleinen Gesellschaft, wie es die Fayu sind, bringt der Bruch zwischen zwei Menschen das Alltagsleben der ganzen Gruppe durcheinander. Wie würde es einem Europäer ergehen, müsste er mit seinem ärgsten Feind auf engstem Raum im Dschungel zusammenleben? Keine Möglichkeit auszuweichen, keine Chance, neue Freundschaften zu schließen, und bei allen Tätigkeiten und Zusammenkünften immer mit dieser einen Person konfrontiert.

Im Dschungel ist es unmöglich, sich von den anderen abzusondern, da man auf sich selbst gestellt nicht lange überleben kann. Der Zusammenhalt der Fayu ist ihre Stärke, er ermöglicht es ihnen erst, dieser rauen Umgebung standzuhalten. Sobald der Zusammenhalt schwindet, bröckelt die ganze Gemeinschaft.

Nachdem Papa geendet hatte, machte er sich auf die Suche nach Tuare, denn er war in Sorge, dass die Familie ohne ausreichende Behandlung das Dorf verließ. Er hatte aus Jayapura Medikamente mitgebracht, um die beiden Männer und ihre Frauen zu kurieren, zumal diese durchaus noch Kinder bekommen konnten. Zum Glück fand Papa Tuare, und der willigte ein, so lange zu bleiben, bis die Therapie abgeschlossen war.

Also holte Papa an den folgenden drei Abenden zunächst Diro und seine Frau und anschließend Tuare mit Doriso-Bosa zu sich ins Haus. Dabei achtete er genau darauf, dass sie die Tabletten auch tatsächlich schluckten. Am letzten Abend, als Papa Tuare und Doriso-Bosa das Medikament gab, gesellte ich mich dazu. Ich wollte unbedingt mit Tuare sprechen, Papa übersetzte für mich. Denn obwohl so viele Jahre vergangen waren und wir inzwischen erwachsen waren und eigene Kinder hatten, spürte ich das alte Band noch zwischen uns, einen Funken, der nie verloschen war.

Ich erzählte Tuare von meinem Leben in Deutschland und erklärte ihm, dass ich hart arbeiten müsse, um genug Geld für mich und meine Kinder zu verdienen.

»Nur wenn ich genug Geld habe, kann ich meinen Kindern etwas zu essen kaufen«, fuhr ich fort. »Habe ich dagegen keine Arbeit, dann müssen wir alle hungern. Hier bei euch ist es anders. Wenn deine Kinder Hunger haben, gehst du auf die Jagd oder suchst im Dschungel nach etwas zu essen.

Was, glaubst du wohl, passiert, wenn du mit ihnen in der Stadt leben würdest? Du sprichst nicht fließend Indonesisch, du hast weder etwas zu verkaufen noch Arbeit, um Geld zu verdienen. Deine Kinder würden Hunger leiden, und deine Frau würde auf dich böse werden. Deine Welt ist der Dschungel, hier bist du sicher und weißt, wie man überlebt. Selbst wenn die Stadt dir aufregend vorkommt, sie hat eine Menge Schattenseiten. Ich weiß das genau, schließlich habe ich diese dunklen Seiten kennen gelernt. Sie können dich zerstören.«

Tuare schwieg, während Papa für mich übersetzte. Mein Freund hielt den Blick auf den Boden gesenkt, seine Schultern hingen kraftlos herunter. Nachdem er die Tabletten genommen hatte, stand er mit seiner Frau auf, um zu gehen. Die Sonne war inzwischen untergegangen, Dunkelheit hatte sich über die Landschaft gesenkt. Ich stand auf und spürte eine tiefe Traurigkeit in mir, als ich ihm die Tür aufhielt.

Auf dem Weg nach draußen drehte Tuare sich zu mir um und sah mir direkt in die Augen. Da bemerkte ich ihn, den winzigen Funken von früher, und plötzlich, wie in alten Zeiten, öffnete sich Tuare mir voll und ganz. Seine Seele war gepeinigt, und dennoch ging von ihm eine große Kraft aus, ein ungebrochener Wille zu überleben und aus seinem Leben etwas zu machen. Mit Tränen in den Augen sagte er: »Ich weiß, Schwester. Die große Stadt macht unser Herz schlecht.«

Am nächsten Morgen wollte ich Tuare und seine Familie in dem Haus am Fluss besuchen, in dem sie vorübergehend wohnten. Als ich mich der Hütte näherte, spürte ich sofort, dass etwas anders war. Ich trat ein, doch sie war leer. Nichts war mehr da, sie waren weggegangen.

Mutterseelenallein saß ich in der Hütte und beobachtete, wie die Sonnenstrahlen zwischen den Bretterspalten hindurchkrochen. Es roch nach der Asche des erloschenen Feuers, nach Fleisch und denen, die hier gerade noch gewesen waren. Es kam mir vor, als wäre mir diese Welt auf einmal vollkommen fremd – und dabei wusste ich genau, dass ich ebenso wenig in die andere, die westliche Welt gehörte. Es war, als schwebte ich im Nichts, ohne Boden unter den Füßen, ohne Wände, ohne Dach.

Tuare war gegangen, ohne sich zu verabschieden. Ich hatte seine Kinder lieb gewonnen. Sie hatten mir seit ihrer Ankunft Gesellschaft geleistet, hatten meine Hand gehalten und ihr Essen mit mir geteilt. Gemeinsam mit ihnen hatte ich an süßem Zuckerrohr gekaut und war zusammengezuckt, als sie die lebendigen Käfer gegessen hatten. Wir hatten gelacht, waren zusammen den Hügel hinauf und über die Dschungelbrücke spaziert.

Das war die neue Generation, die gerade heranwuchs. Die ersten Kinder, die nicht in Kriegszeiten geboren waren, zumindest nicht in einem der Stammeskriege. Doch hatten sie eine Zukunft? Vielleicht würde der Krieg, den sie eventuell erlebten, kein Stammeskrieg sein, dafür wäre es ein Krieg der Kulturen, der Politik und der Korruption, und es ginge darum, mit völlig anderen Lebensbedingungen zurechtzukommen.

Ihre Zukunft war ungewiss, voller offener Fragen. Genau wie in meinem eigenen Leben herrschte auch hier Unsicherheit, und doch war dies das Stück Erde, das mir diese magische Kindheit voller Abenteuer beschert, das mir die Wunder des Lebens vor Augen geführt hatte. Meine Kindheit war seit vielen Jahren vorbei, und irgendwie wollte ich mich nicht damit abfinden. Die Fröhlichkeit und Sorglosigkeit waren verschwunden, ich jedoch klammerte mich mit aller Kraft an diese Erinnerungen. Aber es waren schließlich nur Erinnerungen, mehr nicht. Genau wie die Fayu war auch ich zwischen dem Alten und dem Neuen, zwischen Kulturen und Lebensweisen gefangen.

In der Einsamkeit dieser kleinen Hütte mitten im Dschungel trauerte ich um meine Kindheit, um Tuare und seine Kinder, um die vergangenen fünfzehn Jahre, doch am meisten trauerte ich um die Welt, die sich allmählich auflöste und die einmal mein Zuhause gewesen war. Eine Stunde lang saß ich da. Dann war es vorbei.

Als ich aus der Hütte kroch, begrüßte mich die strahlende Sonne. Es kam mir so vor, als wäre die Welt um mich herum viel strahlender, funkelnder und klarer als je zuvor. Neben der Dschungelbrücke saß Sophia-Bosa. Sie musste mir mit einigem Abstand gefolgt sein und auf mich gewartet haben. Als sie mich fragend ansah, lächelte ich ihr zu. Ich nahm sie an der Hand, und gemeinsam gingen wir über die Dschungelbrücke zurück ins Dorf. Im Laufen drückte ich ihre Hand ganz fest, und ich spürte, wie ein neues Band zwischen uns wuchs, ein Band zwischen zwei Generationen.

Die Zeiten haben sich für die Fayu geändert, und dennoch liegt in allem, was sie tun, immer noch eine große Verbundenheit mit der Tradition. Sei es im Trauern, in der Art, wie sie ihre Waffen stets mit sich führen oder wie sie essen, wie sie jagen oder ihre Hütten und Kanus bauen – es hat sich nicht viel verändert. Besonders ihre Mentalität, ihre Art zu denken, ist noch immer die gleiche wie vor zwanzig Jahren. Die Fayu waren und sind ein kleines Volk, das im Einklang mit der Natur lebt – ein schlichtes und dennoch hartes Dasein.

Es ist ein Leben, das von außen betrachtet ideal erscheinen mag, doch wenn man mittendrin steckt, bietet sich einem doch ein etwas anderes Bild. Ja, sie führen ein schlichtes Leben, und sie haben auch nicht die Probleme, mit denen wir uns hier im Westen auseinander setzen müssen, dafür kämpfen sie tagtäglich ums Überleben. In der Nacht frieren sie, ihre Palmdächer schützen nicht vor starkem Regen, auf den Hüttenböden aus Baumrinde krabbeln überall Insekten herum. Keine Wand hält den Wind oder die Mückenschwärme fern, die den Abendhimmel bevölkern. Ihr Speiseplan ist sehr eingeschränkt, jeder Bissen muss zuvor erjagt oder gesammelt werden, so gut wie nichts hält sich länger frisch, denn bei der hohen Luftfeuchtigkeit verdirbt alles sofort.

Die einseitige Ernährung hat Mangelerscheinungen zur Folge, und das schwache Immunsystem der Fayu begünstigt Krankheiten. Sie haben kaum Zugang zu medizinischer Versorgung und leiden unter Infektionen, Hautentzündungen und anderen Dingen, die bei uns mit Leichtigkeit behandelt werden könnten. Die Kindersterblichkeit ist bis heute hoch; wie schmerzlich muss es für eine junge Mutter sein, ihr Kind auf dem Arm zu halten, wenn alles Leben aus dem kleinen Körper schwindet. Wie schmerzlich muss es für einen jungen Mann sein, seine Mutter im Arm zu halten, wenn ihr Körper vor Fieber glüht. Wie hilflos müssen sie sich in Momenten wie diesen fühlen.

Doch trotz all der Widrigkeiten haben sie es immer geschafft, genug zum Leben zu haben, sie haben den Kopf oben behalten und Jahrtausende überdauert. Trotz aller Not haben sie ihr Land, ihre Gesetze, ihre Kultur beibehalten, und ein jeder hat seinen festen Platz in der Gesellschaft.

Selbst die größte Gefahr für den Stamm, jenen Teufelskreis aus Blutrache und Stammesfehden, der sie fast ausgelöscht hätte, haben die Fayu im allerletzten Moment besiegen können.

Was wird der nächste Schritt sein? Eine der schwierigsten Herausforderungen dürfte dem Volk der Fayu noch bevorstehen, die Begegnung mit der modernen Welt.

»Die Frage ist nicht, ob die Zivilisation jemals die Fayu erreichen wird, sondern vielmehr, ob sie bereit dafür sind«, sagte Papa mir vor einigen Jahren.

Er war in Deutschland zu Besuch, und wir sprachen über die jüngste Entscheidung, die der YPPM gemeinsam mit den Dorfältesten getroffen hatte. Es ging darum, einige junge Fayu nach Jayapura zu schicken und ihre weitere Ausbildung zu fördern. Schließlich kann niemand die Zeit anhalten oder die Veränderungen verhindern, die sie mit sich bringt. Doch wie soll man ein Volk, dessen Mentalität und Wissen auf ein Leben im Dschungel ausgerichtet sind, auf all das vorbereiten? Wenn mir der Übergang in die westliche Welt schon so schwer gefallen ist, wie viel schwerer mag dann jede Veränderung für die Fayu sein?

Der Vorschlag, diese »glücklichen Menschen« einfach im Dschungel sich selbst zu überlassen und sie von der Außenwelt abzuschotten, um ihre Kultur zu erhalten, ist in der heutigen Zeit absolut unrealistisch. Früher oder später wird die Moderne einbrechen – wenn nicht heute, dann morgen, kommende Woche, nächstes Jahr oder meinetwegen in zehn Jahren. Die wahre Bedrohung für die Eingeborenen von West-Papua liegt nicht im Wissen über die Außenwelt, sondern vielmehr in ihrem Unwissen. Gefahren lassen sich nur bannen, wenn man sie kennt und weiß, wie man mit ihnen umgehen soll.

Wie sollte ein Mensch, der in Westeuropa aufgewachsen ist und von heute auf morgen in den Dschungel verfrachtet würde, überleben, ohne die dortigen Gefahren zu kennen? Die meisten Stämme wurden nicht deshalb zerstört, weil die Zivilisation sie erreichte, sondern weil sie nicht wussten, welche Gefahren damit einhergingen.

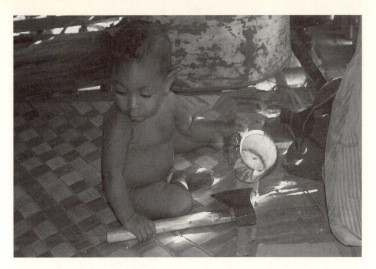

Eine andere Verwendungsmöglichkeit für eine Axt ...

Vor einigen Jahren hatte Mama einige Fayu um sich versammelt. Neben einem Baum stellte sie eine Tafel auf und nahm eine Axt zur Hand, die Papa in Jayapura gekauft hatte. Es war eine schöne Axt mit einer glänzenden Metallklinge. Die Männer warfen beim Anblick dieses begehrenswerten Werkzeugs begehrliche Blicke. Mama hielt die Axt hoch, damit alle sie sehen konnten, und fragte, ob die Fayu ihr im Austausch dafür den Baum neben ihr schenken würden.
»Ach, Doriso«, antworteten sie. »Wir geben dir zehn, nein zwanzig Bäume für diese Axt!«
»Gut«, antwortete Mama. »Dann zeige ich euch jetzt, wie viele Äxte ich in Jayapura für diesen Baum bekomme.«
Sie nahm ein Stück Kreide und malte Äxte auf die Tafel. Sie malte immer weiter und füllte eine Zeile nach der anderen. Die Augen der Fayu wurden größer und größer. Als Mama die gesamte Tafel voll gemalt hatte, drehte sie sich um und sagte: »Das ist der wahre Wert dieses einen Baumes. So viel

bekomme ich in der Stadt für einen einzigen Baum, und ihr wollt mir allen Ernstes zwanzig Bäume für diese eine Axt geben?«

Nicht lange nach diesem Vorfall kam eine Gruppe von Kundschaftern in das Stammesgebiet der Fayu. Sie erkundigten sich nach bestimmten wertvollen Baumarten. Die Fayu schickten die Männer wieder weg. Sie hatten verstanden, denn Mama hatte es nicht dabei belassen, ihnen zu erklären, wie hoch der Wert ihrer Bäume war. Genauso schärfte sie ihnen ein, dass ihnen ihr Land zwar groß vorkommen mochte und auch sehr viele Bäume dort wuchsen, dass es jedoch nur einen Tag brauchte, um einen Baum zu fällen, wohingegen es viele Jahre dauerte, bis ein neuer Baum nachgewachsen war. Und was für einen Wert hätte eine Axt noch, wenn keine Bäume mehr da sind?

Natürlich sind nicht nur die Bäume wichtig für ein Volk wie die Fayu, sondern auch die Größe ihres Landes. Seit Generationen leben sie als Nomaden und ziehen von Hütte zu Hütte. Sie leben durchschnittlich drei Monate an einem Ort, jagen und essen alles um sich herum und ziehen dann weiter.

Nähme man ihnen nun einen Teil ihres Landes weg, und zwar mit der Begründung, ihnen bleibe ja noch genug Platz zum Leben, dann könnten sie nicht mehr umherziehen. Sie essen und jagen in einem Gebiet so lange, bis nichts mehr da ist, und da sie nicht wissen, wie man pflanzt und sät, würden sie eines Tages verhungern.

Sie haben keine Schulbildung und haben auch sonst keine Fertigkeiten, die in einer Stadt gebraucht werden. Dieses böse Erwachen haben andere Stämme vor ihnen bereits erlebt, und plötzlich verhungern Menschen in einem Land, von dem man annehmen sollte, es gebe für alle genug zu essen.

Meine Eltern hatten versucht, den Fayu das Prinzip des Gärtnerns nahe zu bringen, und obwohl einige von ihnen tatsächlich Süßkartoffeln und Obst anbauten, pflegten sie die Gärten nicht. Zwar säten sie aus, aber wenn sie nach einiger Zeit zurückkehren, dann ernteten sie das Obst und Gemüse sofort. War irgendwann alles geerntet und gegessen, dann zogen sie einfach zum nächsten Ort weiter, ohne neu anzupflanzen.

Sie haben ihr neu erworbenes Wissen einfach ihrem Lebensstil angepasst. In ihren Adern fließt das Blut von Jägern und Sammlern, ihr gesamtes Denken ist darauf ausgerichtet, ihr Verständnis vom Überleben und all ihre Fähigkeiten zielen nur darauf ab.

Das Ganze ist eine Gratwanderung. Auf der einen Seite will man die Kultur und die Gesellschaft erhalten, auf der anderen darf man nicht leugnen, dass die Zeiten sich ändern. Neue Ansätze sind notwendig, damit die Fayu sich erfolgreich integrieren können, sonst ergeht es ihnen wie so vielen anderen vor ihnen, die sich eines Tages im Schmelztiegel der modernen Gesellschaft aufgelöst haben.

19
Die Ereignisse von Wasior

Die Geschichte, die ich jetzt erzählen möchte, handelt von Intrigen, Leid, Habgier und Betrug. Es ist ein Geflecht aus mehreren Handlungssträngen, die zusammen ein engmaschiges Netz ergeben, und dennoch steckt in jedem einzelnen Strang eine eigene Geschichte.

Bei meiner Suchaktion habe ich zunächst die Menschen aufgespürt, die sich in der Mitte des Netzes befinden, und dank ihrer Zeugenaussagen hat sich die Geschichte mehr und mehr zu einem Ganzen gefügt.

Ich habe mit vielen Zeugen gesprochen, manche werden namentlich genannt, andere haben darum gebeten, anonym bleiben zu dürfen. Denn sie alle haben sich durch ihre Aussage in Gefahr gebracht und müssen wegen ihrer offenen Worte mit Vergeltungsmaßnahmen rechnen. Nach allem, was ich nachprüfen konnte, haben die Ereignisse tatsächlich so stattgefunden, wie sie mir anvertraut wurden; ein Vertrauen, genährt durch den verzweifelten Wunsch nach Gerechtigkeit.

Ich kann weder Gerechtigkeit noch Veränderungen garantieren, ebenso wenig kann ich all jenen Entschädigung versprechen, die ihre Familien, ihr Land oder ihren Besitz verloren haben. Ich kann nur eines versprechen: ihr Sprachrohr zu sein, damit ihre Stimmen gehört werden können. Und so trage ich, so gut es mir möglich ist und dank der Informationen, die ich sammeln konnte, all das hier weiter, was die Menschen mir über die so genannten Ereignisse von Wasior zugetragen haben.

Es begann im März 2001, als drei Männer papuanischer Abstammung in den Ort Wasior in der Provinz Manokwari kamen.

In Wasior und Umgebung leben siebenundfünfzig verschiedene Volksstämme, deren Grenzen von der Küste bis ins Hochland verlaufen, mit Wasior als der wichtigsten Stadt an der Küste.

In Wasior angekommen, suchten die drei Männer das Haus von Thelis auf, einem papuanischen Anwalt und angesehenen Bürger der Stadt. Sie waren jeder mit einem Gewehr und Munition bewaffnet und verkündeten, sie seien gekommen, um der papuanischen Bevölkerung ihren Schutz anzutragen.

Da Thelis sie nicht kannte, fragte er, ob sie ein Empfehlungsschreiben hatten, mit dem sie sich als ehrliche Bürger ausweisen konnten. Als die drei keinen solchen Brief vorlegen konnten, wurde der Anwalt misstrauisch. Die Papua hatten es vor einigen Jahren zur Pflicht gemacht, dass jeder Einheimische, der von einer Provinz in eine andere reiste, einen Vorstellungsbrief seines Häuptlings oder Stammesführers bei sich trug, in dem bestätigt wurde, dass die jeweilige Person vertrauenswürdig war. Diese Maßnahme war notwendig geworden, da die indonesischen Sicherheitskräfte mehr und mehr Einheimische bestachen, damit sie ihre eigenen Landsleute ausspionierten. Dennoch nahm Thelis sie als seine Gäste auf, wie es der papuanischen Kultur entspricht.

Nachdem mehrere Wochen verstrichen waren und der Anwalt das Empfehlungsschreiben mehrfach vergeblich eingefordert hatte, erklärte er den drei Männern, sie müssten den Stammesgesetzen Folge leisten. Sie würden in ein Dorf im

Hochland geschickt, um dort den mächtigen Häuptling von Wasior zu treffen. Dieser werde dann ihre Loyalität und Redlichkeit auf die Probe stellen und endgültig festlegen, ob sie bleiben dürften oder nicht.

Doch wie das Schicksal manchmal so spielt, erreichte diese Information Häuptling Noak nicht. In dem Glauben, Thelis habe den drei Männern längst seinen Segen gegeben, nahm er sie auf wie seinesgleichen. Und da er mit dringenderen Angelegenheiten beschäftigt war – unter den Dorfbewohnern keimten gerade schwere Unruhen auf –, gerieten die drei Männer mit ihren Waffen schnell in Vergessenheit.

Etwa zur selben Zeit entwickelte sich eine andere Geschichte. In der Küstenstadt Wasior lebte ein Papua namens Herman*, ein guter Freund von Thelis. Er war Staatsbeamter und arbeitete für die örtliche Kulturbehörde mit Hauptsitz in Manokwari.

Eines Tages beorderte ihn das Militär zu einer Befragung und verlangte von ihm, die Ankunft der drei bewaffneten Papua in der Stadt zu bestätigen. Herman wunderte sich, dass sie ihn eigens deshalb herbeigerufen hatten. Auch fragte er sich, wieso die Männer nicht verhaftet worden waren, da es sich bei den Waffen um Kriegsmaterial handelte.

Im Anschluss an die Befragung unterrichtete er sofort Thelis, doch die drei Männer waren schon auf dem Weg zum Dorf von Häuptling Noak. So vergaß man auch diesen Vorfall bald.

Währenddessen entbrannte im Dorf des Häuptlings Noak ein heftiger Streit unter den Bewohnern. Der Grund dafür war, dass sie im Jahr 1997 die Abholzungsrechte für ihr Gebiet an die indonesische Polizei verkauft hatten und ihnen dafür Entschädigungen versprochen wurden, die sie nie erhalten hatten. Nach mehreren erfolglosen offiziellen Beschwerden und nachdem die Polizei als Reaktion auf diese Beschwerden eine Spezialeinheit namens Mobile Brigade (BRIMOB) entsandt hatte, die sechs Monate lang das gesamte Dorf terrorisierte, beschlossen die Dorfbewohner, die Angelegenheit selbst in die Hand zu nehmen.

Eines Tages versperrten sie die Straße zum Holzschlaggebiet und behinderten so die täglichen Arbeiten. Als die Polizei merkte, dass ihre Einschüchterungsaktionen ohne Erfolg blieben, stachelte sie die Holzfäller auf, stattete die Männer mit Gewehren aus und befahl ihnen, die Straßensperren niederzureißen und den Normalzustand wiederherzustellen.

Man stelle sich die Szene bildlich vor: eine schmutzige Straße, die einen Hügel hinaufführt, eine Gruppe von Dorfbewohnern, die Straßensperren errichtet haben, und die Holzfäller, die mit Gewehren auf die Protestierenden zielen. Genau diese Szene bot sich den drei Papua dar, die inzwischen im Dorf wohnten und sich die Protestaktion aus der Nähe ansehen wollten. Sie zogen ihre Waffen, schossen auf die Holzfäller und verwundeten mehrere Männer tödlich. Die Dorfbewohner flohen voller Entsetzen, und ein wilder Kampf zwischen den bewaffneten Gruppen begann.

Nicht weit entfernt in ihrem Quartier hörte die BRIMOB Schüsse, woraufhin – etwa eine Stunde später – drei Leute mit einem Fahrer losgeschickt wurden, um die Lage zu überprüfen.

Die drei Papua eröffneten das Feuer auf die sich nähernden Männer und töteten zwei von ihnen. Der dritte konnte mit dem Fahrer flüchten und eilte zurück, um dem Kommandanten Bericht zu erstatten. Noch am selben Abend wurden einhundert Polizisten als Verstärkung in die Gegend eingeflogen.

Und somit begann eine grausame Menschenjagd, die ein

volles Jahr andauern sollte und bei der zahllose unschuldige Bürger Papuas verschleppt und getötet wurden.

Die BRIMOB verwüstete auf der Suche nach den Männern, die ihre Kameraden umgebracht hatten, ein Dorf nach dem anderen. Sie brannten Häuser nieder und bedrohten die Einwohner, woraufhin Hunderte Menschen in den angrenzenden Bergen Zuflucht suchten. Unter jenen, die sich in dem rauen Gelände versteckt hielten, waren auch Häuptling Noak und seine Dorfgemeinschaft sowie die drei Papua mit ihren Gewehren.

An diesem Punkt fragte ich Häuptling Noak, warum er den drei Männern erlaubt hatte, ihn und seine Leute zu begleiten. Denn waren sie nicht an allem schuld?

Er aber war der Meinung, Thelis habe die Männer zu ihm geschickt. Somit zählte er sie zu den Seinen, und sie hatten das Recht auf Schutz. »Was haben wir denn noch in diesen harten Zeiten, wenn nicht einander?«, fügte er hinzu.

Für uns im Westen mag diese Art zu denken nur schwer nachvollziehbar sein, aber man muss die Kultur der Papua berücksichtigen. Sie gehen bis zum Äußersten, um sich gegenseitig zu beschützen und zu helfen; es ist ihr Schlüssel zum Überleben.

Wenige Tage nachdem Häuptling Noak und sein gesamtes Dorf geflohen waren, war Herman auf dem Weg zum Markt in Wasior, als er beobachtete, wie Thelis' Schwager mit einigen Polizisten von der BRIMOB sprach. Er fragte sich, was da los war, versteckte sich hinter einem Stand und rief den kleinen Sohn des Schwagers zu sich herüber. Auf die Frage, worüber sich die Männer gerade unterhielten, erwiderte der Junge, dass sein Onkel Thelis demnächst von der BRIMOB verhaftet würde. Denn der Schwager hatte behauptet, dass

Thelis an den Morden schuld war. Herman machte auf dem Absatz kehrt und eilte zum Haus seines Freundes, um ihn zu warnen. Innerhalb weniger Minuten flüchtete Thelis' Familie in die Berge. Einige Tage später fuhren sie im Schutz der dunklen Nacht mit einem Boot in die Hauptstadt Jayapura, wo sie untertauchten.

Nachdem drei Wochen verstrichen waren, ohne dass die BRI-MOB die für die Schießerei Verantwortlichen gefunden hatte, zog sie sich aus der Gegend um Wasior zurück. Das Holzschlaggebiet wurde geschlossen. Doch an diesem Punkt begann die Geschichte sich erst richtig zu entwickeln. Denn die Männer hatten ihre getöteten Kameraden nicht vergessen. Als das Militär von Manokwari einen Monat später in derselben Gegend ein neues Holzschlaggebiet eröffnete, kam es erneut zu Gewaltausbrüchen. Der Ärger der BRIMOB war umso größer, da sie nicht nur zwei Männer, sondern auch das lukrative Holzschlaggebiet an das Militär verloren hatte.

Am 27. April 2001 traf Herman in Manokwari ein, um eine Reise nach Ujangpanda vorzubereiten, wo er an einem Landwirtschaftstreffen teilnehmen wollte. Um die Kosten möglichst gering zu halten, übernachtete er im Bürogebäude in Manokwari. Um vier Uhr nachts wurde er durch ein Klopfen geweckt.

»Ich öffnete die Tür. Plötzlich spürte ich den Druck von drei Gewehrläufen auf meinem Körper. Eine Gruppe maskierter Männer stürmte das Büro. Weder sagten sie, wer sie waren, noch gaben sie eine Erklärung ab oder konnten einen Haftbefehl vorweisen.

Völlig verwirrt fragte ich sie, ob etwas nicht in Ordnung sei. Schließlich waren meine offiziellen Reisedokumente für

Ujangpanda erst am Vortag bewilligt worden. Sie schrien mich an und sagten, ich sei für die Morde an ihren Kameraden in Wasior verantwortlich, legten mir Handschellen an und nahmen anschließend das ganze Büro auseinander. Ich versuchte sie zu beruhigen und erklärte ihnen, dass ich ein Staatsbeamter sei und mit den Morden nichts zu tun hätte. Nachdem sie das Büro auf den Kopf gestellt hatten, ergriffen sie mich und schleppten mich nach draußen auf den Parkplatz. Dort stand ein ganz normaler Jeep ohne Polizeikennzeichen.

Sie stießen mich in den Wagenfond, wo ich mich auf den Bauch legen musste. Ein entsetzlicher Schmerz durchfuhr mich, als sie mir ein Messer ins Genick stachen. Die Narbe ist noch immer zu erkennen. Dann sprang mir jemand wiederholt auf die Hände. Ich spürte, wie meine Knöchel knirschten und brachen, als sie mit ihren schweren Stiefeln wieder und wieder darauf herumtrampelten.

Noch immer schrien sie mich an, ich solle mich zu der Tat bekennen. Ich beharrte darauf, dass ich unschuldig sei. Sie wurden immer wütender, steckten mir einen Gewehrlauf in den Mund, schlugen mir mehrere Zähne aus und traktierten mich für anderthalb Stunden mit Schlägen und Hieben. Dabei gingen sie mit solcher Gewalt vor, dass eines meiner Augen aus der Höhle sprang. In dem Moment verlor ich das Bewusstsein.

Als ich wieder zu mir kam, zerrten sie mich gerade in die Zelle einer örtlichen Polizeiwache. Dort tat eine andere Gruppe der BRIMOB Dienst, die früher in Wasior stationiert gewesen war. Sie erklärten, dass sie mich kannten und dass ich ein unbescholtener Mann und Staatsdiener der indonesischen Regierung sei.

Die beiden Gruppen gerieten in Streit, doch ich nahm nicht weiter Notiz davon. Denn ich lag auf einem kalten Betonboden inmitten von zwölf weiteren papuanischen Gefangenen aus den umliegenden Dörfern.

Mein ganzer Körper war wund von Verletzungen und Prellungen, und sie ließen mich drei Tage lang dort liegen, ohne etwas zu essen oder zu trinken und ohne medizinische Versorgung. Drei Monate lang hielten sie mich an diesem Ort fest, meine Wunden heilten allmählich ab, während ich darauf wartete, ob sie Anklage gegen mich erhoben.«

Während Herman seiner Anklage entgegensah, ereignete sich ein weiterer Vorfall, der die Situation ihrem Höhepunkt entgegentrieb. Die drei Papua, die beide Polizisten von der BRIMOB erschossen hatten, beschlossen, sich weitere Waffen zu besorgen. Sie widersetzten sich Häuptling Noaks Befehl, bei ihm zu bleiben, und schlichen sich in ein Lager der BRIMOB. Am Vorabend des 13. Juni 2001 töteten sie sechs Polizisten und einen zivilen Mitarbeiter und stahlen mehrere Gewehre sowie Munition. Aus Wut über diesen erneuten Angriff eröffnete die BRIMOB das Feuer auf die gesamte papuanische Bevölkerung in Wasior, und das Grauen begann.

Eine Woche später fuhr ein etwa vierzigjähriges papuanisches Ehepaar von Wasior per Boot nach Nabire, um dort Familienangehörige zu besuchen. Enus* war Lehrer und hatte ein paar Tage freibekommen, um seine Frau auf dieser Reise zu begleiten. Der Schwager von Thelis, der auf der Gehaltsliste der Polizei stand und diese mit Insiderinformationen versorgte, war verärgert, weil Thelis die Flucht gelungen war. Deshalb ging er zur BRIMOB und behauptete, der Lehrer Enus habe die Gewehre gestohlen und befinde sich nun mit dem Diebesgut per Boot auf dem Weg nach Nabire. Warum der Schwager ausgerechnet Enus dieser Tat beschuldigte, blieb ungeklärt.

In der Hoffnung, den schuldigen Mann in Kürze zu stellen, brach die BRIMOB in zwei Gruppen auf. Eine flog voraus nach Nabire, während die andere die Verfolgung des Ehepaares per Boot aufnahm.

Die Überfahrt nach Nabire dauert mehrere Tage, und in der Nacht legt man immer wieder an einzelnen Küstenorten an. Als Enus und seine Frau die erste Nacht in einem dieser Orte verbrachten, hatten sie nicht die geringste Ahnung, was sich hinter ihrem Rücken abspielte. Denn die BRIMOB traf erst ein, kurz nachdem sie das Dorf verlassen hatten.

Die Polizisten durchsuchten ein Haus nach dem anderen und beschuldigten die Dorfbewohner, den beiden Unterschlupf zu gewähren. Während die Männer durch die Straßen liefen, schossen sie völlig unvermittelt auf Gebäude und Passanten. Die Einwohner flüchteten in die umstehenden Häuser, unter ihnen auch eine schwangere Frau und ihr sieben- oder achtjähriger Sohn. Die Dämmerung hatte inzwischen eingesetzt, und lange Schatten krochen übers Land. Die Frau und ihr Sohn müssen Todesängste ausgestanden haben, als sie zusammengekauert dasaßen, während draußen Schüsse zu hören waren und Schreie die Luft erfüllten.

Plötzlich wurde der kleine Junge panisch und rannte hinaus auf die Straße. Seine Mutter setzte ihm sofort nach. Doch sie kam zu spät. Die BRIMOB hatte den Jungen gefasst, und vor den Augen der entsetzten Mutter enthaupteten sie ihn. Anschließend machten sie sich über die Frau her, vergewaltigten und töteten sie, indem sie ihr das ungeborene Kind aus dem Leib schnitten. Sie hieß Else und war achtundzwanzig Jahre alt.

Eine Zwölfjährige beobachtete diese grauenerregende Szene. Als die BRIMOB sie bemerkte, schossen die Männer auf das Mädchen. Sie rannte um ihr Leben, und die Polizisten jagten sie auf das Meer zu. Als sie in das salzige Wasser eintauchte, durchschlug eine Kugel ihre Hand, dennoch schwamm sie in der Dunkelheit bis zur nächsten Lagune. Sie versteckte sich im nahe gelegenen Dschungel, bis ihre Familie sie wenige Tage später halb tot auffand. Die Eltern brachten die Kleine ins Krankenhaus, wo sie behandelt wurde und glücklicherweise überlebte.

Die BRIMOB zog früh am nächsten Morgen weiter. Wie viele Menschen sie am Tag davor noch getötet hatte, konnte ich nicht herausfinden.

In der Zwischenzeit war das Ehepaar in Nabire eingetroffen und machte sich auf den Weg zum Haus seiner Verwandten. Die BRIMOB war vor Ort und stöberte die beiden rasch auf. Sie wurden, ebenso wie ihre Familienangehörigen, mit Schlägen misshandelt, das Haus wurde bis auf die Grundmauern niedergebrannt, und selbst das Boot, mit dem sie hergefahren waren, ging in Flammen auf. Die Polizisten brachten das Paar nach Manokwari, wo sie die Frau freiließen, Enus jedoch in Gewahrsam nahmen.

Eine ganze Woche lang folterten sie den Mann, um von ihm die Information zu erpressen, wo er die Gewehre versteckt habe. Doch da er unschuldig war, konnte er ihnen natürlich nichts sagen. Eines Morgens stellten die Polizisten fest, dass er sich nicht mehr bewegte. Sie schütteten ihm einen Eimer kaltes Wasser über, um ihn aufzuwecken. Als sie merkten, dass er tot war, zogen sie ihm frische Kleider, Schuhe und Strümpfe an, wischten das Blut ab und brachten ihn ins Krankenhaus.

Später stand in den Zeitungen, dass er dort erst gestorben sei, doch das Klinikpersonal sagte, er sei bei seiner Einlieferung längst tot gewesen. Die Krankenschwester, die ihn untersucht hatte, berichtete von Verstümmelungen am ganzen Körper. Die Polizei kehrte zurück und steckte die Leiche in einen

Sack. Diesen brachten sie in sein Haus in Wasior und bewachten ihn, damit niemand ihn öffnete und merkte, was sie angerichtet hatten. Sie blieben bis zur Beerdigung. Danach bedrohten und terrorisierten sie seine Frau so lange, bis sie untertauchte. Sie hält sich bis zum heutigen Tage versteckt, verängstigt, traumatisiert und für immer gezeichnet.

Während der ersten drei Monate in Gefangenschaft hatte man Herman, abgesehen von dem Vorfall im Jeep in der Nacht seiner Verhaftung, nicht gefoltert. Das änderte sich mit dem Tag, an dem seine Vernehmung begann. Einen nach dem anderen brachten sie die papuanischen Gefangenen in einen winzigen Raum, in dem lediglich ein Holztisch und einige Stühle standen. Sie alle wurden beschuldigt, an der Ermordung der Polizisten und dem Diebstahl von Waffen beteiligt gewesen zu sein.

Auf dem Tisch lag ein bereits vorformuliertes Schuldeingeständnis, und sie befahlen den Gefangenen, es zu unterschreiben. Jedes Mal, wenn die Männer sich weigerten, schlugen die Polizisten ihnen die Tischbeine auf die bloßen Füße. Sie wurden getreten und anderweitig gefoltert, und erst als ihnen klar wurde, dass man sie töten würde, fügten sie sich und unterschrieben.

Nachdem die Schuldeingeständnisse unterzeichnet waren, brachte man die Männer in ein größeres Gefängnis, wo sie weitere drei Monate eingesperrt blieben, bis auch die neuen Wunden verheilt waren. Während all dieser Wochen wurde kein Anwalt, kein Helfer oder sonst ein Außenstehender zu den Inhaftierten vorgelassen.

Als der Gerichtsprozess gegen Herman begann, hatte Amnesty International von dem Fall erfahren und wollte einschreiten. Der Richter fragte Herman, warum er das Schuldeingeständnis unterschrieben habe, und dieser erzählte, was im Gefängnis vorgefallen war. Daraufhin meinte der Richter, er müsse die Angelegenheit weiter untersuchen. Die Verhandlung wurde vertagt.

Herman wurde zurück ins Gefängnis gebracht und wartete auf die Fortsetzung seines Prozesses.

Währenddessen setzte die Polizei ihre so genannte »Fahndungsaktion« fort und griff wahllos Papua auf offener Straße auf oder verschleppte sie aus ihren Häusern. Manche erschossen sie noch an Ort und Stelle, dann wieder trieben sie die Männer wie Vieh zusammen und nahmen sie fest. Einige brachten sie vor Gericht, andere wurden ohne Prozess freigelassen, sobald die Wunden von den Folterungen verheilt waren. Viele verschwanden einfach spurlos und waren nie mehr gesehen.

Zu dieser Zeit gerieten die drei papuanischen Männer in Streit. Einer von ihnen, dem bewusst geworden war, was sie mit ihrer Aktion ausgelöst hatten, wollte die gestohlenen Waffen zurückbringen, die anderen beiden weigerten sich. Ohne seinen Kumpanen etwas zu sagen, brachte der Mann daraufhin die Waffen heimlich zurück. Er wurde auf Anhieb von der BRIMOB erschossen.

Kurz darauf lieferten sich die beiden verbliebenen Männer einen Kampf. Manche behaupten, es sei dabei um die restlichen Waffen gegangen, andere sagen, eine Frau sei der Grund gewesen. Jedenfalls schossen sie aufeinander und erlagen schließlich beide ihren Verletzungen. Niemand weiß bis heute genau, welche Ziele diese Männer eigentlich verfolgten. Die einzige Erklärung, die ich je erhalten habe, besagt, sie seien Abtrünnige des Widerstands gewesen, die beschlossen hatten, das Gesetz selbst in die Hand zu nehmen und zurückzuschlagen.

Als sich die Lage gegen Ende des Jahres schließlich beruhigte, beschloss Thelis, sich nach Wasior zurückzuschleichen. Er erreichte die Stadt, die eher verlassen als bewohnt wirkte: Die Straßen waren nahezu verwaist, die Häuser standen überwiegend leer, die Menschen waren alle in die umliegenden Berge geflohen.

Als Erstes suchte Thelis seine Töchter und ihre Familien auf. Seit Monaten hatte er nichts von ihnen gehört, weshalb er annahm, sie seien ebenfalls untergetaucht. Als er bei ihrem Haus ankam, war die Eingangstür offen. Er trat ein und befand sich plötzlich mitten in einem Alptraum: Auf dem Fußboden lagen die sterblichen Überreste seines 15-jährigen Enkels, sie hatten ihm in den Kopf geschossen. Welchen Schmerz muss dieser Mann in jenem Moment empfunden haben, wie verzweifelt muss er gewesen sein, als er seinen ältesten Enkel da vor sich sah – abgeschlachtet wie ein Tier und zum Verwesen auf dem Fußboden liegen gelassen.

Der Schmerz loderte in seinem Blick, als er sich diese Szene im Gespräch mit mir in Erinnerung rief. Die Wörter blieben ihm im Halse stecken, und als er den Mund öffnete, kam zunächst kein Laut heraus. Wie es dem Rest der Familie ergangen war, hat er mir nie erzählt.

Nach einer Weile setzte Thelis seinen grausamen Bericht fort. Monate nach dem Vorfall fanden sie immer noch zerstückelte Skelette in den Häusern, bargen misshandelte Tote aus dem Meer, die in Plastiksäcken steckten. Unzählige Leichen waren ans Ufer geschwemmt worden. Ganze Familien irrten verzweifelt umher und hielten nach Lebenszeichen von verschollenen Angehörigen Ausschau. Ein Zeuge, der in einem der neuen Holzschlaggebiete arbeitete, schilderte ihm, dass man ihm befohlen habe, mit dem Bagger ein Massengrab auszuheben.

Niemand weiß genau, wie viele Menschen verschwunden sind oder ihr Leben gelassen haben. Denn die Bevölkerung wird bis heute unter Druck gesetzt und mit Vergeltungsmaßnahmen bedroht, sollte es jemand wagen zu sprechen. Aus Angst schweigen die Menschen, stumm versuchen sie zusammenzukratzen, was von ihrem Leben übrig geblieben ist. Die Zahl derer, die verschleppt, getötet und misshandelt wurden, schwankt zwischen mehreren Hundert bis zu mehreren Tausend.

Da er nicht wusste, wohin, suchte Thelis Häuptling Noak in seinem Versteck in den Bergen auf. Bei einer Versammlung der Stammesältesten wurde beschlossen, dass Thelis als Abgesandter der Stämme der Welt berichten sollte, was in seinem Land passierte.

Mit diesem neuen Auftrag kehrte Thelis nach Jayapura zurück und bemühte sich um eine Stelle in einer indonesischen Menschenrechtsorganisation namens Komnas Ham mit Sitz in Jakarta. Er wurde genommen, und seine erste Aufgabe bestand darin, einen Bericht über die Ereignisse von Wasior zu verfassen.

Kaum hatte er sein neues Amt inne, wurde er verhaftet. Komnas Ham sandte sofort einen hohen Funktionär, der so lange intervenierte, bis Thelis wieder auf freiem Fuß war.

Doch gleich nachdem der Mann abgereist war, begann die Polizei Thelis zu drohen.

Sie sagten ihm, er stehe auf ihrer Todesliste und sie würden ihn schon noch kriegen. Denn unter den Polizisten ging die Angst um, er könne tatsächlich berichten, was in Wasior vorgefallen war.

In einem beispiellosen Wettlauf gegen die Zeit machte Thelis sich auf die Suche nach Zeugen, Beweisen und Unterlagen. Je mehr er zusammensammelte, desto mehr terrorisierte ihn die Polizei. Im Juli 2004 sandte er das Ergebnis seiner Nachforschungen zum Obersten Gerichtshof nach Jakarta. Eine Antwort hat er nie erhalten.

Der Bericht, den Thelis gemeinsam mit mehreren Anwälten und Vertretern von Menschenrechtsorganisationen verfasst hat, beschreibt eindeutig einen Fall von Genozid. Die begangenen Verbrechen fallen selbst nach indonesischem Recht in diese Kategorie. Doch bisher wurde niemand verurteilt, weder Papua noch Angehörige der BRIMOB, und selbst die Täter, die in dem Bericht namentlich erwähnt sind, wurden weder vernommen noch verhaftet.

Bis zum heutigen Tag leben Häuptling Noak und zahlreiche andere Papua im Untergrund, sie ziehen von einem Haus zum anderen, von einer Provinz in die nächste. Ständig sind sie auf der Flucht, müssen Verhaftung und Tod fürchten.

Nach einem Jahr in Haft wurde Herman endlich angeklagt. Da man ihm weder eine Verwicklung in die Mordfälle noch in den Waffendiebstahl nachweisen konnte, lautete die Anklage schließlich auf Hissen der papuanischen Morgensternflagge, eine Aktion, die schon mehrere Jahre zurücklag.

Das überraschte Herman zutiefst, zumal zu jener Zeit das Hissen der Flagge erlaubt gewesen war. Der Polizeichef, der an diesem Tag im Zeugenstand aussagte, war damals auf Herman zugegangen und hatte ihn gebeten, die Flagge wieder abzunehmen. Dieser tat wie geheißen und händigte die Fahne dem Polizisten widerstandslos aus. Nun wurde er Jahre später für einen Vorfall angeklagt, der damals durchaus rechtens gewesen war.

Herman wurde schließlich zu einem Jahr und vier Monaten Haft verurteilt. Am 29. August 2002 wurde er entlassen.

Ich lernte Herman im Haus eines papuanischen Menschenrechtsanwalts kennen, der mehrere Opfer der Ereignisse von

292

Wasior vertrat. Er war ein großer, attraktiver Mann, den ich auf Ende vierzig schätzte. Später sollte ich erfahren, dass er gerade mal siebenunddreißig Jahre alt war. Mir war sofort klar, dass er ein dringliches Anliegen hatte und es kaum erwarten konnte, mit mir zu sprechen. Doch erst am nächsten Tag sollte ich seine ganze Geschichte hören.

Wir saßen gemeinsam mit einem Übersetzer an einem schlichten Küchentisch.

Mit großer Aufrichtigkeit und Leidenschaft sprach Herman von der Liebe für seine Heimat, und mit Trauer sprach er von dem Schmerz und den Qualen, die er erlitten hatte. Er legte Zeugnis ab für all jene, die zu große Angst hatten, sich mit mir zu treffen. Er setzte sein Leben aufs Spiel und verbrachte mehrere Stunden damit, mir all das anzuvertrauen, was er bisher mit sich herumgetragen hatte.

Lange Jahre hatte er auf diesen Moment gewartet, darauf, dass seine Stimme endlich gehört würde. Er wollte nicht mehr im Verborgenen bleiben. Er zeigte mir die Narbe in seinem Nacken, die Wunden in seinem Gesicht, seine gebrochenen Hände und deformierten Füße.

Er weinte angesichts der Ungerechtigkeiten, die seinem Volk widerfahren waren, angesichts einer Regierung, die ihnen weder Schutz noch Entschädigung gewährte. Er trauerte um die Kinder, die ihre Eltern, um die Mütter, die ihre Söhne und Töchter, und um die Männer, die ihre Ehefrauen verloren hatten.

»Warum gibt es keine Gerechtigkeit auf dieser Welt? Warum hört niemand unsere Hilfeschreie? Nun will ich im Namen meines Volkes sprechen. Uns ist nie Gerechtigkeit widerfahren, dabei wollen wir nur eine faire Chance im Leben. Wir wollen doch nichts weiter als in Frieden leben!«

Ich stand neben Herman, als er sich spätabends auf seinem kleinen Moped auf die lange Heimreise machte, und ich spürte, wie Wut und Leidenschaft von mir Besitz ergriffen. Ich dachte über all die Dinge nach, die ich in den letzten Tagen gehört hatte, über die unwürdige Behandlung von Menschen, über den Wetteifer zwischen Polizei und Militär, die beide buchstäblich über Leichen gingen, um Wirtschaftsunternehmen zu kontrollieren und zu Geld zu kommen.

Die beiden Kräfte hatten Konflikte geschürt, anstatt die Menschen davor zu schützen, sie provozierten den Aufstand einer kleinen Bevölkerungsgruppe, die nur versuchte, sich einem System anzupassen, das sie wegstieß. Es gab einmal einen Slogan, der das anschaulich untermauert: »Jagt die Ratten, damit die Hühner ihre Eier legen können.«

Doch Herman ist keine Ratte, er ist ein wunderbarer Mensch, der selbst nach allem, was man ihm angetan hat, weder verbittert noch wütend ist. Verletzt durchaus und auch enttäuscht, aber jederzeit bereit, eine friedliche Lösung zu finden.

Wie hätte ich wohl an seiner Stelle reagiert? Hätte ich mir wie die drei Papua eine Waffe genommen, um selbst für Recht und Ordnung zu sorgen? Oder hätte ich geduldig auf meine Chance gewartet, der Welt meine Geschichte erzählen zu dürfen? Ich möchte über diese Frage lieber nicht nachdenken. Es ist nämlich gut möglich, dass ich mich für die Antwort schämen müsste.

20
Ein trauriger Abschied

Der Tag unserer Abreise war gekommen. An diesem Morgen wachte ich traurig und niedergeschlagen auf. Es kam mir vor, als wäre ich mehrere Monate hier gewesen, die Stunden waren wie in Zeitlupe verstrichen, aus Tagen waren Wochen geworden, mein Geist und mein Körper hatten sich dem Tempo der Natur, die mich umgab, angepasst.

Es war noch früh, als ich anfing, meinen gelben Rucksack zu packen. Die meisten Kleidungsstücke, die ich dabei hatte, verteilte ich unter den jungen Fayu-Frauen. Ich musste mir ein Schmunzeln verkneifen, als ich Babu-Bosa einige Stunden später in meinen Khakihosen herumlaufen sah. Sie saßen ein bisschen eng, aber das störte ihn offenbar nicht. Er stolzierte durch die Gegend wie ein Pfau, damit ihn alle bewundern konnten.

Die Fayu haben eine ganz eigene Art, mit neuen Dingen umzugehen: Sie geben tagelang damit an und schlendern mit hoch erhobenem Kopf umher, damit sie auch wirklich jeder bewundert. Ein Sprichwort bei ihnen sagt: »Wenn du dein neues Geschenk nicht mit großem Stolz zeigst, dann hat es für dich keinen Wert, und jeder hat das Recht, es dir wegzunehmen.«

Ich griff nach meinem Rucksack und ließ ein letztes Mal den Blick durch den kleinen Raum schweifen, der in den letzten beiden Wochen mein Zuhause gewesen war. Der wackelige

Mein Abschiedsfrühstück auf der Veranda

Holztisch mit den beiden Stühlen, das Moskitonetz über dem aus Holzbrettern zusammengezimmerten Bett, das Fenster mit Blick auf das Schulgebäude und die unzähligen Kakerlaken auf dem Boden. In den ersten Tagen hatte ich zumindest diejenigen, die schon tot waren, noch fleißig vom Boden aufgesammelt, doch bald war es mir zu viel geworden, und ich hatte sie nur noch zur Seite oder unter das Bett geschoben. Ich verabscheute die Kakerlaken zwar noch immer, aber gewöhnt hatte ich mich längst an sie wie an so viele andere kleine Unannehmlichkeiten, und inzwischen störten sie mich gar nicht mehr.
Ich schob die Eingangstür auf und ging auf eine letzte Tasse Instantkaffee zu Papas Haus hinüber. Die Kekse waren uns vor ein paar Tagen ausgegangen, daher hatte ich mir angewöhnt, stattdessen Kwas zum Frühstück zu essen.
Papa war mit dem Packen fast fertig und rief einige junge Männer herbei, die das Gepäck hinunter zum Fluss bringen

sollten. Wir würden mit dem Boot nach Quisa fahren, wo uns dann ein Flugzeug abholen würde.

Die Stimmung war gedrückt, und die allgemeine Traurigkeit spiegelte sich auf den Gesichtern der Fayu wider. Ich holte mir meinen Kaffee und setzte mich zu einem letzten Brotfrucht-Frühstück zu Fusai und Akaba. Während der Mahlzeit sprachen wir kaum ein Wort, Sophia-Bosa klammerte sich an meinen Arm, der Sohn von Häuptling Kologwoi flehte seine Mutter an, mich begleiten zu dürfen. Schließlich rief Papa, wir müssten jetzt los.

Alle kamen mit zum Fluss, um sich zu verabschieden. Ich spürte, wie die Dschungelbrücke unter dem Gewicht der vielen Menschen schwankte. Nachdem ich mittlerweile perfekt über die dünnen Bretter balancieren konnte, bewunderte ich noch einmal die Schönheit des Sumpfes unter mir, die vielen bunten Insekten, die von Pflanze zu Pflanze schwirrten, und das unendliche Dickicht, zu dem sich all die Bäume formten. Ich hasse Abschiede, verdränge am liebsten alle Trauer, bis mein Kopf völlig leer ist. Und so war es auch an diesem Tag: Ich war innerlich total leer.

Als das Gepäck im Boot verstaut war, begann der Streit darum, wer mitkommen durfte. Die kleine Sophia-Bosa erkämpfte sich einen Platz bei uns im Boot, wurde jedoch sofort wieder hinausgestoßen. Da begann sie zum ersten Mal zu weinen, bittere Tränen strömten ihr über die Wangen. Ich stand auf, zog sie wieder hinein und drückte andere zur Seite, damit sie neben mir sitzen konnte.

Schweigend fuhren wir wenig später flussaufwärts, vorbei an all den Stellen, die mir in den letzten Wochen so vertraut geworden waren. Der Wind umwehte mich, am blauen Himmel waren nur wenige Wolken zu sehen, die Sonne schien kraftvoll auf uns herab. Wie friedlich hier alles war, wie harmonisch und schön.

Bei unserer Ankunft in Quisa suchten wir uns einen Platz im Schatten, um auf das Flugzeug zu warten. Der Pilot hatte gesagt, er werde irgendwann am Nachmittag kommen. Das konnte um ein Uhr sein, aber auch um fünf. Also warteten wir, dösten im Schatten, zählten weder Minuten noch Stunden.

Am späten Nachmittag hörten wir aus der Ferne endlich das leise Dröhnen des Flugzeugs. Mit einem Mal wurden alle wieder lebendig und beeilten sich, das Gepäck zur Landebahn zu schaffen. Das Motorengeräusch wurde lauter, und schließlich konnte ich, die Augen gegen die Sonne abgeschirmt, den glänzenden Punkt am blauen Himmel erkennen. Mit leichter Hand manövrierte der Pilot das Flugzeug in die richtige Position und landete auf der holperigen Piste. Wir mussten uns mit dem Einladen beeilen, denn er hatte noch einen Zwischenstopp geplant, bevor es weiter nach Jayapura ging.

Als alles verstaut war, ging es ans Abschiednehmen. Ich verbarg mein schweres Herz hinter einem Lächeln, rieb Stirnen und umarmte die Frauen und Kinder, die uns begleitet hatten. Schließlich war alles gesagt und getan, und wir stiegen in das kleine Flugzeug. Diesmal saß ich hinten und Papa vorn. Vor dem Fenster zog die Landschaft vorbei, als die Maschine in den Nachmittagshimmel stieg. Höher und höher ging es empor, die Bäume und Häuser wurden von Sekunde zu Sekunde kleiner. Wir machten einen Bogen und flogen über Foida, um einen letzten Blick auf den Hügel, die Häuser der Fayu und den Fluss zu erhaschen.

Plötzlich hatte ich einen dicken Kloß im Hals. Ich verdrängte das alles, zwang mich, an nichts zu denken, nichts zu fühlen. Dennoch kam mir ein trauriger Gedanke: der Gedanke, dass dies vielleicht das letzte Mal war, dass ich die Schönheit des endlosen Dschungels bewunderte, die lächelnden Gesichter

Über dem Land der Fayu

der Fayu sah, die süße Luft einatmete und die feuchte Hitze auf meiner Haut fühlen konnte. Nein, darüber wollte ich jetzt nicht nachdenken, ich musste mich auf etwas anderes konzentrieren, mich ablenken.

Ich schloss die Augen, fühlte das Flugzeug vibrieren, roch die Hitze in der kleinen Maschine und auch den kalten Wind, der durch eine kleine Fensteröffnung drang. Eine tiefe Leere überkam mich, ich fiel, und es schien kein Ende zu geben. Voller Schmerz, Trauer und Verwirrung fragte ich mich, wo ich denn nun hingehörte. Ich wollte mich an etwas festhalten, doch alles schien mir zu entgleiten, je weiter wir flogen.

Erneut verlor ich all das, was mir am ehesten eine Heimat gewesen war, eine Lebensweise und Kultur, die ich verstand und liebte. Warum war ich überhaupt weggegangen? Wieso hatte ich nicht dafür gekämpft, früher hierher zurückzukehren? Wieso war das Leben so schwer?

Einige Stunden später landeten wir in Jayapura. Dort wartete ein Wagen auf uns, um uns nach Waena zu bringen. In wenigen Tagen würde ich auf dem Weg zurück nach Deutschland sein. Einerseits konnte ich es kaum erwarten, meine Kinder wiederzusehen, andererseits fürchtete ich mich vor der Rückkehr. Aber auch darüber wollte ich nicht nachdenken, ich hatte noch einige Tage vor mir, um die Wärme und die Lebendigkeit dieser Insel zu genießen.

Es begann am nächsten Morgen. Ich fühlte mich krank. Völlig erschöpft, mit Magenschmerzen, Schwindel, Müdigkeit, die mich den ganzen Tag ans Bett fesselten. Ich wollte niemanden sehen, wollte nicht aufstehen. Ich lag einfach nur da und starrte an die weiße Zimmerdecke, während der Ventilator mir ins Gesicht blies.

Am zweiten Tag zerrte Papa mich aus dem Bett. Die Reise zu den Fayu hatte ihn erschöpft, und er war zu schwach zum Einkaufen, daher schickte er mich mit Jacop in die Stadt. Wie im Traum lief ich durch die Inseln aus Lebensmitteln im Supermarkt und griff nach allem, was mir essbar und leicht zuzubereiten vorkam. Wie in Trance schob ich den Wagen zur Kasse, stand da und wartete, während eine junge Indonesierin die Preise zusammenrechnete. Ich griff zu meinem Portemonnaie, um zu bezahlen, und plötzlich war mein Kopf völlig leer.

Ich starrte auf den Betrag, den sie mir zeigte, und wusste nicht mehr, was ich zu tun hatte. Es wurde still, mehrere Leute sahen mich an und fragten sich, was los sei. Ich spürte, wie mir die Tränen kamen, ich war total konfus, die Rechnung nur noch ein Gewirr aus seltsamen Zahlen. Da mir nichts anderes einfiel, gab ich Jacop mein Portemonnaie und ging hinaus. Was war nur mit mir los? Warum war ich zu den einfachsten Dingen nicht mehr fähig?

Auf dem Heimweg riet mir Jacop zu einem Malariatest, da

meine Symptome der tropischen Malaria ähnelten, auch als Gehirnmalaria bekannt. Zu Hause ging ich sofort zu unserer Nachbarin, die mir Blut für den Test abnahm. Einige Stunden später bekamen wir das Ergebnis: keinerlei Anzeichen einer Krankheit.

Ich ging wieder nach Hause, noch immer völlig durcheinander wegen dem, was da gerade mit mir geschah.

Als ich in dieser Nacht im Bett lag, fiel mir eine Erklärung ein. Stand ich vielleicht unter Schock? War der Gedanke an eine Rückkehr so unfassbar, dass mein Körper sich einfach nur wehrte? Plötzlich wurde mir klar, welche Angst ich vor der Ankunft in Deutschland hatte, wie hilflos und entmutigt ich mich fühlte. Nichts hätte ich lieber gewollt, als hier zu bleiben, doch die Verhältnisse zwangen mich zur Rückkehr. Je näher der Tag meiner Abreise rückte, desto mehr schwanden die Sicherheit und das Glück, die ich hier empfand.

In den letzten Wochen hatte ich sehr intensive Gefühle mit extremen Höhen und Tiefen erlebt, und die Ungewissheit darüber, wo ich wirklich hingehörte, wurde immer stärker. Mein Herz sehnte sich danach, zu bleiben, mein Verstand dagegen sagte mir, ich solle zurückkehren, es sei noch etwas zu erledigen. Aber was nur? Wieso hatte ich das Gefühl, dass eine Aufgabe auf mich wartete? Ich wusste, dass ich zurückkehren musste, doch meine Familie war nicht der einzige Grund. Was aber sonst?

Am nächsten Morgen zwang ich mich zum Aufstehen. Es war mein letzter Tag, und ich musste mir unbedingt noch einen Wunsch erfüllen. Ich suchte Jacop und bat ihn, mich in die Stadt zu fahren. Ich wollte mein altes Zuhause aufsuchen, das Haus, in dem alles angefangen hatte. Ich wollte noch einmal die lange Auffahrt sehen, das Zementhaus mit der Palme im Hof, das Haus von Mari. Ich wollte mich vergewissern, ob es den kleinen Laden noch gab. Wir waren dort ausgezogen, als ich sechs war. Doch im Hof vor unserem Haus hatte ich damals ein seltsames Erlebnis gehabt, es war nur eine unklare Erinnerung, und richtig verstanden hatte ich sie nie …

Kurze Zeit später bogen wir in die kleine Nebenstraße ein. Es hatte sich nicht viel verändert, nur ein paar neue Häuser standen da. Ich konzentrierte mich auf den Straßenrand, damit ich die Zufahrt nicht verpasste. Da, ich hatte sie entdeckt.

Am Ende der Gasse stieg ich aus und betrachtete das alte Zementhaus. Es sah viel kleiner aus, als ich es in Erinnerung hatte, auch war die Palme davor nicht mehr da, und der Hof war mit Müll und Unkraut übersät. Jacop wartete im Auto, während ich auf das Haus zuging. Ich hörte Kinderstimmen, Gelächter, das Erinnerungen weckte. Ich ging an dem Haus vorbei, das vor unserem stand, und fand sogar die Abkürzung wieder, die Mari mir damals gezeigt hatte.

Das hohe Gras wich zur Seite, der trockene Boden zerbröselte unter meinen Füßen. An der Hauptstraße warf ich einen Blick auf die andere Seite. Der kleine Laden war nicht mehr da, an seiner Stelle stand ein neues Gebäude. Dann wandte ich mich nach rechts, und hinter ein paar Bäumen entdeckte ich, wonach ich suchte: das Haus von Mari.

Es war schrecklich heruntergekommen, die Fensterscheiben eingeschlagen, das Dach sah aus, als würde es jeden Augenblick einstürzen. Hier schien niemand mehr zu wohnen. Plötzlich tauchte ein junges papuanisches Mädchen in der Tür auf und sah mich überrascht an. Ich musterte sie, ihr lockiges Haar, die dunkle Haut, die schwarzen Augen. Sie trug nichts als Lumpen, und in ihrem Blick lag Bitterkeit, ein Mensch ohne jegliche Hoffnung auf den nächsten Tag. Rasch wandte ich mich ab.

Auf der anderen Straßenseite entdeckte ich einen Baumstumpf im Schatten, von dem aus ich den Ort betrachten konnte, der mein erstes Zuhause hier gewesen war. So viele

Jahre waren vergangen, so viel hatte sich verändert, so viele Erfahrungen hatte ich gemacht. Was wollte ich hier? Was hoffte ich zu finden?

Ich hörte plötzlich, wie mich Mamas Stimme rief: »Sabine, komm her!«

»Was ist denn, Mama?«

»Wer ist der alte Mann, mit dem du da gerade gesprochen hast?«

»Keine Ahnung. Er sitzt schon seit ein paar Tagen da.«

»Sabine, ich will nicht noch einmal sehen, dass dir jemand die Hände auf den Kopf legt. Halt dich von ihm fern, wir kennen ihn nicht.«

»Aber er ist nett. Er sagt, dass er früher Häuptling in einem Dorf war. Er hat mir erzählt …«

»Hast du gehört, was ich gerade gesagt habe?«

»Ja, Mama.«

Wer war dieser alte Mann? Wieso hatte er sich so für mich interessiert, als ich noch ein Kind war? Er hatte mich mehrere Tage lang beobachtet und mich dann angesprochen. Hatte gesagt, er sei einst ein mächtiger Mann gewesen und habe alles verloren. Ich versuchte mich an seine Worte zu erinnern. Wieso war mir dieses Erlebnis so viele Jahre lang im Gedächtnis geblieben? Lag es daran, dass ich von den Gesprächen nur noch vereinzelte Wörter wusste, aus denen ich nicht klug wurde?

Eines Morgens hatte er mich beiseite genommen und mir gesagt, er wolle für mich beten.

»Wieso das denn?«, fragte ich ihn.

Er antwortete in etwa: »Eines Tages wirst du eine wichtige Rolle in diesem Land spielen. Deine Seele ist mit dem Schicksal unseres Volkes eng verbunden.« Dann hatte er mir seine Hände auf den Kopf gelegt und etwas in einer fremden Sprache zu mir gesagt. Genau in dem Augenblick rief Mama mich zu sich.

Ich weiß nicht mehr, ob ich den alten Mann danach noch einmal wiedersah. Es war alles so verschwommen, so verwirrend. Was hatte ich mit dem Schicksal dieser Menschen zu tun? Welche Rolle konnte ich hier übernehmen? Wie viel Mut würde ich brauchen, anderes über diese Insel zu erzählen, als ich es bisher getan hatte – und damit vielleicht zu riskieren, dass meine Eltern des Landes verwiesen wurden!

Die Arbeit hier war ihr Lebenswerk. Sie hatten eine sichere Existenz hinter sich gelassen, um ein einfaches, hartes Leben im Dschungel zu führen. Jeder aber, der Kritik an der Regierung äußerte, wurde innerhalb von achtundvierzig Stunden aus Indonesien verbannt und durfte nicht zurückkehren, und so würde es auch ihnen ergehen, wenn ihre Tochter den Mund aufmachte. Doch ließ sich damit das Schweigen entschuldigen? Wie sollte ich noch in den Spiegel schauen, wie konnte ich mich noch als moralischen Menschen bezeichnen, wenn doch dieses Land, dem ich so viel verdankte, derart leiden muss? So viele Gedanken, so große Ungewissheit und so große Angst vor dem, was geschehen könnte, wenn …

Die letzte Nacht war angebrochen. Am Morgen würde ich nach Bali abreisen und von dort mit dem Flugzeug zurück nach Frankfurt fliegen. Es war ein trauriger Abschied. Wir machten ein paar letzte Fotos, und schließlich musste ich Papa Lebewohl sagen.

Mit Tränen in den Augen sagte er mir, wie glücklich er sei, dass ich gekommen war, wie schön es gewesen sei, mit mir wie früher im Dschungel zu leben. Es brach mir fast das Herz, als ich die Tränen sah, die Liebe zum Dschungel spürte, die Papa und mich auf so besondere Weise verband. Doch die Zeit bleibt für niemanden stehen, sosehr wir auch bitten und flehen, sie setzt ihre unaufhaltsame Reise fort und nimmt alles mit sich, das Gute wie auch das Schlechte.

Als ich ins Flugzeug stieg, drehte ich mich noch ein letztes Mal um und betrachtete die vertrauten Berge in der Ferne. Dort endete die Stadt, dort begann der endlose Dschungel. Schau über den Horizont, folge dem glitzernden Fluss, wie er sich durch das dichte Grün windet, dann kommst du ins Land der Fayu.

Im Flugzeug weinte ich, zum letzten Mal. Meine Gefühle waren verbraucht, mein Geist war müde, mein Herz gebrochen. Ich spürte nichts, mir war alles egal, ich war sowieso in einer Welt gefangen, die mich nicht gehen lassen würde, gefangen durch die Liebe meiner Kinder, gefangen durch Visum und Staatsbürgerschaft. Es war eine seltsame Welt, dennoch war sie mein Schicksal.

Ich hatte diesen Weg vor vielen Jahren eingeschlagen und musste ihn nun bis zu Ende gehen.

Wir näherten uns Timika im südlichen Teil von West-Papua. Wieder starrte ich aus dem Fenster und staunte über das seltsame Phänomen, das wie ein großer grauer Fluss aussah, der sich einen Weg vom Horizont bis zum Meer bahnt. Auf gespenstische Weise war es schön. Plötzlich sagte neben mir eine Stimme in fast perfektem Englisch: »Das kommt alles aus der Freeport-Mine.«

Ich drehte mich zu dem Indonesier neben mir um.

»Was soll das heißen?«, fragte ich.

»Freeport baut in West-Papua seit vielen Jahren Rohstoffe ab. Es gibt hier große Gold- und Kupfervorkommen«, antwortete er.

Ich nickte ungeduldig, wollte eine Erklärung für das graue Band da unten.

»Was Sie da sehen, sind die Auswirkungen der Minenarbeiten.

Es ist ein Abfallfluss, der über eine Strecke von dreißig Kilometern von den Bergwerken ins Meer fließt.«

Wir landeten und mussten die Maschine während des kurzen Aufenthalts verlassen. Ich sah mich um, alles wirkte so ärmlich. Es musste doch Anzeichen von Wohlstand geben, wenn das hier einer der größten Minenkonzerne der Welt war. Die Papua um mich herum sahen ärmer aus als die in Jayapura, die Gebäude waren baufällig. Ich nahm mir vor, die Angelegenheit bei meiner Rückkehr nach Deutschland näher zu erforschen.

Im Laufe der Jahre hatte ich immer wieder von Unruhen in dieser Gegend gehört, von Stämmen, auf deren Land Rohstoffe abgebaut und die nicht entschädigt worden waren, deren Lebensraum durch die Minenkonzerne zerstört wurde und die wenig Hilfe bekamen. Jetzt sah ich zum ersten Mal, wie schlimm es tatsächlich stand. Es ist eine traurige Welt, in der wir leben.

Je länger ich unterwegs war, desto weniger konnte ich es erwarten, meine Kinder endlich wiederzusehen. Es war noch früh am Morgen, als ich in Frankfurt landete. Der Himmel war mit dunklen Wolken verhangen, alles wirkte unglaublich farblos und leblos, so schrecklich kalt. Ich bahnte mir meinen Weg durch die endlosen sterilen Gänge im Flughafengebäude und fand schließlich die Gepäckausgabe. Mitten in der Menschenmenge fühlte ich mich plötzlich völlig allein. Alle schoben und drängten, um als Erste an ihr Gepäck zu kommen. Keine bunte Kleidung, keine lächelnden Gesichter, keine fröhlichen Stimmen, nur kaltes Schweigen.

Die Zeit schien plötzlich Tempo aufzunehmen, alle waren in Eile, wie in einem endlosen Wettlauf. Wütend schob eine Frau ihren Wagen vor meinen und warf mir einen verärgerten Blick zu.

Nein, dachte ich, *ich kann es nicht, ich kann hier nicht mehr leben. Das ist nicht meine Welt, und sie wird es auch niemals sein.*

Ich wollte weglaufen, aber ich wusste nicht, wohin. Es kam mir vor, als wäre meine Abreise nach West-Papua Anfang November, also vor gerade mal einem Monat, schon Jahre her. Nun war ich wieder hier, doch etwas war anders, irgendetwas hatte sich verändert.

Eisiger Wind schlug mir entgegen, als ich das Flughafengebäude verließ, ich zitterte vor Kälte. Die Wolken ließen nur wenige Sonnenstrahlen passieren, und in einem seltsamen Halbdunkel stieg ich ins Auto, um in eine Welt zurückzufahren, die mir fremd geworden war.

Ein paar Monate später saß ich an meinem Schreibtisch. Es war still im Haus, die Welt draußen war schneebedeckt. Ein phantastischer Anblick, doch die Schönheit meiner Umgebung berührte mich nicht. In Gedanken war ich wieder im Dschungel, in West-Papua.

Hunderte von Berichten und Zeitungsartikeln lagen vor mir. Ich hatte das Gefühl, an einer Wegkreuzung zu stehen – gehe ich mit dem, was ich weiß, an die Öffentlichkeit? Berichte ich der Welt, was ich gesehen habe? Mache ich bekannt, was ich bisher geheim gehalten habe?

All die Aktivitäten, von denen noch nicht einmal meine Eltern wussten. Eigentlich hatte ich noch ein paar Jahre verstreichen lassen wollen, bevor ich mich an die Öffentlichkeit wende, hatte warten wollen, bis meine Eltern ihre Arbeit bei den Fayu beendet haben, doch die Zeit drängte. Jeden Tag erreichten mich neue Berichte über Morde, die Dinge gerieten außer Kontrolle.

Ich öffnete meine E-Mails und entdeckte eine neue Nachricht von einem Freund. Als ich sie las, krampfte sich mein Herz zusammen. Ich griff zum Telefon und wählte eine ausländische Nummer.

»Hallo, ich bin's, Sabine. Ich bin bereit. Bring mich zurück nach West-Papua.«

Es war Anfang März 2006.

Und so kam es, dass ich einige Wochen später, an jenem Abend in Manokwari, als ich zusah, wie Herman in der Dunkelheit verschwand und auf eine ungewisse Zukunft zusteuerte, endgültig meinen Entschluss fasste.

Wenn dieser Mann sein Leben aufs Spiel setzte, um mir seine Geschichte zu erzählen, dann würde ich riskieren, niemals wieder zurückkehren zu können, niemals wieder im Kreise des Stammes sitzen zu können, den ich meine Familie nenne, niemals wieder die Vögel in den mir so vertrauten Bäumen zwitschern zu hören oder den Sonnenuntergang in dem Land zu bewundern, das meine Heimat ist.

Beim Rückflug nach Deutschland, als ich mich zum zweiten Mal innerhalb kurzer Zeit von meiner Insel verabschiedete, fand ich endlich meinen inneren Frieden wieder. Denn ich hatte ein Ziel. Genauso wie die Papua gemeinsam für Frieden und Gerechtigkeit kämpften, würde ich alles in meiner Macht Stehende tun, um das Schweigen zu brechen, das wie ein düsteres Laken über ihnen hing, weil eine korrupte Wirtschaft und eine skrupellose Politik es so wollten.

Bislang hatte ich in aller Stille gekämpft, aus Angst, meine Eltern könnten vertrieben werden, aus Angst, ich könnte nicht mehr zu den Fayu zurückkehren. Aber meine Brüder und Schwestern sind nicht nur Fayu, sondern gehören einem viel größeren Volk an, einem Volk namens Papua. Und mit dieser Einsicht kehrte ich im April 2006 nach Deutschland zurück.

Ich setze mich an meinen Computer und beginne über alles zu schreiben, was ich gesehen habe, über alles, was ich gehört und empfunden habe. Und mit jedem neuen Kapitel sehe ich Gesichter vor mir, die Gesichter der Fayu, die Gesichter von Jon und Mama, von Herman, Reverend Socratez Sofyan Yoman, von Häuptling Noak und Thelis, Benny Wenda und G. Tommy. Die Gesichter der Studenten, die es gewagt haben, zu demonstrieren, und die sich jetzt versteckt halten, die Gesichter der namenlosen Zeugen und schließlich all der Kinder West-Papuas, die noch nicht geboren sind.
Ich kann nicht vorhersagen, ob dieses Buch etwas bewirken wird, denn niemand weiß, was die Zukunft bringt. Ich kann nur hoffen.

21
Eine Wahl ohne jede Wahl –
der »Act of No Choice«

Das New Yorker Abkommen

15. August 1962

Vereinbarung zwischen der Republik Indonesien
und dem Königreich der Niederlande bezüglich
West-Neuguinea (West-Papua)

*Eingedenk der Interessen und des Wohlergehens der
Bevölkerung des Territoriums West-Neuguinea (West-
Papua), im Folgenden als »das Territorium« bezeichnet,
und in dem aufrichtigen Wunsch, ihren Konflikt um das
Territorium beizulegen, treffen die Republik Indonesien und das Königreich der Niederlande folgendes Abkommen:*

Artikel II:
*Nach Annahme der Resolution ... werden die Nieder-
lande die Regierungsgewalt über das Territorium an
eine vorübergehende Verwaltung der Vereinten Nationen (United Nations Temporary Executive Authority,
UNTEA) übertragen, welche durch den Generalsekretär eingesetzt wird und ihm untersteht.*

Die UNTEA ihrerseits wird die Verwaltung an Indonesien übergeben.

Ende September 1962. Ein junger Leutnant der niederländischen Marine saß in einem kleinen Küstendorf in West-Papua am Lagerfeuer. Sterne bedeckten den schwarzen Himmel, der Halbmond warf verschwommene Schatten über das schlafende Dorf. Der Geruch faulender Vegetation und süßer Blüten mischte sich mit dem Rauch, doch der Leutnant bemerkte ihn nicht. Er hielt ein Blatt Papier in der Hand und schrieb einen »Sitrep«, einen Situationsbericht, der am folgenden Morgen zu seinem Hauptquartier in Sorong geschickt werden sollte. Es war ein kurzer Bericht, denn an diesem Abend gab es nicht viel zu berichten.

Die zwei Wochen, die er jetzt schon mit seiner Truppe in diesem Dorf stationiert war, fühlten sich im Vergleich zu den letzten acht Monaten wie ein Urlaub an. Er hatte lange Märsche durch schwieriges Terrain hinter sich gebracht und den Dschungel auf der Suche nach indonesischen Fallschirmspringern und Soldaten durchkämmt. Er erinnerte sich an einen papuanischen Fährtensucher, der bei der Verfolgung eines Trupps stets ein Blatt aufgehoben hatte, auf das die feindlichen Soldaten getreten waren. Indem er an dem Blatt schnupperte, konnte er bestimmen, wie viele Stunden vergangen waren, seit der Feind die Stelle passiert hatte.

Alles in allem waren die Niederländer sehr gut mit den Inselbewohnern ausgekommen, hatten sie für eine unabhängige Zukunft geschult, ausgebildet und vorbereitet. Und nun, bevor es überhaupt richtig begonnen hatte, war es vorbei.

Tiefe Enttäuschung hatte daher die letzten Wochen geprägt, und ein Gefühl der Traurigkeit war auch bei vielen der Einwohner spürbar gewesen, als die Holländer den Befehl erhalten hatten, sich zurückzuziehen. Er selbst hatte die letzten paar Tage damit verbracht, zu sortieren, was eingepackt und mitgenommen werden sollte und was sie gemäß Befehl hier zurücklassen würden.

Vor einiger Zeit hatte er die Granaten einsammeln wollen, die sie als Sprengfallen versteckt hatten, um indonesische Truppen fern zu halten – und festgestellt, dass sie alle verschwunden waren. Als er die Papua fragte, die ihm geholfen hatten, die Fallen auszulegen, erntete er nur erstaunte Unschuldsblicke. Aber wer konnte es ihnen verdenken? Hatten sie nicht seit längerem der »Invasion eines Feindes« zusehen müssen, wie sie selbst sagten? Nun befanden sich jene Feinde unmittelbar an der Schwelle, die Tür stand weit offen, nichts konnte sie mehr aufhalten.

Der Marineleutnant blickte in den Nachthimmel hinauf. Es war ein langer Tag gewesen, gekrönt von einer Abschiedszeremonie der papuanischen Dorfbewohner für die Niederländer.

Die Papua hatten sich in ihrer Abschiedsrede bei den Soldaten für all die Geschenke bedankt, für Essen und Benzin. Sie lobten die Marine für ihre Unterstützung gegen die Feinde. Danach wurde gemeinsam gegessen und getanzt. Es war spät, als er endlich ins Bett kam.

Der junge Mann fuhr aus dem Schlaf hoch, als ihn jemand an den Haaren zupfte. Eine Stimme flüsterte in der Dunkelheit, bat ihn, mitzukommen. Der Leutnant stand auf und folgte dem jungen Einheimischen nach draußen vor das Dorf, wo noch ein Papua wartete. Die meisten Feuer waren inzwischen erloschen, nur Mond und Sterne beleuchteten schwach das Land. Der Papua sagte, er habe eine Bitte.

»Wir möchten ein Gewehr und Munition von euch kaufen«, sagte der junge Mann. »Das ganze Dorf hat gesammelt, wir haben all unser Geld zusammengelegt und 250 Gulden zusammengebracht.«

Doch es war eine Bitte, die der Leutnant unmöglich erfüllen konnte.

Am nächsten Tag verließ er das Dorf, und nach einem kurzen Aufenthalt in Sorong begann die lange Reise zurück in seine Heimat. Unterwegs hörte er im Radio die Abschiedsrede des niederländischen Botschafters Van Royen an die zurückgelassenen Papua:

»Während der langwierigen und schwierigen Verhandlungen war der niederländischen Delegation nichts so wichtig wie das Schicksal der 700 000 Papua.

Denn der niederländischen Regierung liegt das Wohl der Papua am Herzen, und die Unterstützung der Vereinten Nationen möge ihnen eine wahrhaft freie Zukunft garantieren.

Das Urteil der Geschichte wird davon abhängen, wie die Bedingungen des New Yorker Abkommens in die Praxis umgesetzt werden. Die ganze Welt wird uns dabei zusehen.«

Letztlich war es jedoch der niederländische Premierminister, der vielen aus dem Herzen sprach, als sie jene Insel sich selbst überlassen mussten, die heute als West-Papua bekannt ist:

»Ich bedaure, dass es uns nicht möglich ist, gemeinsam mit euch die Arbeit zu beenden, die wir begonnen haben.«

Artikel XIV:
Nach der vollständigen Übertragung der administrativen Verantwortung auf Indonesien werden die nationalen Gesetze und Bestimmungen Indonesiens prinzipiell auch in dem Territorium Gültigkeit besitzen, wobei vorausgesetzt wird, dass diese mit den Rechten

und Freiheiten vereinbar sind, welche den Bewohnern durch das vorliegende Abkommen zugesichert werden ... Indonesiens vordringlichste Aufgaben werden darin bestehen, die Volksbildung weiter voranzutreiben, den Analphabetismus zu bekämpfen sowie die soziale, kulturelle und wirtschaftliche Entwicklung der Bevölkerung zu fördern ...«

Im Jahr 1961 schloss ein junger Papua namens G. Tommy die Dorfschule in Tanan Merah ab, einem Ort in der Nähe der Grenze zu Papua-Neuguinea. Er hatte große Pläne für die Zukunft, wollte seine Ausbildung in der Küstenstadt Merauke fortsetzen und einen Beitrag zu der unabhängigen Zukunft seines Landes leisten, die die Niederländer versprochen hatten. Voller Stolz sah er zu, wie am 1. Dezember 1961 die Staatsflagge West-Papuas mit dem Morgenstern neben der niederländischen gehisst wurde. An diesem Tag wurden in sieben Provinzen die beiden Flaggen gehisst, als Zeichen der Einigkeit und erster Schritt in Richtung Unabhängigkeit, die bis 1970 erreicht sein sollte. Großer Jubel herrschte im Land, die Menschen tanzten, sangen und feierten den Beginn einer neuen Ära. Doch diese Ära sollte nur allzu rasch wieder enden.

Als der indonesische Präsident Sukarno erfuhr, dass die papuanische Staatsflagge gehisst worden war, war er schockiert und wütend. Er erkannte, dass die Papua nichts anderes als die Unabhängigkeit wollten. Mit ironischer Stimme erklärte er: »Die Papua sind Primitive, und jetzt wollen sie Freiheit?« Kurz darauf wandte er sich in einer Rede an sein Volk und behauptete, »dass unsere Brüder und Schwestern in Papua unsere Hilfe brauchen, um sich von den Niederländern zu befreien«. Damit begründete er, dass unverzüglich

Fallschirmjäger in mehrere Provinzen Papuas geschickt wurden.

Als G. Tommy das niederländische Militär eintreffen sah, um gegen den indonesischen Feind zu kämpfen, wollte er sich, wie viele seiner Freunde, dem Papuanischen Freiwilligencorps anschließen. Doch sie wiesen ihn ab, weil er zu jung war. G. Tommy beschloss, seinen ursprünglichen Plan weiterzuverfolgen, und zog nach Merauke.

Währenddessen fanden die Verhandlungen für das New Yorker Abkommen statt, und am 15. August 1962 wurde der Vertrag unterzeichnet. Die Niederländer zogen unverzüglich ab. Doch die Papua sind ein starkes, stolzes Volk, und am 1. Dezember 1963 hissten sie erneut den Morgenstern. Die indonesischen Sicherheitskräfte, erbost über diese öffentliche Zurschaustellung der Flagge, griffen hart gegen die Bevölkerung durch, vor allem gegen papuanische Politiker und Aktivisten.

G. Tommy musste mit ansehen, wie viele seiner Landsleute gefesselt, mit verbundenen Augen hinter Lastwagen hergeschleift oder auf der Stelle erschossen wurden. Viele verschwanden einfach und wurden nie mehr gesehen. Angst und Entsetzen breiteten sich aus, und die Indonesier verboten den Morgenstern – die bloße Erwähnung der Flagge wurde mit dem Tode bestraft. »Es gibt kein Land Papua mehr, ihr seid nicht länger Papua, sondern Indonesier«, wurde überall auf der Insel propagiert.

Da die tägliche Furcht vor Morden und Übergriffen von nun an ihr Leben beherrschte, flohen Hunderte Papua ins benachbarte Papua-Neuguinea, darunter auch G. Tommy. Dort waren sie willkommen, und die Menschen halfen ihnen.

Ein Jahr später beschloss er, trotz allem in sein Heimatland zurückzukehren. Er verbrachte einige Zeit in Merauke und Jayapura, dann verschärfte sich die Situation wieder dramatisch, und G. Tommy flüchtete mit etwa 250 weiteren Männern in den Dschungel. Sie hatten vor, den Widerstand gegen die Indonesier zu planen, beschlossen aber, erst einmal den Ausgang des Referendums, des »Act of Free Choice«, abzuwarten.

Gelegentlich erhielten sie Nachrichten über die Vorgänge in Jayapura. Eines Tages kam ein Papua zu ihnen und berichtete, dass in den Tagen vor der Abstimmung indonesische Panzer und Soldaten die Straßen von Jayapura beherrschten. Der Mann sprach aus, was viele dachten: Das Ganze sah aus wie eine kriegerische Invasion, doch gegen wen wollten die Indonesier Krieg führen?

An einem Spätnachmittag im Juli 1969 versammelten G. Tommy und seine Kameraden sich vor einem kleinen Radio, um den Ausgang der Wahl zu erfahren, die ihr Schicksal entscheiden würde. Traurigkeit und Entsetzen überkamen sie, als der indonesische Sprecher voller Stolz verkündete: »Wir haben gewonnen, das Resultat lautet 100 Prozent für den Anschluss an die Republik Indonesien.« An diesem Tag schloss sich G. Tommy gemeinsam mit einer Hand voll Männer einem Netzwerk an, das im Laufe der Jahre stark anwachsen sollte und bekannt wurde als OPM, die Bewegung Freies Papua. Denn die Papua realisierten, dass sie von nun an um ihre nackte Existenz kämpfen mussten.

Einige Jahre später wurde G. Tommy mit dem Auftrag losgeschickt, eine Gruppe Flüchtlinge zu beschützen, die sich unter Lebensgefahr nach Papua-Neuguinea aufmachten. Dort angekommen, wurde er festgenommen und in ein Gefängnis in Port Moresby gebracht. Die Regierung von Papua-Neuguinea beugte sich inzwischen dem internationalen Druck und distanzierte sich vom Freiheitskampf ihrer Nachbarn.

Im Gefängnis besuchte ihn ein ghanaischer Flüchtlingshelfer,

der ihm ein Visum für Ghana anbot. G. Tommy, der schluss-
folgerte, dass es seinen Tod bedeuten würde, wenn sie ihn
nach West-Papua deportierten, nahm dieses Angebot an und
ging nach Ghana. Einige Jahre später bekam er ein Visum für
die Niederlande, wo er bis heute lebt und voller Sehnsucht
auf den Tag wartet, da sein Land wieder frei sein wird und er
nach Hause zurückkehren kann.

Artikel XVIII:
Indonesien wird mit Hilfe und Beteiligung des Vertre-
ters der Vereinten Nationen und seines Stabes dafür
sorgen, dass die Bevölkerung des Territoriums Gelegen-
heit zu einer freien Wahl erhält. Dabei ist Folgendes zu
berücksichtigen:
…
c) Die Fragen sind so zu formulieren, dass sie den Be-
wohnern gestatten zu entscheiden (a), ob sie im indone-
sischen Staatenbund verbleiben oder (b) sich von In-
donesien lösen wollen.
d) Allen Erwachsenen, Männern wie Frauen, die keine
Ausländer sind, muss die Möglichkeit gegeben sein, sich
an diesem Akt der Selbstbestimmung zu beteiligen, der
in Übereinstimmung mit internationaler Praxis zu ge-
stalten ist. Dies betrifft jene, die zum Zeitpunkt der Un-
terzeichnung des vorliegenden Abkommens Einwohner
des Territoriums sind, ebenso wie jene, die nach 1945
ausgewandert und in das Territorium zurückgekehrt
sind und nun ihren ständigen Wohnsitz dort haben …

Artikel XXII:
Die UNTEA und Indonesien werden die Rechte der
Einwohner, insbesondere das Recht auf freie Meinungs-

äußerung, Freizügigkeit und Versammlung, garantieren ...

Er hieß Wenda. Er gehörte dem Ältestenrat seines Stammes an und war somit ein bedeutender Mann in der Gemeinschaft, die friedlich im Hochland von West-Papua lebte. Zumindest bis zu jenem Tag, als Wenda von den Indonesiern als Vertreter seines Gebiets bei der bevorstehenden Wahl von 1969 ausersehen wurde. Gemeinsam mit anderen Papua-Vertretern wurde er nach Wamena geflogen, um dort von den Indonesiern ein »Training« für die Wahlen zu bekommen.

Bei ihrer Ankunft erhielten die Männer neue Kleidung und Geschenke wie Radios, Batterien und Taschenlampen. Bald darauf begann der Unterricht, wie die Indonesier es nannten. Sie mussten sich in einem großen Raum versammeln und auf Stühle setzen. Mit Hilfe eines Dolmetschers – die meisten von ihnen beherrschten die indonesische Sprache nicht – brachte man ihnen bei, dass sie, sobald sie das Wort »Indonesien« hörten, aufgeregt aufspringen, die Arme hochreißen und »Ja!« rufen sollten. Bei dem Wort »Papua« dagegen sollten sie alle sitzen bleiben und nichts sagen. Und so begann der Drill.

Das »Training« wurde eine Zeit lang fortgesetzt, und einige Papua, die Indonesisch konnten, mussten eine vom Militär vorgefertigte Rede auswendig lernen, in der es sinngemäß hieß: »Wir gehören seit 1945 zu Indonesien und erkennen nur eine Republik, eine Staatsflagge und eine Regierung an – die von Indonesien.«

Bald war allen klar, dass etwas ganz und gar nicht stimmte. Denn wenn bei dem Wort »Papua« doch einmal jemand aufstand, wurde er getreten oder geschlagen, und die ganze Prozedur begann von vorn. Aber Wenda hatte eine starke Persönlichkeit und liebte sein Heimatland sehr. Er weigerte sich, bei der »Unterweisung« zu kooperieren und stand immer wieder beim Wort »Papua« auf.

Schließlich brachten ihn die Soldaten hinaus, warfen ihn an Händen und Füßen gefesselt in eine Zelle und setzten ihn eine Woche lang ohne Nahrung und Wasser in Einzelhaft gefangen.

Doch er war wild entschlossen, sich dem Druck dieser Fremden nicht zu beugen, und hielt an seiner Überzeugung fest. Die Abstimmung fand ohne ihn statt, man suchte einen anderen Papua als Ersatz für diesen »Rebellen«, wie sie ihn nannten. Drei Wochen lang blieb er im Gefängnis, bis die Wahl vorüber war.

Nach seiner Freilassung wollte er in sein Dorf zurückkehren, doch die Militärs ließen ihn nicht gehen. Ein weiteres Jahr lang hielten sie ihn fest, drillten und terrorisierten ihn und versuchten, ihn durch Gehirnwäsche so weit zu bringen, dass er sagte: »Ich bin Indonesier, ich bin stolz darauf, Indonesier zu sein.«

Irgendwann kooperierte er doch, weil er um sein Leben fürchtete und sich nach seiner Familie und seinem Dorf sehnte. Aber eine gewaltige Wut machte sich in ihm breit, der starke Drang nach Freiheit erfüllte sein ganzes Wesen.

Die Rückkehr in sein Dorf fiel sehr still aus, denn das ehemals friedvolle Leben seines Stammes war nun vom Terror beherrscht. In jedem Dorf war inzwischen ein Militärposten stationiert, und alle, die an der Abstimmung teilgenommen hatten, mussten sich einmal pro Woche dort melden. Man befahl ihnen, niemals über die Wahl zu sprechen oder darüber, was ihnen während ihrer Abwesenheit widerfahren war. Ihr Kommen und Gehen wurde überwacht und gegebenenfalls eingeschränkt, und selbst die Lage ihrer Gärten mussten sie dem Militär melden. Messer, Steinäxte und Buschmesser waren verboten und wurden ihnen auf der Stelle abgenommen, wenn man sie entdeckte.

Die Militärs verkündeten in allen Dörfern, die Einwohner seien nun nicht länger Papua, sondern Indonesier, und sollten das Wort Papua ebenso vergessen wie ihre Staatsflagge. Falls sie jemanden dabei ertappten, dass er das Wort Papua aussprach oder eine Flagge besaß, würden sie ihn auf der Stelle erschießen.

So begann eine düstere Zeit für diese kleine Nation aus zahllosen Stämmen, Kulturen und Völkern, deren Identität tief mit dem Land verwurzelt ist, das Jahrtausende lang das ihre gewesen war.

Die Situation beruhigte sich für einige Jahre, doch in den Herzen und Köpfen der Papua, die all die Grausamkeiten mit angesehen hatten, nahm ein Plan Gestalt an. In geheimen Treffen erzählten sie einander flüsternd, was ihnen selbst oder anderen aus ihrem Stamm angetan worden war. Denn öffentlich darüber zu sprechen war verboten, und die Todesstrafe hing wie eine ständige Drohung über ihrem täglichen Leben.

Aus diesem Flüstern entstand die Bewegung Freies Papua. Sie sandten Boten mit der Nachricht aus, dass die Wahl manipuliert worden sei, dass viele ermordet oder ins Gefängnis geworfen worden seien, die Widerstand geleistet hatten. Diese Nachricht verbreitete sich wie ein Lauffeuer vom Hochland bis an die Küste, in die Sümpfe und auf die umliegenden kleinen Inseln. Das Flüstern wuchs allmählich zu einer Stimme an und die Stimme zu einem Schrei, der gehört zu werden begann … ein Schrei nach Freiheit.

Im Jahr 1975 bekamen Wenda und seine Frau einen Sohn, den sie Benny Wenda nannten: Ein kleiner Junge, dem man seine Kindheit und seine Unschuld rauben würde. Ein Junge, der eines Tages als Mann in die Welt hinausgehen und die Bot-

320

schaft, die als ein Flüstern begonnen hatte, über die Grenzen West-Papuas hinaustragen würde.

Artikel XXXIX:
Die unten genannten Bevollmächtigten, welche von ihrer jeweiligen Regierung zu diesem Zweck autorisiert wurden, haben als Zeugen vorliegendes Abkommen unterzeichnet.
Geschehen im Hauptquartier der Vereinten Nationen in New York am 15. August 1962, in drei identischen Ausfertigungen, von denen eine der Generalsekretär verwahren und jeweils eine den Regierungen der Vertragsparteien ausgehändigt wird.
Unterzeichnet, Subandrio für die Republik Indonesien,
unterzeichnet, J. Herman von Roijen für das Königreich der Niederlande,
unterzeichnet, C. W. A. Schurmann für das Königreich der Niederlande.

»Mein Name ist Benny Wenda, ich gehöre zum Stamm der Lani und wurde in einem kleinen Dorf im Hochland von West-Papua geboren. Während meiner ersten beiden Lebensjahre wohnten wir mit unseren Stammesgenossen im Dorf, umgeben von wunderschönen Bergen.

Doch unter den Bewohnern der Insel erhob sich ein Grollen, Veränderung lag in der Luft, eine veränderte Atmosphäre, die das Land befiel und sich schließlich auch dem indonesischen Militär mitteilte. Als Antwort darauf kamen noch mehr Soldaten und Polizisten nach Papua. Die Verhaftungen und Folterungen eskalierten, als die Indonesier sich auf die Suche nach denjenigen machten, die für diese Veränderung verantwortlich waren, und dann, im Jahr 1977, explodierte das Ganze.

Es begann mit der Verhaftung dreier Stammesältester in einem anderen Dorf. Die übrigen Angehörigen des Ältestenrats mussten mit ansehen, wie diese drei Männer zu Tode geprügelt wurden.

Als sich die Nachricht überall herumsprach, gerieten die Papua in Rage. Die Polizei begann all jene zu verfolgen, die das Schweigen über die ›Wahl‹ von 1969 gebrochen hatten, ebenso wie jeden, der das Wort Freiheit auch nur erwähnte. Soldaten durchkämmten die Dörfer in den Bergen und töteten alle, die sie verdächtigten, ein Separatist oder Mitglied der OPM zu sein. Als das Morden überhand nahm, flohen Tausende aus ihrer Heimat und wurden zu Flüchtlingen im eigenen Land. So auch wir: Mein Vater war schon untergetaucht, und als die Situation in unserem Dorf unerträglich wurde, floh meine Mutter eines Nachts mit mir und meiner Tante in den Dschungel. Wir überquerten einen Fluss und versteckten uns, während das Militär unser Dorf durchsuchte.

Als die Soldaten merkten, dass die Dorfbewohner meist vor ihrer Ankunft gewarnt wurden und sich rechtzeitig versteckten, änderten sie ihre Taktik und begannen die Dörfer aus der Luft zu bombardieren. Doch die meisten Stammesangehörigen wussten nicht einmal, dass es so etwas wie Bomben gibt. Wenn sich ein Flugzeug näherte, begannen sie daher oft zu tanzen, sie versammelten sich und jubelten, weil sie glaubten, nun käme die lang erwartete Hilfe. Stattdessen erwartete sie nichts als der Tod, verbrannte Dörfer, zerstörte Felder. Viele suchten Schutz in ihren Häusern, nur um festzustellen, dass es vor dem Tod, der aus dem Himmel kam, keinen Schutz gab.

Meine Mutter und meine Tante gingen weit fort, flohen von einem Dorf zum nächsten oder lebten in Höhlen, bis sie vom Militär aufgespürt wurden und erneut fortlaufen mussten. Während einer solchen Flucht trug meine Mutter mich einmal einen Berghang hinauf. Sie rannte vor dem herannahenden Militär davon und stürzte mit mir, wobei ich mir das rechte Bein brach. Aber wohin sollten wir uns schon wenden, um es behandeln zu lassen? Wo konnten wir Hilfe finden? Mein Bein verheilte zwar irgendwann, ist aber seitdem mehrere Zentimeter kürzer als das linke.

Im Jahr 1979, wir waren jetzt seit zwei Jahren auf der Flucht und hatten meinen Vater noch immer nicht aufspüren können, erreichten wir endlich ein kleines Dorf, in dem wir Unterschlupf fanden.

Eines Tages nahm meine Tante mich mit, um im Garten etwas Gemüse zu ernten, während meine Mutter außerhalb des Dorfs nach Nahrung suchte. Plötzlich hörten wir das Dröhnen eines Flugzeugmotors und hielten inne. Auch hier waren die meisten Dorfbewohner noch nicht mit Flugzeugen, geschweige denn mit Bomben in Berührung gekommen und traten aus ihren Häusern, um zuzusehen, wie die Maschine näher kam. Ich muss damals etwa fünf Jahre alt gewesen sein. Aber ich erinnere mich noch heute daran, wie die erste Bombe auf die Menschen fiel, wie ihre Leiber zerfetzt wurden und Entsetzensschreie die Luft erfüllten.

Ich versuchte über den Zaun zu klettern, der um den Garten verlief, um die Wildschweine fern zu halten, aber er war zu hoch. Die Bomben fielen weiter, und als ich merkte, dass ich nicht weiterkam, versteckte ich mich in einem Wassergraben. Bomben fielen überall um mich herum, und bald war ich über und über mit Erde bedeckt.

Nachdem die Maschine abgedreht hatte, kehrten die Dorfbewohner zurück, die entkommen waren, und suchten nach ihren Toten. Als sie mich entdeckten, brachten sie mich wieder zu meiner Mutter und meiner Tante. Viele Menschen waren an jenem Tag umgekommen; die Überlebenden aber flohen bald darauf in den Dschungel. Sie wagten es nicht, zurückzukehren, völlig traumatisiert von dem, was sie erlebt hatten.

Im Dschungel starben dann noch viele weitere an Unterernährung oder Malaria, andere suchten verzweifelt nach Angehörigen oder irgendjemandem, den sie kannten und der noch am Leben war.

Ein Jahr lang lebten meine Mutter, meine Tante und ich unter einem Baum und ernährten uns von Insekten, Pilzen und was wir sonst an Essbarem fanden. Meine Mutter musste schließlich erkennen, dass wir auf diese Weise nicht mehr lang durchhalten würden, denn es gab weit und breit keinen Mann, der für uns jagen oder uns eine Unterkunft bauen konnte. Deshalb beschloss sie, den Fluss Mulik zu überqueren und nach weiteren Familienmitgliedern zu suchen.

Wir gingen über eine Brücke, und bevor wir noch kehrtmachen und fliehen konnten, waren wir von Soldaten umringt. Sie kamen auf uns zu und fragten mich nach meinem Namen, und ich sagte ihnen, ich hieße Benny Wenda.

›Dann töten wir dich‹, erwiderten sie, ›weil du der Sohn eines OPM-Mitglieds bist.‹ Ich klammerte mich verzweifelt an meine Mutter, als sie nach mir griffen.

Plötzlich erschien ein Papua. Er winkte und bedeutete ihnen, sie sollten sofort aufhören. Ich sei ein Verwandter von ihm und keineswegs der Sohn jenes OPM-Mitglieds. Dieser Mann hat mir das Leben gerettet, denn sie ließen mich tatsächlich gehen. Aber das Grauen war noch nicht zu Ende. Sie griffen sich meine Tante, die jung und sehr hübsch war, und vor meinen Augen und denen meiner weinenden Mutter vergewaltigten die Soldaten sie wieder und wieder. Ich verstand

324

nicht, was vor sich ging, aber ich wusste, dass sie meiner Tante etwas Schreckliches antaten.

Wir flohen zurück in den Dschungel und stießen endlich auf einige Verwandte, darunter einen meiner Onkel. Wir schlugen uns weiterhin unter schwierigsten Bedingungen durch, bis die Männer eines Tages entschieden: Wenn wir leben wollen, müssen wir uns den Indonesiern ergeben. Gemeinsam gingen wir also in ein nahe gelegenes Dorf und stellten uns dem Militärposten.

Die Soldaten brachten uns in ein Lager, wo sie uns in Reihen aufstellten, die kräftigen Männer auf einer Seite, die Älteren und Kranken sowie die Frauen und Kinder auf der anderen. Dann drehten sie sich zu den Männern um und töteten sie alle, einen nach dem anderen. An diesem Tag verlor ich mehrere Angehörige. Es war ein Schock für uns, den Worte nicht beschreiben können.

Wir Übrigen mussten in diesem Lager leben, und ich beobachtete Tag für Tag schreckliche Gräueltaten, wenn etwa die Soldaten jungen Mädchen von neun oder zehn Jahren befahlen, zum Fluss hinunterzugehen und sich zu waschen, um sie anschließend zu vergewaltigen. Auch meine Tante wurde nicht verschont und immer wieder misshandelt. Die älteren Frauen mussten für die Soldaten waschen, putzen und kochen.

Nach einigen Monaten fällte meine Mutter die Entscheidung, dass wir hier wegmussten. Also flohen wir einmal mehr und begannen den langen Weg über die Berge, zurück in unser Heimatdorf. Das war 1982.

Wir wanderten ein Jahr lang. Der anstrengende Marsch begann unserer Gesundheit zu schaden, weil wir mit wenig und manchmal gar nichts zu essen durch unwegsames Gelände gehen mussten. Als wir unser Dorf endlich erreichten, war ich halb verhungert, aber wir hatten es geschafft und ergaben uns erneut dem Militärposten. Auch hier waren die starken Männer getötet worden, hingerichtet wie Verbrecher, dabei bestand ihr einziges Verbrechen darin, dass sie papuanischer Abstammung waren.

Bald erfuhren wir vom entsetzlichen Schicksal eines meiner Onkel, der bei der OPM aktiv gewesen war. Das Militär hatte ihn zu fassen bekommen, und um vor den anderen Dorfbewohnern ein Exempel zu statuieren, hatten die Soldaten ihn erst geschlagen, dann hatten sie ihn so fest, dass er sich nicht mehr rühren konnte, an einen Fahnenmast gefesselt, an dem die indonesische Staatsflagge hing. Am nächsten Tag legten sie ihm einen Strick um den Hals, gruben ihn so tief ein, dass nur noch sein Kopf herausschaute, und zwangen ihn, von neun Uhr morgens bis vier Uhr nachmittags direkt in die Sonne zu blicken. Sobald er versuchte, die Augen zu schließen, schlugen sie ihn so lange, bis er sie wieder öffnete. Nach einer Weile lief ihm Blut wie Tränen aus den Augen, und als sie ihn ausgruben, war er blind. Sie schleiften ihn an dem Strick um seinen Hals durchs Dorf und begruben ihn lebendig.

Während ich diese Geschichte erzähle, brennt mein Herz vor Schmerzen. Wie kann jemand so etwas einem anderen Menschen antun? Damals war ich zu jung, um wirklich zu verstehen, was da vor sich ging. Ich wuchs auf mit der Frage: Warum? Ich hatte alles gesehen, die Schläge, die Bomben, Mord und Vergewaltigung. Ich sah Dörfer brennen, Tausende Menschen in die Berge und den Dschungel fliehen, Tränen und Leid, Hunger und Durst. Und ich konnte nichts anderes denken als: Warum?

Schließlich beruhigte sich die Lage ein wenig, doch Tausende papuanischer Männer waren ermordet worden oder spurlos verschwunden, ganze Dörfer waren zerbombt oder niedergebrannt, Hunderte unschuldiger Frauen vergewaltigt worden.

Doch hatten die Niederländer uns nicht die Freiheit zugesagt? Hatten die Vereinten Nationen und Amerika uns nicht eine Chance versprochen, selbst über unsere Zukunft zu entscheiden? Hatte Indonesien nicht ein Abkommen unterzeichnet? Wo waren sie jetzt alle?

Ein Mann aus Papua eröffnete in unserem Gebiet eine Schule, und ich besuchte sie. Im Laufe der Jahre fragte ich meine Mutter immer wieder, warum wir im Dschungel gelebt hätten und wo unsere Familie sei, doch sie wollte nicht darüber sprechen. Ich wuchs heran und begann die Geschichten, die ich von papuanischen Landsleuten erfuhr, in meiner Erinnerung zu sammeln.

Als es Zeit für die Highschool wurde, ging ich an eine indonesische Schule. Bald nachdem ich dort angefangen hatte, spuckten mich die javanischen Schüler an. Ich überlegte, ob ich vielleicht stank, denn ich hatte noch nie etwas von Diskriminierung gehört. Ich ging nach Hause und wusch mich, oft dreimal hintereinander, zog frische Kleidung an, aber sie hörten nicht auf zu spucken. Schließlich erkannte ich, dass es an der Farbe meiner Haut und meiner Haare lag.

Nach der Highschool besuchte ich die Universität in Jayapura und forschte in der Bibliothek nach dem ›Act of Free Choice‹, entdeckte jedoch keine einzige Seite, keinen einzigen Satz darüber. Alles, was ich herausfand, war die Tatsache, dass sich Papua der Republik Indonesien angeschlossen hatte und der Name in Irian Jaya geändert worden war.

An der Universität rief ich heimlich eine Studentenbewegung ins Leben, tat mich mit Kommilitonen zusammen, und im Laufe der Zeit erhielt die Bewegung regen Zulauf. In den folgenden Jahren wurde ich mehrmals verhaftet, oft geschlagen, aber immer wieder nach Hause geschickt, weil die Polizei nie Beweise gegen mich in der Hand hatte. Das geheime Netzwerk wuchs, und als Präsident Suharto stürzte, begannen wir zu protestieren und zum ersten Mal öffentlich unsere Stimme zu erheben.

Im Jahr 1999 wurde ich zum Vorsitzenden der DEMMAC ernannt, einer Organisation zahlreicher Dörfer im Hochland. Ein Jahr später vereinten sich die Papua und bildeten einen Rat namens PPC, das Papua-Präsidium, geleitet von Theys Eluay. Und dann, eines Tages, erlaubte uns Indonesien tatsächlich, unsere Staatsflagge als Symbol unserer Kultur zu hissen. In allen Teilen des Landes wurde wieder Flagge gezeigt, Tausende Menschen strömten auf die Straßen, weinten, jubelten und tanzten. Doch wenige Wochen später war alles vorbei. Theys Eluay wurde ermordet, und seine Mörder wurden zu lächerlichen zwei bis drei Jahren Haft verurteilt. Alles fiel auseinander, Präsidentin Megawati verbot unsere Staatsflagge erneut, und die Unterdrückung der Papua begann von neuem.

Schließlich floh ich mit meiner Frau nach Papua-Neuguinea. Im Jahr 2002 kehrte ich nach Jayapura zurück, um an einem wichtigen Treffen teilzunehmen. Ich hatte es zweimal geschafft, unbemerkt ins Land ein- und wieder auszureisen, doch diesmal hatte ich kein Glück. Ich wurde verhaftet und am 8. Juli 2002 ins Gefängnis gebracht, wo ich acht Monate lang blieb. Menschen aus der ganzen Welt setzten sich für mich ein, selbst in Australien und England forderten sie meine Freilassung, das Rote Kreuz besuchte mich sogar im Gefängnis.

Aber ich wusste, dass ich unschuldig war, und blieb in meiner Zelle, um den Ausgang meines Verfahrens abzuwarten. Laut der jüngsten Anklage hatte ich die Morgenstern-Flagge gehisst, und darauf stand eine Freiheitsstrafe von bis zu fünfzehn Jahren.

Dann änderte sich etwas. Die Polizei verzweifelte allmählich,

328

weil sie keine Beweise gegen mich finden konnte. Nach zwei Mordanschlägen auf mich im Gefängnis erkannte ich, dass ich, wenn ich leben wollte, wenn ich meinen Kampf für die Unabhängigkeit meines Landes weiterführen wollte, fliehen musste. Es gelang, ich floh in die Nacht hinaus und wanderte wochenlang durch den Dschungel, zurück nach Papua-Neu-guinea.

Mit Hilfe meiner Freunde im Ausland erhielt ich Asyl in Großbritannien. Von Port Moresby aus flog ich über Singa-pur nach London. In Singapur hatte ich sieben Stunden Auf-enthalt. Nachdem ich mich jahrelang versteckt hatte, ängstig-te ich mich fast zu Tode angesichts der vielen Leute aus Sin-gapur um mich herum, denn sie sahen alle aus wie Indonesier. Die vollen sieben Stunden lang wagte ich es nicht, mich zu rühren. Ich saß auf einem Stuhl und starrte die ganze Zeit über zu Boden, aus Angst, jemand könnte mich erkennen und zurückschicken.

Und in London dann durfte ich endlich durch die Tür ins Freie treten. Draußen traf mich ein Wind so kalt, wie ich ihn noch nie gespürt hatte, denn es war Dezember, und da ich gerade aus den Tropen kam, trug ich nur ein kurzärmeliges T-Shirt. Ich blickte auf und bemerkte zu meinem Entsetzen ein großes Schild mit meinem Namen darauf: Benny Wenda. Da brach ich zusammen, schlicht und einfach in Todesangst. Im Nachhinein ist es leicht zu erklären: Ich bin unter einem tyrannischen Regime aufgewachsen und hatte keine Ahnung, wie es sich anfühlt, in Freiheit zu leben; aussprechen zu kön-nen, woran ich glaube; über die Straße zu gehen, ohne Angst zu haben, verhaftet oder ermordet zu werden; aus dem Haus zu treten, ohne mich zu fragen, ob sie mir hinter der nächsten Ecke auflauern. Und nun, in aller Öffentlichkeit, wo es jeder sehen konnte, war da ein großes Schild mit meinem Namen darauf.

Meine Freunde eilten zu mir, umarmten mich und sagten mir, ich brauchte keine Angst mehr zu haben, ich sei in Sicherheit. Das war 2003. Bald darauf kam meine Frau nach, und gemeinsam haben wir uns ein neues Leben aufgebaut, weit weg von unserer Heimat. Doch wir fühlen uns für immer unseren Brüdern und Schwestern in West-Papua zugehörig, unsere Herzen schlagen für jene, die noch immer in Angst und Schrecken leben. Bis heute setzen wir unseren Kampf fort, gemeinsam mit unserem Volk, damit wir eines Tages wieder den Morgenstern über einem Land wehen sehen, das uns vor vierzig Jahren geraubt wurde.

Zum Abschluss, Schwester, möchte ich noch eine Erklärung abgeben, die die ganze Welt hören soll, einen Appell an mein Volk und meine Heimat:

Ich, Benny Wenda aus West-Papua, stehe hier, damit mein Volk die Unabhängigkeit von Indonesien erlangt.

Ich appelliere an die internationale Staatengemeinschaft, dass sie die Stimme meines Volkes hört, dass man uns Gelegenheit gibt, unser Recht auf Selbstbestimmung wahrzunehmen. Und ich stehe hier nicht nur für politische Unabhängigkeit, sondern auch für die Umwelt, die Ressourcen und die Natur West-Papuas. Ich habe den Status eines politischen Flüchtlings in Großbritannien, doch im Herzen bin ich bei meinem Volk. Meine Seele schreit auf angesichts des Unrechts, das sich bis heute fortsetzt.

Unsere Schreie sind bisher ungehört verhallt, unser Flehen ist unbemerkt geblieben. Hiermit bitten wir all jene, die an das Recht auf Gerechtigkeit, Frieden und den Schutz der Natur glauben, aufzustehen und die

*Generalversammlung der Vereinten Nationen aufzu-
fordern, die angeblich freien Wahlen in meinem Land
kritisch zu überprüfen. Denn ich bezeichne sie nicht
umsonst als › The Act of NO Choice‹.«*

Benny Wenda, 4. Juli 2006

22
Ein neuer Anfang

Ich habe heute einen Termin bei meinem Buchverlag. Es ist ein schöner Tag, die Sonne scheint, der Himmel ist von tiefem Blau überzogen, und die Luft fühlt sich frisch an.

Während ich die Straße entlang zum Verlag gehe, fange ich an, über vieles nachzudenken. Mein erstes Buch, *Dschungelkind*, hat sich gut verkauft, und es wird bald in über einundzwanzig Ländern der Erde erhältlich sein. Doch trotz des Erfolges fühle ich mich irgendwie leer.

Ich bin am Eingang angekommen. Mit gemischten Gefühlen schaue ich hinauf zu den vielen Fenstern, die sich um das Gebäude ziehen.

Ich ahne, weshalb man mich zu diesem Treffen gebeten hat: Sie werden wissen wollen, ob ich ein weiteres Buch schreibe. Monatelang habe ich mich gegen diesen Gedanken gewehrt. Was soll ich denn schon erzählen? Wie es mir bei meiner Rückkehr zu den Fayu ergangen ist? Wie ich Tuare gegenüberstand und wir uns in die Arme fielen? Wie ich mit dem Stamm ein Wildschwein teilte oder durch den Dschungel wanderte?

Nein!, denke ich bei mir. Das werde ich nicht tun.

Ja, ich werde ein weiteres Buch schreiben.

Aber dieses zweite Buch wird anders sein. Es wird nicht nur die Rückkehr zu dem Ort meiner Kindheit beschreiben, es wird weit darüber hinausgehen. Denn ich habe endlich eine Entscheidung getroffen.

Habe ich mir hierzulande nicht selbst einen Namen gemacht? Ist meine Geschichte inzwischen nicht weltweit bekannt? Ist dies nicht eine Gelegenheit, all jenen eine Stimme zu verleihen, die längst verstummt sind?

Ich möchte eine Geschichte erzählen, eine Geschichte, die nicht bloß von einem kleinen Mädchen handelt, das inmitten eines vergessenen Stammes im tiefsten Dschungel aufgewachsen ist. Sondern die eines Mädchens, das zu einer erwachsenen Frau wurde – einer Frau, die auf der Suche nach ihrer verlorenen Heimat ist.

Doch es ist eine traurige Geschichte. Denn sie handelt von einem Volksstamm, der so gut wie keine Chance hat, die Zukunft zu erleben.

Eines Tages werden auch diese Menschen mit einer Regierung konfrontiert werden, die schon so viele andere Stämme vertrieben hat. Warum sollte es bei den Fayu anders sein? Wer wird das Verschwinden dieses kleinen Stammes, der kaum mehr als eintausend Angehörige zählt und mitten im Dschungel lebt, überhaupt bemerken?

Diese Angst trage ich Tag und Nacht in mir. Eine Angst, die mich anspornt weiterzumachen, ungeachtet dessen, was es mich kosten mag. Denn selbst in der finstersten Dunkelheit gibt es einen Hoffnungsschimmer. Es ist nur ein winziger Funke, den all die nähren, die sich bis zum heutigen Tag für Frieden, Freiheit und Gerechtigkeit einsetzen. Doch dieser Funke kann eines Tages zur lodernden Flamme wachsen und die Dunkelheit erhellen. Und wenn es mir tatsächlich gelingen sollte, einen kleinen Beitrag – und sei er noch so gering – zu dieser Sache zu leisten, dann war es jede schmerzliche Träne wert, die ich in den letzten Jahren vergossen habe. Denn was sind mein Schmerz und mein Leiden im Vergleich

Sabine und Fusai

zum Leid all jener, die für ihr Land und ihre Heimat starben?
Wofür lebst du, Sabine?
Ich lebe für meine Kinder, für mein Volk, für mein Land – und für eine lebenswerte Zukunft.
In mir ist eine neue Hoffnung erwacht, die Hoffnung, dass ich eines Tages nach West-Papua zurückkehren werde, um dort in Frieden meinen Lebensabend zu verbringen. Dass ich eines Tages wieder über den majestätischen Dschungel schauen kann, dass ich die Schönheit des Lebens gemeinsam mit jenen Menschen genießen kann, die mich mit offenen Armen in ihren Kreis aufgenommen haben, ungeachtet meiner Hautfarbe, meiner Herkunft oder meines Passes. Denn das Einzige, was für sie zählt, ist mein Herz – ein Herz, das im Einklang mit dem ihren schlägt.

Ich habe auf den beiden Reisen nach West-Papua etwas Wichtiges gelernt: Ich habe gelernt, dass wahre Heimat nicht ein Ort oder ein Land ist, sondern allein in unseren Herzen liegt. Heimat, das sind die, die wir lieben, die wir schätzen und denen wir vertrauen. Heimat, das sind unsere Freunde, unsere Familie, unsere Kinder. Es ist etwas, das wir schützen und für das wir manchmal kämpfen müssen. Wenn wir es schaffen, miteinander in Frieden und Gerechtigkeit zu leben, dann haben wir unsere Heimat endgültig gefunden.

Und mit dem Entschluss, dieses Buch zu schreiben, schreite ich durch die Tür.

Ich habe einen Traum.
Ich stehe auf der Kuppe eines Hügels und betrachte den Horizont. Vor mir Bäume, das kristallblaue Wasser und über mir der endlose Himmel, der mich wie eine weiche Decke umhüllt.

Ich weine. Doch dies sind keine Tränen der Trauer, auch nicht des Schmerzes oder der Wut. Es sind Freudentränen. Denn endlich hat meine Seele aufgehört zu bluten.
Ich sehe um mich und spüre den Anbruch einer neuen Zeit. Eine Ära der Freiheit und einen Neubeginn für ein Land, das mit Blut befleckt ist.

Doch ich weiß, dass dieser rot getränkte Boden eines Tages wunderschöne weiße Blüten hervorbringen wird, die sich über die Erde ausbreiten. Und in den Jahren danach werden Kinder die Blüten sehen und sich daran erinnern, welche Opfer gebracht wurden, um sie wachsen zu lassen.

Für mich dagegen wird es das Ende einer Reise sein. Wie eine verlorene Seele bin ich umhergewandert, immer auf der Suche nach innerem Frieden und einer Antwort auf die Frage, wohin ich gehöre. Und hier, in meiner Heimat, werde ich sie finden. Denn ich bin keine

Deutsche. Zwar ist meine Haut weiß und meine Augen sind blau, doch in mir schlägt ein anderes Herz. Ein papuanisches Herz.

Mein Name ist Sabine Kuegler. Ich bin dreiunddreißig Jahre alt. Ich bin eine Papua. Merdeka.

»We will only stop singing when the last West Papuan leaves this world.«

Arnold AP; Sänger, Komponist, Gitarrist
– getötet am 26. April 1984, weil er
papuanische Freiheitslieder sang.

Epilog

Stimmen zu West-Papua, gestern und heute:

»… Blickt im Vertrauen auf die Gerechtigkeit eurer Sache in die Zukunft und seid versichert: Wir werden euch nicht vergessen, und unsere besten Wünsche werden euch begleiten. Gott schütze euch.«

Der niederländische Premierminister Dr. J. E. De Quay in seiner Abschiedsrede, einer Radioansprache, an die Papua in Neuguinea (West-Papua) am 15. August 1962.

»Ein prokommunistisches, wenn nicht gar kommunistisches Indonesien wäre eine ungleich größere Bedrohung … als der indonesische Besitzanspruch auf ein paar tausend Quadratkilometer Kannibalenland.«

Robert Komer, CIA-Berater von Präsident Kennedy, im Hinblick auf die Situation in West-Papua.

»Für diese 700 000 Steinzeit-Papua ist es besser, sich Indonesien anzuschließen, denn Indonesien ist in strategischer, politischer, wirtschaftlicher und militärischer Hinsicht ein sehr bedeutender Partner der Vereinigten Staaten in dieser Region.«

Senator Robert Kennedy bei seiner Ankunft in den Niederlanden.

»Im Vertrauen gesagt, ist es uns jedoch bewusst, dass das Volk von West-Papua keineswegs von den Indonesiern regiert werden möchte, die einer fremden (der javanischen) Rasse angehören, und dass der Ablauf des Referendums keine wahrhaft freie Wahl zuließ.«

Aus der Anweisung des britischen Außenministeriums zum Thema West-Papua für die Generalversammlung der Vereinten Nationen vom 10. September 1969.

»Die Indonesier haben alles versucht, vom Einsatz von B-26-Bombern bis hin zum Beschuss mit Granaten und Mörsern, und dennoch herrscht weiterhin ein Zustand am Rande der Rebellion. Zweifellos kommt es bei solchen vergeblichen Versuchen der Repression hin und wieder zu Gewalttaten.«

Bericht über eine Unterhaltung zwischen Mr. Reynders, amerikanische Botschaft in Jakarta, und Ian Morgan, britische Botschaft in Jakarta, am 9. April 1968. Public Record Office Großbritannien, FCO 15/162. DH1/7 – Beilage 4.

»Im Fall Indonesien stand bei allem, was wir unternahmen, der Schutz der Interessen bedeutender Investoren und Kreditoren im Mittelpunkt. Um die Stabilität ging es nur am Rande. Menschenrechte, Demokratie und Korruption schafften es gar nicht erst auf die Tagesordnung.«

Edmund McWilliams, führender politischer Berater der amerikanischen Botschaft in Jakarta von 1996 bis 1999.

»Alles diente nur der Beschönigung. Bei den Vereinten Nationen wollte man dieses Problem so schnell wie möglich loswerden ... Niemand hat dabei an die Million Menschen gedacht, deren grundlegendste Menschenrechte mit Füßen getreten wurden ... Wie hätte irgendjemand ernsthaft glauben können, dass sämtliche Wähler sich einstimmig dafür aussprachen, sich seinem (Suhartos) Regime anzuschließen? ... Eine solche Einstimmigkeit ist in Demokratien schlicht unbekannt.«

Ehemaliger Untersekretär der Vereinten Nationen, General Chakravarthy Narasimhan, im November 2001 über den »Act of Free Choice«.

»Leuten, die sich gegen die Regierung auflehnen wollen, wird die Zunge herausgeschnitten. Für sie wäre es besser, sie bitten die Amerikaner, ihnen eine neue Heimat auf dem Mond zu suchen.«

Warnung des indonesischen Militärkommandanten an die Papua, 1969.

»Während Ihres Besuchs wird in West-Papua der ›Act of Free Choice‹ im Gange sein. Es handelt sich dabei um eine Reihe von Beratungen anstelle einer direkten Volksabstimmung, welche in den steinzeitlichen Kulturen Neuguineas auch keinerlei Sinn hätte ... Ein UN-Beobachter ist vor Ort, und wir gehen davon aus, dass U. Thant (UN-Generalsekretär) die indonesische Form der Abstimmung bei diesem Referendum anerkennen wird. Es gibt jedoch eine kleine, aber recht aktive Unabhängigkeitsbewegung in West-Papua sowie einige Gruppen in Australien und den Niederlanden, die ge-

*gen diese indonesische Methode der Selbstbestimmung
protestieren. Da die USA bei der Lösung des Konflikts
um die Zukunft West-Papuas zwischen Indonesien und
den Niederlanden eine Vermittlerrolle eingenommen
haben, könnte man dazu tendieren, Sie mit der Gestaltung dieser Abstimmung in Verbindung zu bringen.
Die USA sollten dies dringend vermeiden.«*

Ein »geheimes« Memo, unterzeichnet von Henry Kissinger,
damals Direktor des National Security Council, für Präsident Nixon zur Vorbereitung auf dessen Besuch in Jakarta
1969.

*»Im Namen der indonesischen Delegation, der Ständigen Vertretung und der Mitarbeiter möchte ich Ihnen
(den USA) für Ihre wichtige Unterstützung in der Angelegenheit West-Papua danken. Sie haben uns geholfen, den langen Kampf des indonesischen Volkes um
vollkommene Freiheit, nationale Einheit und territoriale Integrität zu einem erfolgreichen Ende zu führen.«*

Eine Botschaft aus dem Dezember 1969 von der indonesischen Vertretung bei den Vereinten Nationen an die USA,
unterschrieben vom indonesischen UN-Botschafter.

*»Mit einer Bevölkerung von 100 Millionen, der fast 500
Kilometer langen Inselkette und dem größten Vorrat
an Bodenschätzen der gesamten Region stellt Indonesien den kostbarsten Schatz Südostasiens dar.«*

US-Präsident Richard Nixon, 1967 (im selben Jahr handelte
der spätere Außenminister Henry Kissinger die Freeport-Vereinbarung mit Suharto aus).

»Jedem, der gegen Indonesien stimmt, wird die verfluchte Zunge herausgeschnitten. Jakarta interessiert sich nicht für euch als Papua, sondern für das Territorium West-Papua. Wenn ihr unabhängig sein wollt, bittet lieber Gott darum, euch eine Insel im Pazifik zu suchen, auf die ihr auswandern könnt.«

General Ali Murtopos Warnung an die 1024 papuanischen Wahlberechtigten vor der Abstimmung beim »Act of Free Choice«.

»Leider muss ich Bedenken bezüglich der Umsetzung von Artikel XXII des Abkommens (New Yorker Abkommen) äußern, was die Rechte der Bevölkerung angeht, insbesondere das Recht auf freie Meinungsäußerung, Freizügigkeit und Versammlung der Einwohner des Gebiets. Trotz meiner beständigen Bemühungen wurde diese wichtige Regelung nicht vollständig umgesetzt, und die Regierung (Indonesiens) übte jederzeit eine strenge politische Kontrolle über die Bevölkerung aus.«

Absatz 251 von Dr. F. Ortiz Sanz' Bericht an den Generalsekretär der Vereinten Nationen bezüglich der Umsetzung des New Yorker Abkommens.

»Eure Waffen sind weder Spielzeug noch Dekoration. Sie müssen eingesetzt werden, um die Einheit der Republik Indonesien zu schützen. Wenn die Separatisten sich durch Mahnungen nicht abschrecken lassen, dann ist es eure Pflicht, gezielt und vorschriftsmäßig zu schießen.«

Lieutenant Colonel Daud Sihombing, indonesischer Polizeichef von West-Papua, in einer Ansprache an Polizisten und Soldaten am 30. November 2000.

»*Ich bin weder ein Dieb noch ein Verbrecher oder Separatistenführer. Ich erhebe mich für mein Volk im Namen der Wahrheit und Demokratie, um die Hoffnungen und die Wünsche der Menschen zu verteidigen.*

Ich werde nicht [aufgrund der Anschuldigungen der indonesischen Behörden] verhaftet, sondern weil ich für meine Rechte kämpfe, die grundlegenden Rechte, in Freiheit zu leben, frei zu essen, mich frei zu bewegen, meine Meinung frei zu äußern und mich in dieser Welt und zu diesem Zeitpunkt zusammenzutun, mit wem ich möchte. Ich bin ein politischer Gefangener, für mein Volk und mein Land.«

Benny Wenda, Sprecher der Koteka Tribal Assembly (verhaftet am 8. Juni 2002).

»*Wir haben Erfahrung mit Operationen in Osttimor. Seid vorsichtig, sonst erschießen wir euch alle.*«

Eine Drohung an Murjono Murib, einen papuanischen Aktivisten, während er von Angehörigen der BRIMOB mit einem Gewehrlauf geschlagen wurde. Wamena-Gefängnis, West-Papua, am 4. Februar 2001.

»*Die Tränen der Frauen West-Papuas fließen seit über vierzig Jahren. Wir dürfen keine Tränen mehr vergießen. Wir müssen unsere Tränen trocknen und in eine Zukunft blicken, die lebenswerter für unsere Kinder ist. Wir werden keine Kinder mehr vor dem Lauf eines Gewehrs oder der Klinge eines Messers gebären.*«

Mama Beatrix Koibur, Vorsitzende der Frauenorganisation Solidaritas Perempuan Papua (SPP).

»... *Wir müssen so viele unserer Feinde (papuanische Separatisten) töten, wie nur möglich ... Um Menschenrechte dürfen wir uns keine Gedanken machen, wir sollten sie jedoch im Auge behalten.*«

Der Kommandant des Trikora-Militärkommandos (Kodam VIII Trikora).

»*Für jeden Tropfen Blut, der vergossen, für jede Träne, die geweint wird – Gott zählt sie alle und wird das Mutterland zur gegebenen Zeit befreien.*
West-Papua muss frei sein.
GOTT SEGNE MEIN HEIMATLAND.«

Ein Papua, der in Papua-Neuguinea im Exil lebt.

»*Es gibt keine Manipulationen der Geschichte, die richtig gestellt werden müssten. Es kann keinen Zweifel mehr an der Legitimität West-Papuas als integralem Bestandteil unseres Landes geben ...*
Das Thema West-Papua ist eine innerstaatliche Angelegenheit. Wir lehnen jegliche ausländische Einmischung in die Lösung dieser Angelegenheit strikt ab.
Die Welt war Zeuge jeder Verhandlung zur Rückgabe West-Papuas, die Indonesien mit den Niederlanden führte, und der Durchführung des Referendums von 1969 unter Beobachtung der Vereinten Nationen.
Die Vereinten Nationen haben das Resultat anerkannt und bis heute nie in Frage gestellt. Deshalb gibt es aus der Perspektive des internationalen Rechts keinerlei Grund mehr, die Legitimität West-Papuas als integralem Bestandteil der territorialen Souveränität der Republik Indonesien anzuzweifeln.

Indem wir uns der ›Unzufriedenheiten in Papua‹ annehmen, werden wir die Angelegenheit auf friedliche, gerechte und würdevolle Weise in erster Linie durch Dialog und Verhandlung lösen.

Unsere Politik zur Beilegung der Angelegenheit Papua basiert auf der beständigen Umsetzung der besonderen Autonomie als einer gerechten, allumfassenden und würdigen Lösung. Diese Beilegung muss ganzheitlich, vernünftig und klug betrachtet werden, wobei der Realität und Legalität der Existenz der Provinz West-Irian-Jaya Rechnung zu tragen ist. All dies dient dem Fortschritt und dem Wohl der Bevölkerung von Papua als Ganzem.«

Präsident Susilo Bambang Yudhoyono in einer Ansprache vor dem indonesischen Abgeordnetenhaus anlässlich des 60. Jahrestags der indonesischen Unabhängigkeit am 15. August 2005.

»Wir kämpfen seit über dreißig Jahren, und die Welt hat unsere Sache bisher ignoriert.

Stellen Sie sich vor, Sie müssten mit den Angehörigen der Überlebenden und der Toten tauschen. Wie lange könnten Sie dieses Grauen ertragen? Würden Sie nicht verzweifelt um Hilfe beten – Hilfe von irgendwoher, von irgendwem?

Wollen Sie die wirklich beängstigende Wahrheit erfahren? Die Regierungen wollen weder etwas davon wissen noch sich damit befassen. Die letzte und einzige Hoffnung dieser Menschen sind Sie.«

Moses Werror, Anführer der Bewegung Freies Papua (OPM).

Die vergessenen Flüchtlinge

*Bericht über meine Reise nach Papua-Neuguinea
im Februar 2007*

Draußen war es dunkel, ein Sturm fegte über uns hinweg, es donnerte und regnete in Strömen. Wir waren seit Wochen unterwegs, ich war müde, hungrig, und mein ganzer Körper schmerzte.

Nur eine kleine Kerosinlampe brachte ein wenig Licht in die düstere Hütte, in der wir Unterschlupf gefunden hatten. Ich lag auf dem Boden am Rand des fahlen Lichtscheins, neben mir saß ein Einheimischer und drehte sich mit Zeitungspapier eine Zigarette. Ich hörte das Flüstern mehrerer Männer. Es waren Freiheitskämpfer, die Informationen austauschten und über die aktuelle Lage sprachen. Sie machten sich große Sorgen um die Zukunft; ihre Gesichter waren von Hoffnungslosigkeit gezeichnet. Sie alle hatten früher einmal in Dörfern gelebt und einem Stamm angehört, hatten ein ruhiges und zufriedenes Leben geführt. Bis sie ihr Land verlassen mussten und zu Flüchtlingen wurden, weit weg von ihrer heimatlichen Erde.

Ich hatte in den letzten Wochen viel Leid und Verzweiflung gesehen, viele Geschichten von Vertreibung und Übergriffen gehört. Der Tod schien wie eine schwarze Wolke über uns zu schweben, die uns jederzeit verschlingen konnte. Ich befand mich in einem Flüchtlingslager im Dschungel von Papua-

347

Neuguinea, umgeben von Flüchtlingen aus dem Nachbarland West-Papua, meiner Heimat. Es schmerzte mich, dass ich von weitem das Land meiner Kindheit am Horizont sah, aber aus Sicherheitsgründen nicht dorthin durfte. Wie sehnte ich mich doch danach, dort zu sein. Ich war meiner Heimat so nah und gleichzeitig so fern.

Im Flackern des Lichtes beobachtete ich den Mann neben mir. Ein Mann, den ich in den letzten Wochen sehr ins Herz geschlossen hatte. Er war unser Führer, hatte uns seit Wochen begleitet, beschützt und unsere Reise organisiert. Eine ungewöhnliche Persönlichkeit mit markanten Gesichtszügen und langen geflochtenen Haaren, ein Einheimischer aus Papua-Neuguinea, der seit Jahren seine Brüder in West-Papua im Kampf um ihre Freiheit unterstützte. Ich musste lächeln, als ich ihn dabei beobachtete, wie er restliches Wasser durch die Ritzen zwischen den Brettern goss und sich vorher bei den Geistern entschuldigte. Er hatte mir erklärt, dass er dies immer täte, denn er wolle die Geister nicht beleidigen, sollte er aus Versehen einen von ihnen mit dem Wasser treffen. Sie seien überall, sagte er mir. Besonders nachts kämen sie heraus und wanderten über das Land, um nach dem Rechten zu sehen.

Ich blickte hinauf zu dem aus Palmblättern geflochtenen Dach und beobachtete, wie die Kerosinlampe gespensterhafte Schatten auf das Geflecht warf. Es schien eine Ewigkeit vergangen zu sein, seit ich Deutschland verlassen hatte, um mich auf die Suche zu machen – auf die Suche nach den vergessenen Flüchtlingen aus West-Papua. Immer wieder gingen mir die gleichen Fragen durch den Kopf: Um wie viele Flüchtlinge mochte es sich handeln, warum und wann waren sie wohl geflohen, und wie konnten sie als unfreiwillig Gefangene zwischen zwei Fronten überleben, ohne Hoffnung auf eine menschenwürdige Zukunft?

Ende Dezember 2006 hatte ich von Steffen, einem Freund, der seit längerem die Freiheitsbewegung von West-Papua unterstützt, einen Anruf erhalten. Er erzählte mir, dass er eine E-Mail bekommen habe mit der dringenden Bitte um Hilfe für einige Studenten aus Papua, die im April 2006 an einer Demonstration in Abepura, West-Papua, teilgenommen hatten und jetzt vom indonesischen Militär verfolgt wurden. Einige von ihnen waren im Gefängnis gelandet, andere bereits ermordet worden, und der Rest hielt sich in Papua-Neuguinea im Urwald versteckt. Sie hatten schreckliche Angst, aufgegriffen zu werden, und bangten um ihr Leben. Steffen erklärte mir, dass sie dringend Lebensmittel, Medikamente und vor allem finanzielle Unterstützung bräuchten, um woandershin fliehen zu können, denn die Überlebenschancen im Urwald waren gering, wenn nicht gleich null.

Spontan entschied ich mich, eine Reise nach Papua-Neuguinea zu unternehmen, um ihnen zu helfen. Doch es gab noch einen allgemeineren Grund, warum ich diese nicht ungefährliche Reise machen wollte: Schon vor längerem hatte ich Informationen über Flüchtlinge aus West-Papua erhalten, die über die Grenze nach Papua-Neuguinea geflohen waren. Doch die Berichte waren zum großen Teil sehr ungenau, insbesondere in der Frage, wie viele Flüchtlinge es eigentlich gab und wie es ihnen nach der Flucht erging.

Es hatte in den letzten Jahrzehnten drei größere Flüchtlingswellen gegeben, eine Ende der 60er Jahre, eine zweite 1984 und eine dritte im Jahr 2000. Grund waren immer die massiven indonesischen Militäroperationen im Hochland von West-Papua gewesen, mit Flächenbombardements und Massakern an der Zivilbevölkerung. Tausende waren aus West-Papua geflüchtet, doch nach indonesischen Regierungsberichten waren angeblich viele zurückgekehrt. Ob dies stimmte und – falls ja – wie sie nach ihrer Rückkehr zurechtkamen, konnte ich zum damaligen Zeitpunkt nicht herausfinden. Deshalb entschied ich mich, aktiv zu werden und die Situation mit eigenen Augen zu betrachten.

Ich fragte Steffen, ob er mitkommen würde; seine Beziehungen und Erfahrungen auf diesem Gebiet waren unerlässlich. Darüber hinaus ist Steffen Kameramann, was mir sehr dabei helfen konnte, meine Reise zu dokumentieren. Kurz darauf begannen wir unter äußerster Geheimhaltung mit den Reisevorbereitungen. Es hätte für uns und die Flüchtlinge in einer Katastrophe enden können, wenn unser Plan vorher bekannt geworden wäre.

Es war Anfang Februar 2007, als wir uns auf den Weg zum anderen Ende der Welt machten, zu jener Insel, an der mein Herz so sehr hängt.

Bei der Ankunft in Port Moresby, der Hauptstadt von Papua-Neuguinea, erwartete uns ein grandioser Anblick. Da gerade Regenzeit war, blühte und glänzte alles in einer Vielzahl von Farben, und der typische Geruch der Tropen lag in der Luft. Am Flughafen wurden wir von einem einheimischen Mann namens Toni* abgeholt, der uns auf unserer Reise führen sollte. Barfuß und mit langen, geflochtenen Haaren begrüßte er uns. Er war eine ungewöhnliche Figur, ein Genie in allen Fragen der Logistik, und er sollte uns später auf der Reise noch sehr ans Herz wachsen. Nachts im Bett sehe ich sein strahlendes Gesicht heute noch vor mir und sehne mich nach den Legenden, die er uns so spannend und farbig erzählt hatte. Wann immer wir zusammen am Feuer saßen oder längere Fahrten mit dem Boot unternahmen, hatte er phantastische Geschichten auf Lager, die er von seinem Großvater und

---

* Aus Sicherheitsgründen habe ich die Namen der besuchten Orte nicht erwähnt und Namen von Menschen geändert, die wir getroffen und die uns geholfen haben.

anderen Stammesältesten gehört hatte. Es waren Geschichten über Tiere und Pflanzen, aber auch Mythen, die über Generationen weitergegeben worden waren und von Menschenschicksalen berichteten.

Einige Tage nach unserer Ankunft in Papua-Neuguinea flogen wir weiter ins Landesinnere. Dass wir kommen würden, wusste nur ein auserwählter Kreis aus Steffens Netzwerk. Ein Sicherheitstrupp aus mehreren Papua, die uns schon mit Spannung erwarteten, sollte uns während des gesamten Aufenthalts schützen. Im Nachhinein staune ich darüber, wie wenig wir uns der Gefahr bewusst waren, und wie viel Glück wir hatten, dass wir weder den indonesischen noch den Sicherheitskräften aus Papua-Neuguinea in die Hände gefallen sind. Das verdanken wir diesen Männern, die uns mit viel Mut und Ausdauer Tag und Nacht bewachten.

Unser erster Aufenthaltsort war ein Gebiet, das mir ein Priester einmal als »das Ende der Welt« beschrieben hatte, und ich stellte bald fest, dass diese Beschreibung vollauf zutraf. Hier, weitab von der Welt, so wie wir sie kennen, herrschten andere Gesetze. Man hätte dieses Gebiet auch als den Wilden Westen Asiens bezeichnen können. Es war ein widersprüchlicher Ort von unbeschreiblicher Schönheit und gleichzeitig großem Elend. Trotzdem habe ich diese Gegend liebgewonnen. Der Urwald ragte weit hinauf in den Himmel und umzingelte uns. Was für ein unglaubliches Gefühl, seine Magie zu spüren und seinen vertrauten Duft in sich aufzunehmen!

Wir übernachteten in einem kleinen Gästehaus, und kurze Zeit später bekamen wir Besuch von drei älteren papuanischen Männern. Sie hatten unsere Ankunft erwartet und sollten uns zu den Flüchtlingsdörfern führen. An diesem Abend saßen wir lange zusammen, und sie erzählten uns ihre Geschichten. Sie hatten alles miterlebt – die Zeit, als die

351

Holländer noch in ihrem Land waren, die Invasion durch Indonesien, die Flucht aus den Dörfern und den Kampf um das Land West-Papua und ums Überleben. Mit Tränen in den Augen berichteten sie mir von all denen, die es nicht geschafft hatten oder die unbeschreibliche Torturen erleiden mussten. Sie hatten mit ansehen müssen, wie eine Frau aus ihrer Familie gequält worden war: Die indonesischen Soldaten hatten kleine scharfe Chilis auf bestialische Weise in jede Körperöffnung dieser Frau gestopft, vom Mund über die Ohren bis zu ihren Genitalien. Sie hatte diese Folter nicht überlebt – und die Männer können ihre Schreie bis heute hören.

Es wurde eine lange Nacht. Ich konnte nicht schlafen und fragte mich ständig, was die nächsten vier Wochen wohl mit sich bringen würden, bis ich in der Morgendämmerung endlich einschlief.

Wir hatten uns einen Jeep gemietet, denn wir mussten weit ins Landesinnere fahren, um die Flüchtlingsdörfer zu erreichen. Auf den Holzfällerstraßen war es möglich, bis tief hinein in die Regenwaldgebiete zu kommen. Am nächsten Tag gingen wir zunächst zu einem der wenigen Supermärkte, wo wir Säcke mit Reis und andere Lebensmittel einkauften, die für die Flüchtlinge bestimmt waren. Wir wussten nicht genau, wie ihre Situation war, doch Steffen meinte, nach allem, was er gehört hatte, konnte es ihnen nicht besonders gut gehen.

Nach ungefähr zwei Stunden Fahrt bog Toni von der Piste auf einen unscheinbaren Pfad ab. Wir fuhren ein Stückchen weiter, bis wir einen Mann sahen, der mit Pfeil und Bogen bewaffnet war. Er gebot uns, anzuhalten. Die drei Papua, die wir am Vorabend getroffen hatten und die unsere wichtigsten Kontaktmänner waren, stiegen aus. Sie baten uns zu warten, denn sie wollten vorausgehen, um unser Kommen anzukündigen. Aus Sicherheitsgründen, sagte Toni. Später verstand ich, was er damit meinte.

Nach ungefähr einer halben Stunde kam einer der Männer zurück, und wir konnten weiterfahren. Unser Jeep quälte sich langsam einen Hügel hinunter, bis wir die erste Hütte erreichten. Von dort mussten wir zu Fuß weiterlaufen. Einige Frauen erwarteten uns, ihre Blicke waren finster, voller Misstrauen. Sie führten uns über einige kleine Brücken, bis ich zwei größere, hintereinander liegende Hütten sah.

Obwohl es Regenzeit war, brannte die Sonne mit voller Kraft auf uns herab. Je näher ich der kleinen Menschenmenge kam, die sich vor der ersten Hütte versammelt hatte, umso nervöser wurde ich. Keiner lächelte. Ich konnte die Angst in ihren Augen sehen. Steffen war schon ganz durchgeschwitzt, und ich hatte das Gefühl, dass meine Beine mich nicht mehr lange tragen würden. Ich war sehr erleichtert, als ich mich schließlich im Schatten eines Palmendaches hinsetzen konnte.

Bald versammelten sich alle in der Hütte. Es wurde ein langer und kräftezehrender Tag. Wenn man in Papua eine bestimmte Eigenschaft braucht, dann ist es Geduld, viel Geduld. Denn hier hat alles – insbesondere Begrüßungen – seinen geregelten Ablauf, fast wie ein Ritual. Wird man jemandem persönlich vorgestellt, so schmückt der andere seine Erwiderung erst einmal mit zahlreichen Geschichten aus, was sich ewig hinziehen kann. Danach folgen Willkommensreden. Man fühlt sich fast an die legendäre Gastfreundschaft der alten Griechen erinnert.

Nachdem alle Formalitäten beendet waren und wir gegessen und getrunken hatten, fing das eigentliche Gespräch an. Natürlich wollten alle wissen, warum wir hier waren. Noch immer war die Stimmung von Misstrauen geprägt. Ich war dankbar, dass Steffen dabei war und begann, all die Fragen zu beantworten. Er erklärte in ruhigen Worten, wer genau wir waren und warum wir diesen Ort aufgesucht hatten. Je länger er redete, desto mehr veränderte sich die Atmosphäre. Durch das Kopfnicken der Ältesten bemerkte ich, dass sich die Lage entspannte und man positiv zur Kenntnis nahm, was Steffen sagte. Als wir den Flüchtlingen dann erzählten, dass wir Lebensmittel und Medikamente für sie dabei hatten, schlug ihre immer noch etwas reservierte Stimmung endgültig um. Mit überwältigender Freude und Dankbarkeit nahmen sie die Geschenke an. Ich hingegen bekam ein Gefühl, als ob mir jemand das Herz herausreißen wollte. Es war eine Mischung aus Traurigkeit, Hilflosigkeit, ja fast Scham – denn unsere Hilfe konnte nur als Tropfen auf dem heißen Stein bezeichnet werden.

Wie schlimm die Lage der Flüchtlinge wirklich war, sollte ich erst später erfahren. Da der Abend nahte, luden sie uns ein, bei ihnen zu übernachten. Diese Einladung sollte sich für unsere Reise als sehr wichtig herausstellen, denn in dieser Nacht geschah etwas, das weder Steffen noch ich hatten ahnen können.

Während die Männer den Jeep ausluden, ging ich zu den Frauen und Kindern, die in der Pfahlhütte saßen. Ich wollte mit ihnen über ihr Leben sprechen. Eines habe ich in meiner Arbeit, im sozialen wie auch im politischen Bereich gelernt: Die Frauen halten sich zunächst zurück, doch wenn man ihr Vertrauen gewinnt, bekommt man eine klare und realistische, oftmals auch eine viel umfangreichere Einschätzung als von den Männern, die eigentlich nur für die Sicherheit verantwortlich sind. Hier bei den Flüchtlingen kümmerten sich die Frauen um das Essen, das Wirtschaftliche und um die Kinder.

Eine junge Mutter fiel mir besonders auf. Etwas an ihr strahl-

354

te Stärke und Selbstbewusstsein aus. Wir freundeten uns schnell an, und ich bat sie darum, mir die Umgebung zu zeigen und über ihr Leben zu sprechen. Sie nahm mich mit, und während wir durch die Gärten liefen, begann sie zu erzählen.

Ihr Name war Mita[*], sie war verheiratet und hatte zwei kleine Kinder. Nachdem ihr Dorf vor einigen Jahren vom indonesischen Militär niedergebrannt worden war, floh sie mit ihrem Mann nach Papua-Neuguinea. Sie hatten gedacht, dass sie dort ein besseres Leben führen könnten, doch das sollte sich als Irrtum herausstellen. Sie zeigte mir die Narben an ihrem Körper. Indonesische Soldaten, die illegal über die Grenze gekommen waren, hatten sie geschlagen und misshandelt. Es war ein Wunder, dass sie überlebt hatte.

Welche Zukunft haben diese Menschen, wenn sie noch nicht einmal hier sicher sind vor den Übergriffen des indonesischen Militärs?

Sie sagte, ich solle ihr folgen, und nahm mich mit zu einem Teil des Gartens, der vollkommen verwüstet war. Vor zwei Wochen, so erzählte Mita, wurden sie mitten in der Nacht durch Warnschreie aus dem Schlaf gerissen. Der Wachmann, der am Rand der Piste stationiert war, beschwor alle, sie sollten fliehen, denn eine Truppe von Soldaten sei auf dem Weg in ihr Dorf. Sie nahmen ihre Kinder und liefen in den Urwald. Es regnete und war kalt. Stundenlang harrten sie im schützenden Dickicht aus, bis die Soldaten wieder abzogen. Sie hatten die gesamten Gärten zerstört und alles in den Hütten kaputtgeschlagen, doch diesmal war es dennoch glimpflich abgegangen, meinte Mita: Wenigstens hatten sie die Hütten nicht niedergebrannt.

»Wir leben in ständiger Angst. Wir wissen nie, wann der nächste Angriff kommt, doch das ist nicht unser einziges Problem. Wir haben nur ein kleines Stück Land von einem

Mann aus Papua-Neuguinea zugeteilt bekommen, dem die Gegend hier gehört. Am Anfang war es auch genug, doch über die Jahre wurde die Erde immer schlechter und die Ernte immer dürftiger. Wir müssen uns ja nicht nur selbst ernähren, sondern auch genug ernten, um einen Teil der Erträge auf dem Markt zu verkaufen. Wir brauchen das Geld für Medikamente, besonders gegen Malaria. Es fehlt uns an allem, und jedes Jahr haben wir weniger zu verkaufen. Zusätzlich kommt manchmal noch der Grundbesitzer zu uns und verlangt Geld dafür, dass wir hier leben. Dadurch haben wir oftmals monatelang kein Geld für uns oder die Kinder übrig. Doch was können wir tun? Wir leben in ständiger Angst vor Angriffen. Es lohnt sich nicht, richtige Hütten für unsere Familien zu bauen, denn sie werden immer wieder von indonesischen Soldaten zerstört oder verbrannt. Wir sind Indonesien ein Dorn im Auge, denn Flüchtlinge bedeuten, dass es entgegen ihren Aussagen Menschenrechtsverletzungen gibt. Wir sind hier Gefangene und können nirgendwo anders hin, da wir bei der Regierung von Papua-Neuguinea keinen Status als Flüchtlinge haben. Wir werden also als illegale Einwanderer angesehen. Zurück können wir aber auch nicht. Unsere Kinder bekommen keine Schulausbildung und haben dadurch keine Chancen auf eine bessere Zukunft. Jeden Tag beten und warten wir, dass unser Land West-Papua unabhängig von Indonesien wird und wir zurück in unsere Dörfer können. Wir brauchen dringend Hilfe, denn wie lange wir noch überleben können, wissen wir nicht.«

Ich nahm sie in die Arme, und gemeinsam weinten wir. Ich fühlte mich so hilflos in dem Moment, so schrecklich traurig. Sie war eine wunderschöne Frau, eine starke Frau, eine Frau, die um ihr Überleben kämpfte. Ich bewunderte ihre Stärke und fühlte mich so klein neben ihr.

Es war dunkel, als wir uns endlich wieder in der Hütte versammelten. Die Stimmung war fröhlich, und es gab ein Essen mit traditionell im Erdofen gebackenen Süßkartoffeln und anderen guten Dingen.

Steffen und ich waren von unserer Reise müde. Doch für die Papua hatte die Nacht gerade erst begonnen, denn so wie die Fayu schlafen fast alle Papua nachts sehr wenig. Bald versammelten sich die Männer und wollten mehr von uns wissen. Es war schon spät, meine Knochen taten mir schrecklich weh, und ich konnte meine Augen kaum noch offen halten, als plötzlich und ohne Vorwarnung ein großer Mann die Hütte betrat. Ich erschrak fürchterlich, denn er benahm sich wie ein typischer Papua-Krieger, salutierte und sagte etwas, das ich nicht verstand. Die Atmosphäre änderte sich blitzartig. Eine spürbare Spannung lag in der Luft, alle rückten ein wenig mehr in den Schein der Kerosinlampe und wurden still. Er setzte sich hin, ohne uns anzuschauen, und übergab einem unserer Kontaktmänner, die mit uns gekommen waren, einen Brief. Keiner sagte auch nur ein Wort, während der Mann las. Dann schaute er auf und gab das Schreiben an Steffen weiter. Dieser machte große Augen: Ein außergewöhnlicher Besuch wurde uns angekündigt.

Es gibt einen Mann, der in der Unabhängigkeitsbewegung von West-Papua vor langer Zeit schon zur Führungsfigur geworden ist: Mathias Wenda. Er wird seit fast 40 Jahren von der indonesischen Regierung gesucht und hat es immer wieder geschafft, dem Tod zu entrinnen. Mathias Wenda ist einer der Mitbegründer der Freiheitsbewegung OPM (Organisasi Papua Merdeka). Seit Anfang der 70er Jahre hält er sich im Urwald von West-Papua versteckt, wandert von einem Ort zum anderen, und doch gelingt es ihm, die Freiheitsbewegung zu leiten.

Vor meiner Reise hatte ich einen Bericht über ihn gelesen, von einem Journalisten, der ihn getroffen hatte. Seine Beschreibung von diesem Mann rief bei mir Gänsehaut, ja ein seltsames Gefühl der Angst hervor. Mathias Wenda wurde als ein kalter und brutaler Mensch beschrieben, der über Leichen gehe und durch die Jahre der Abgeschiedenheit und relativen Isolation jeglichen Realitätssinn verloren habe.

Die Papua aber verehren diesen Mann und haben ihn zum Helden der Freiheitsbewegung und zu einer lebenden Legende erhoben. Ich stellte mir vor, was dieser Mann in seinem Leben bereits alles gesehen und durchgemacht haben musste: Wie sein Land von Indonesien geraubt wurde, wie sein Stamm zerstört und in alle Richtungen zerstreut wurde; dazu all die brutalen Menschenrechtsverletzungen, die er mit eigenen Augen gesehen hatte. Wäre ich an seiner Stelle normal geblieben? Können wir, die wir in der Sicherheit der westlichen Welt leben, uns das überhaupt vorstellen? Ich habe, wie so viele aus West-Papua, großen Respekt vor ihm.

In dem Brief stand, dass er uns treffen wolle. Er hatte über Steffens Netzwerk erfahren, dass wir kämen, und sich auf die lange Reise durch den Urwald in das Flüchtlingsdorf gemacht. Er kündigte sein Kommen für den nächsten Tag an, falls die Sicherheitslage es erlauben würde. Insgeheim hatten wir gehofft, ihn zu treffen, damit gerechnet hatten wir jedoch nie!

Bis tief in der Nacht diskutierten die Männer über die neuen Entwicklungen. Irgendwann konnte ich die Augen nicht mehr offen halten und legte mich unter das Moskitonetz, das wir mitgebracht hatten. Trotz meiner Müdigkeit war es eine sehr unruhige Nacht, heiß und schwül, und meine Gedanken kreisten um den kommenden Besuch.

Es war noch sehr früh am Morgen, als ich aufwachte. Mir tat vom Schlafen auf dem harten Boden alles weh. Es hatte geregnet und war kühl geworden. Ich schlüpfte unter dem Moskitonetz hervor und suchte jemanden, der mir Wasser heiß machen konnte, um mir aus dem mitgebrachten löslichen Kaffeepulver einen Kaffee zu brauen. Als ich die Treppen nach unten kletterte, sah ich, unter welchen Umständen die Menschen schliefen: zum Teil direkt auf dem Boden, ohne Decken, oder auf kleinen Brettern, die am Rand der Wand befestigt waren. Die kleinen Kinder schliefen im Arm der Mütter oder neben ihnen. Einige Frauen waren schon auf und entfachten ein Feuer. Draußen hatte es wieder zu regnen angefangen, und eine unangenehme Feuchtigkeit lag in der Luft, die selbst in der Hütte die Kleidung am Körper durchnässte.

Nach einiger Zeit brachte man uns kochendes Wasser in einem großen Topf, und wir setzten uns zusammen, tranken Kaffee, aßen Süßkartoffeln, schwatzten und warteten ungeduldig auf die Ankunft von Mathias Wenda.

Dann: von weitem ein Rufen. Was hatte es zu bedeuten? Kurz danach hörten wir es noch einmal, und es war klar: Mathias Wenda und seine Männer waren angekommen! Sofort versammelten sich die Flüchtlinge draußen vor den Hütten und stellten sich in einer Reihe auf. Einige der Papua hatten sich mit Federn und Pflanzen geschmückt, andere hatten ihren Körper mit Erde beschmiert, ein Zeichen der Trauer. Steffen und ich stellten uns in eine Reihe mit dem Leiter des Flüchtlingslagers, unseren drei Kontaktmännern und Toni.

Ich schaute den Hügel hinauf, die Spannung in mir wuchs. Durch den Regen hatte sich ein leichter Nebel über das Land gelegt, was der ganzen Szenerie etwas Unheimliches verlieh. Plötzlich erschien ein Mann aus dem Nebel. Ich erkannte ihn als denjenigen, der uns am Vorabend den Brief gebracht hatte.

359

Bald darauf folgte eine ganze Gruppe von Menschen, die in einer Reihe hintereinander liefen. Es waren auch einige Frauen dabei, die ihre Körper mit Erde beschmiert hatten und die traditionellen Grasröcke trugen. Die Männer waren zum Teil ebenfalls traditionell gekleidet. Andere trugen Armeeuniformen, doch alle waren mit Pfeil und Bogen bewaffnet.

Als sie uns erreichten, hielten sie inne. Stille trat ein. Keiner sagte ein Wort. Aus der Mitte der Gruppe trat ein Mann, und sofort wusste ich – oder besser gesagt, ich spürte –, dass dies nur einer sein konnte, der berühmte Mathias Wenda.

Er war untersetzt, trug eine Uniform und einen Hut. Sein Alter schätzte ich auf über 60 Jahre. Eine ernsthafte Aura umgab ihn, und trotz seines Alters strahlte er eine stählerne Stärke aus. Er wandte sich zu der Gruppe von Flüchtlingen und begrüßte jeden Einzelnen wortlos. Die Stille war jetzt so präsent, dass ich das Gefühl hatte, alle könnten mein Herz schlagen hören.

Schließlich drehte Mathias Wenda sich um und kam direkt auf uns zu. Er schüttelte allen die Hand, dann stand er vor mir. Er legte seine Hand in meine, und als ich ihm in die Augen schaute, glaubte ich in seine Seele blicken zu können. Freudige Wärme durchströmte mich, Tränen schossen mir in die Augen. Hier stand ein Mann, der für so viele – und auch für mich – ein Held, ein Symbol für die Unabhängigkeit West-Papuas war. Stammte nicht auch ich aus West-Papua? Was für eine Freude, diesen Mann leibhaftig vor mir zu sehen. Hätte jemand mir vor einem Jahr erzählt, dass ich eines Tages Mathias Wenda treffen würde, so hätte ich es nicht geglaubt. Es gibt wenige, die diesen Mann in den letzten Jahren zu Gesicht bekommen haben, und dies gilt natürlich besonders für Menschen mit weißer Hautfarbe.

Nach der Begrüßung kehrten wir in die Hütte zurück. Wir waren alle sehr nass geworden, doch das schien niemanden zu stören. Alle nahmen in einem großen Kreis Platz. Nach einigen Minuten der Stille fing die übliche, sich in die Länge ziehende Begrüßung an.

Während der nächsten Stunden wuchs eine große Vertrautheit zwischen uns allen. Ich möchte aus Sicherheitsgründen nicht im Detail über diesen Tag berichten, aber es war ein Tag, den ich niemals vergessen werde. Ich befand mich direkt im Zentrum der Unabhängigkeitsbewegung West-Papuas, die ich nun schon jahrelang unterstütze und deren Mitglieder von Indonesien widerrechtlich als Terroristen bezeichnet werden. Diese Menschen hingegen kämpfen nur für ihr Recht auf Selbstbestimmung und wehren sich gegen jede Form von Ausbeutung und Gewalt, wie sie im indonesisch besetzten West-Papua an der Tagesordnung ist.

Als wir uns trennen mussten, weinten wir, denn die Chance, dass wir uns in dieser Runde jemals wiedersehen würden, war gering. »Papua Merdeka«, sagten wir zum Abschied: Freiheit für West-Papua.

Am nächsten Tag besuchten Steffen und ich ein anderes Flüchtlingslager und fanden die Menschen dort in einer ähnlich bedrückenden Lage. Während Steffen sich mit den Männern unterhielt, setzte ich mich zu den Frauen und hatte ein langes Gespräch mit ihnen. Sie erzählten mir vom einzigen offiziellen Flüchtlingslager im Süden des Landes, wo mehrere Tausend Papua lebten. Dort könne man in sicheren Verhältnissen Medikamente und eine gewisse Schulausbildung bekommen.

Ich fragte, warum sie nicht alle dort hinzögen.

Eine ältere Frau antwortete, sie sei dort gewesen, da aber das Land begrenzt sei, konnten sie bald nicht mehr genug Gemüse ernten, um alle satt zu machen. Dies war eines der größten Probleme in allen Flüchtlingsdörfern, die wir besuchten: Die meisten Flüchtlinge waren schon seit Jahren in Papua-Neuguinea und hatten nur ein kleines Stück Land zur Verfügung. Durch die agrarische Übernutzung wurde die Ernte Jahr für Jahr schlechter.

Auch die Sicherheit war ein großes Thema. Die Menschen aus West-Papua sind schutzlos und werden von der Regierung von Papua-Neuguinea als »Border Crossers« bezeichnet – illegale Einwanderer ohne Rechte und ohne Möglichkeiten, ihren Kindern eine Zukunft zu bieten. Sie leben quasi in einer rechtlosen Zone und kämpfen jeden Tag ums Überleben. In ihren Augen sieht man die Hoffnungslosigkeit. Wenn sie Geld für Medikamente oder Schulgeld für ihre Kinder verdienen wollen, müssen sie zum Teil bis zu sechs Stunden zur nächsten Kleinstadt laufen oder, wie im Fall eines anderen Flüchtlingslagers, bis zu zwölf Stunden in einem Einbaum den Fluss aufwärts paddeln, um das Wenige, was das Land an Ernte noch einbringt, zu verkaufen.

Und immer wieder fragten sie uns: »Warum kommt niemand, um uns zu helfen?« Oftmals schaute ich Steffen an, und wir beide wussten nicht, was wir darauf antworten sollten. Wie konnte das Leben auf einer an natürlichen Rohstoffen so reichen Insel so viel Leid und Armut mit sich bringen? Eine junge Frau, die ich kennenlernte, hatte diese Frage so trefflich formuliert.

Wir reisten weiter in den Süden, um ein anderes inoffizielles Flüchtlingsdorf zu besuchen. Um dieses Dorf zu erreichen, mussten wir mehrere Stunden mit dem Boot fahren. Die Reise dauerte insgesamt drei Tage, und als wir ankamen, wurden wir zurückhaltend begrüßt. Doch bald wuchs auch hier das Vertrauen, und die Dorfbewohner erwiesen uns ihre Ehre, indem sie für uns Tänze und Lieder vorführten.

Im ersten Moment war ich erleichtert gewesen, denn hier sah

die Situation ein wenig besser aus. Das Dorf war groß, die Hütten gut gebaut, und die Menschen schienen besser ernährt zu sein. Ich entdeckte sogar einige Obstbäume. Doch wie so oft auf dieser Reise trog der Schein.

Hier gab es nämlich noch ein ganz anderes Problem als die schlechte Versorgungslage, nämlich die durch eine Kupfer- und Goldmine namens OK Tedi Mine verursachte Umweltverschmutzung. Ich hatte schon auf unserer Bootsfahrt bemerkt, dass etwas mit den Bäumen am Rande des Flusses nicht stimmte, denn sie waren alle geschädigt, manche verrottet und komplett kahl, so dass nur noch dürre Baumleichen aus der Erde ragten. Man erklärte uns, dass dies die Auswirkungen der Mine seien. Die toxischen Minenabwässer werden einfach in die Flusssysteme gepumpt. Dadurch ist auf einer Fläche von bis zu einem Kilometer auf beiden Seiten des Flusses alles biologisch tot. Da auch die Fische vergiftet wurden, ist eine wichtige Lebensgrundlage für die Papua zerstört. Und auch die Landtiere sterben durch die Verschmutzung des Wassers. So waren in den letzten Wochen zwölf Hühner auf unerklärliche Weise verendet.

In den für die Ernährung der Familien so wichtigen Gärten sah es noch trostloser aus. Was ich dort sah, war erschreckend; nichts war verschont geblieben, jede Pflanze, ob essbar oder nicht, war krank, verrottete oder hatte Wucherungen.

Eine Flüchtlingsfrau, die seit fünfzehn Jahren hier lebte, nahm mich zur Seite und fragte: »Wie können wir hier weitermachen? Wir sind gefangen zwischen zwei Fronten. Die eine ist die Verfolgung durch das indonesische Militär. Wir leben in ständiger Angst und können nicht zurück. Die andere ist die Zerstörung unserer Gärten. Wir dürfen nicht außerhalb der uns zugesprochenen Grenzen anpflanzen oder jagen. Die Sagobäume, unser Hauptnahrungsmittel, sind vergiftet und sterben ab. Bald werden wir hungern und können nichts dagegen tun. Was wird mit unseren Kindern passieren? Allein in diesem Dorf haben wir 350 Kinder! Wir haben keine Möglichkeit, Geld zu verdienen, um ihnen Medikamente zu kaufen oder sie zur Schule zu schicken – welche Zukunft haben sie, welche Überlebenschance, wenn sie jeden Tag vergiftete Nahrung essen? Was haben wir getan, um das zu verdienen? Und warum hilft uns keiner?«

Es war ein niederschmetterndes Gespräch mit einer Mutter, die für das Leben, die Zukunft und ihr Land flehte. Ich fühlte mich in diesem Moment wieder so hilflos, so wertlos, weil ich Teil einer Welt war, die so etwas zuließ.

Wir verbrachten fast eine Woche mit diesen Menschen, wurden ein Teil ihrer Gemeinschaft, und alles außerhalb des Dorfes schien eine Ewigkeit entfernt. Was mich am tiefsten berührte, war, dass sie trotz all ihrer Not, all ihrer Angst und ihrer Sorgen niemals das Lächeln verloren. Wie viele Menschen kenne ich hier in Deutschland, die mit einer ständigen Leidensmiene herumlaufen, ihr Leben beklagen und eine pessimistische Atmosphäre verbreiten. Und dort, in einem Lager mit vergessenen Flüchtlingen, lachen die Menschen noch, sind freundlich und warmherzig. Auf vielen Fotos, die ich geschossen habe, und auf den Filmen, die Steffen von dieser Reise gedreht hat, sieht man Menschen, die lächeln. Dies alles hat mich sehr demütig gemacht.

Mit der Hilfe einiger Menschen in Papua-Neuguinea fanden wir schließlich auch die Demonstranten von Abepura, die sich nun schon seit Monaten verstecken mussten. Und wie befürchtet, ist ihre Lage bis heute ernst. Wir brachten Lebensmittel und Medikamente und unterhielten uns mit ihnen. Sie fürchten um ihr Leben, wechseln ständig ihren Aufenthaltsort, um nicht gefasst zu werden, und baten uns dringend um Hilfe beim Verlassen des Landes. Viele von ihnen sind schon verhaftet worden, andere sind inzwischen tot, und die Verbliebenen versuchen im Urwald zu überleben. Ihr einziges Verbrechen: Sie haben gegen die Ungerechtigkeit und Korruption in ihrem Land demonstriert.

Unsere Hilfsgüter konnten nur ihre dringendste Not lindern. Ihre größte Bitte war: »Erzählt den Medien und der Welt, was in West-Papua mit unserem Volk geschieht. Es ist die einzige Chance, die wir Papua haben, um Gerechtigkeit und Menschenwürde zu erlangen. Ihr seid Europäer, euch wird man zuhören. Uns aber hält man immer noch für Wilde und Primitive.«

Auf dieser Reise habe ich wieder einmal gemerkt, wie gut es uns eigentlich in Europa geht. Mein Bestreben, etwas für Menschen in Not zu tun, ist dadurch noch stärker geworden. Auch von Steffen, der schon seit Jahren weltweit für die Rechte der Eingeborenenstämme aktiv ist, habe ich viel gelernt. Seine Erfahrung auf diesem Gebiet ist enorm, und ich habe großen Respekt für sein Engagement für die Menschen in Papua.

Es war eine harte und doch eine wundervolle Reise für mich. Ich habe viele Menschen kennengelernt, die mich mit ihrer Lebenskraft beeindruckt haben. Und doch, als ich wieder im Flugzeug saß und auf die wunderschöne Landschaft schaute, überkam mich eine überwältigende Traurigkeit. Was konnte ich schon tun, um die Situation der Flüchtlinge zu verbessern? Wen kümmert es überhaupt, was mit diesen Menschen passiert, die am anderen Ende der Welt vor sich hin vegetieren? Nach unseren Schätzungen gibt es etwa 10 000 Flüchtlinge aus West-Papua in Papua-Neuguinea, die weder als Flüchtlinge anerkannt werden noch zurück in ihre von Indonesien besetzte Heimat können.

Und doch habe ich Menschen gefunden, die mir Mut machten. Menschen, die gewillt waren und sind, mit mir das Schicksal herauszufordern; die den Ehrgeiz haben, etwas zu bewirken.

Zum Schluss möchte ich noch von einer Legende berichten, die Toni mir eines Nachts in einer aus Bambus und Palmenblättern gebauten Hütte erzählte. Wir saßen im warmen Licht einer Kerosinlampe, während wieder einmal ein Sturm über uns hinwegfegte, Blitze und Donner sich abwechselten und der Regen die Erde küsste. Die Legende vom Kuskuse-Stamm erzählt davon, wie Menschen lernten, Respekt vor den Lebewesen und der Natur zu entwickeln.

Der Kuskus ist eigentlich ein Tier und gehört zur Familie der Kletterbeutler. Kuskuse leben meist in Bäumen und haben einen langen Schwanz, kleine Ohren, ein rundes Gesicht mit großen Augen und ein dickes Fell. Sie sind klein, zwischen 32 und 65 Zentimeter lang, und wiegen zwischen 1 und 6 Kilo. Sie ernähren sich von Pflanzen, Blüten, Insekten und kleinen Säugetieren.

Die Kuskuse unserer Geschichte waren viel größer und lebten in Höhlen, vielleicht gab es sie nur im Märchen, vielleicht aber gab es sie auch wirklich, und sie sind inzwischen ausgestorben.

Es war einmal ein Stamm, dessen Leibgericht Kuskus-Fleisch war. Die Eingeborenen jagten sie mit Eifer, genossen ihr zartes Fleisch und verarbeiteten ihr Fell zu Schmuck, den sie auf dem Kopf oder am Körper trugen.

Eines Tages entdeckten sie das Versteck eines Kuskus, eine Höhle am Rande eines Berges. Voller Vorfreude zog der ganze Stamm los. Mit Gesang und Tänzen begaben sie sich zum Eingang der Höhle. Als sie ankamen, teilten sie sich in zwei Gruppen auf. Die einen blieben draußen und sammelten

Holz, um ein großes Feuer zu machen, die andere Gruppe ging hinein, um die Kuskuse zu erlegen. Welch eine Aufregung, als sie Hunderte von Kuskusen entdeckten! Die Männer töteten mit ihren Pfeilen so viele Kuskuse, wie sie konnten, die Kinder und Frauen folgten ihnen, nahmen die getöteten Tiere und legten sie in aus Baumrinde gefertigte Netze. Sie drangen immer tiefer in die Höhle ein, und bald fanden die Frauen, sie hätten doch nun genug erlegt und könnten zurück zum Eingang gehen, wo ein großes Feuer darauf wartete, die Beute zu braten. Doch die Männer waren euphorisch, denn einen Kuskus in wilder Natur zu erlegen war schwierig, und hier in der Höhle waren sie einfache Beute.

Plötzlich kamen sie zu einer Biegung, und als sie dieser folgten, war es so, als ob die Steinwände zurückwichen. Ein großer Raum öffnete sich vor ihnen. In der Mitte dieses Raumes befand sich ein Thron aus Stein, und auf diesem Thron saß ein riesiges Wesen, halb Mensch, halb Kuskus. Hinter diesem Doppelriesen versammelten sich Tausende von kleineren Kuskusen, um vor den Jägern Schutz zu suchen. Alle blieben wie angewurzelt stehen und starrten diese unglaubliche Kreatur an. In Kampfstellung erhoben sie ihre Pfeile und warteten darauf, dass das Wesen sie angreifen würde. Doch das Doppelwesen blieb sitzen und schaute die Gruppe von Männern, Frauen und Kindern nur an.

»Komm«, sagte einer der Männer, »lass uns gehen, denn hier vor uns ist der König aller Kuskuse.«

»Nein«, sagte ein anderer, »wir töten ihn, dann werden wir zu Helden, und alle Generationen danach werden uns bewundern und uns in Liedern und Tänzen verehren.«

Ein Streit brach unter den Jägern aus, aber die Mehrheit war von Gier und Ruhm geblendet.

Sie überstimmten die Vorsichtigen und griffen den Kuskuse-König an.

Was dann geschah, erstaunte alle, denn der König der Kuskuse wehrte sich nicht. Als er von dem ersten Pfeil getroffen wurde, kam ein ohrenbetäubender Schrei aus seinem Mund, doch er bewegte sich nicht von seinem Steinthron. Dann traf ihn ein zweiter Pfeil, er aber rührte sich noch immer nicht von der Stelle. Wie besessen fingen die Männer an, einen Pfeil nach dem anderen auf ihn zu schießen. Seine Schreie füllten jeden Winkel des großen Raumes, doch er hielt seine Stellung, bis er blutüberströmt nach vorne fiel, vom Thron rollte und verschied. Die Jäger johlten, gratulierten einander und tanzten vor Freude. Nur die Frauen und die wenigen Jäger, die gegen dieses Abschlachten gewesen waren, beteiligten sich nicht am Jubel.

Die Jäger hoben den toten Kuskuse-König auf und schleppten ihn langsam in Richtung Höhlenausgang. Hinter ihnen hörten sie noch die Schreie der Tausenden kleinen Kuskuse, die um ihren König trauerten. Sie waren fast am Ausgang angelangt, als sie plötzlich ein lauter werdendes Dröhnen vernahmen, fast wie rollender Donner. Das Dröhnen kam näher und näher. Zuerst ignorierten sie es, doch bald wurde es so laut, dass sie innehielten. Panik begann sich zu verbreiten, und sie fingen an, durcheinander zu laufen, ließen ihre Beute liegen und versuchten verzweifelt, den Ausgang der Höhle zu erreichen. Doch es war zu spät. Denn der Ausgang verschloss sich mit einem so lauten Donnerschlag, dass alle zu Boden fielen.

Als wieder Ruhe eingekehrt war, schauten sie hoch, und alles, was vom Ausgang übrig war, war eine winzige Spalte, groß genug für das Licht, aber viel zu klein, als dass ein Mensch durch sie nach draußen hätte gelangen können. Von innen riefen sie nach ihren Stammesbrüdern und -schwestern, bettelten um Hilfe, aber es war hoffnungslos. Zuerst schrien, dann weinten die Eingeschlossenen. Sie verfluchten sich selbst und ihre Gier. Doch bald wurde ihr Weinen leiser, und sie setzten sich zwischen die getöteten Kuskuse und den König und warteten auf ihren Tod.

Als der Abend hereinbrach, machte die zweite Gruppe draußen ein großes Feuer. Ein Trauerlied erhob sich, das vom Wind weit über das Land getragen wurde. Die ganze Nacht trauerten sie, denn alle hatten Verwandte, Mütter, Väter und Kinder verloren, die nur durch eine Steinwand von ihnen getrennt auf ihren langsamen Tod warteten.

Die Tage vergingen, und immer wieder gingen sie zum Spalt und fragten, wer noch am Leben sei. Verwandte und Liebende verabschiedeten sich voneinander. Mit der Zeit wurden die Stimmen in der Höhle immer weniger. Und dann kam der Tag, an dem sich der letzte Überlebende in der Höhle zur Spalte schleppte und darum bat, noch ein letztes Mal mit dem Häuptling des Stammes sprechen zu dürfen. Er sagte dem Häuptling, er sei verantwortlich für diese Tragödie, denn seine Gier und sein Stolz hätten ihn blind gemacht. Er bat den Häuptling, ihm noch ein letztes Versprechen zu geben. Es war das Versprechen, dass nie wieder ein Kuskus getötet werden sollte. Bald darauf starb auch er, und jahrelang trauerten die Überlebenden um die Eingeschlossenen.

Das Versprechen wurde bis zum heutigen Tag gehalten, und der Stamm bekam den Namen Kuskuse-Stamm. Die Stammesangehörigen hatten etwas Wichtiges gelernt – nämlich dass die Gier, sich mehr von der Natur zu nehmen als notwendig, eine große Tragödie über die Menschen bringen kann.

Nachtrag
aus aktuellem Anlass

Im Jahr 2001 bekam West-Papua von der Regierung in Jakarta den Status der »Speziellen Autonomie«. Dieser Status sollte die Antwort auf die Forderung der Papua nach Unabhängigkeit sein. Aber das Gesetz, das auf dem Papier durchaus viele Zugeständnisse an die Papua beinhaltete, wurde niemals in der geplanten Form umgesetzt.

Der Vorsitzende der Baptistenkirche von West-Papua, Rev. Sofyan Yoman, betont, dass die Gelder zur Finanzierung der Speziellen Autonomie auch zur Finanzierung von indonesischen Militäroperationen im Hochland genutzt wurden. Erst im Januar 2007 hatten Vertreter von zwanzig Kirchen in West-Papua Alarm geschlagen, weil das indonesische Militär im Hochland ganze Dörfer niedergebrannt hatte, woraufhin 5000 Zivilisten in die Berge fliehen mussten.

Am 27. April 2007 kam es in Jayapura und am 1. Mai 2007 in Manokwari zu Massenprotesten von verschiedenen Organisationen, wie etwa den Studenten der Universität Cendrawasih/Jayapura in West-Papua, die die »Spezielle Autonomie« ablehnen. Ihre Forderungen lauten:

1. Die Vereinten Nationen müssen Beobachter und eine Friedensmission nach West-Papua entsenden.
2. Die Generalversammlung der Vereinten Nationen soll unverzüglich den *Act of Free Choice* erneut untersuchen und die Resolution Nr. 2504 vom 19. November 1969 annullieren (siehe Kapitel 21).
3. Die indonesische Regierung und deren politische Eliten sollen unverzüglich aufhören, gegenüber der internationalen Gemeinschaft Lügen zu verbreiten, was die Einführung

der Speziellen Autonomie für Papua betrifft. Die Spezielle Autonomie wurde niemals umgesetzt.

4. Die Organisatoren der Proteste fordern das Komitee 24 oder das Komitee zur Dekolonialisierung auf, Papua den politischen Status eines Territoriums zu geben, das zur Beilegung der Konflikte eine friedliche Lösung etwa in Form eines Referendums braucht.

»Wir wollen einen Drei-Wege-Dialog: mit Jakarta, mit einer Delegation aus West-Papua und einer neutralen Organisation«, sagte Buchtar Tabuni, einer der Organisatoren der Proteste. Diese Aufforderung zum Dialog sei der letzte Versuch, mit Jakarta zu kommunizieren. »Wenn das nicht funktioniert, fordern wir ein neues Referendum, und dann werden wir entscheiden.«

In der Zwischenzeit halten die Demonstrationen an. Aus Protest gegen den 44. Jahrestag der Übernahme West-Papuas durch Indonesien riefen Mitglieder der Front PEPERA am 2. Mai 2007 in Abepura, West-Papua, erneut zu Massenprotesten auf.

Ein Sprecher der Front PEPERA, Akilaus Baho, sagte zu einheimischen Journalisten:

»Die Übernahme West-Papuas durch Indonesien ist illegal. Der politische Prozess der Eingliederung begann 1963 und sollte 1969 durch den *Act of Free Choice* beendet werden. Aber der *Act of Free Choice* war eine Lüge und ist nichts wert, weil die wenigen ›Wahlberechtigten‹ eingeschüchtert und bedroht wurden. Deswegen ist der Zusammenschluß illegal, und wir fordern ein neues Referendum.«

Am Ende habe ich noch eine Bitte: Wenn Sie für die Flüchtlinge von West-Papua spenden oder mehr über die Situation in West-Papua erfahren wollen, bekommen Sie unter *www.naturvoelker.org* mehr Informationen. Hier finden Sie unter anderem auch ein Spendenkonto, das von Steffen Keulig eingerichtet wurde, dem Vorsitzenden von *Freunde der Naturvölker e.V.* und meinem Begleiter auf dieser Reise. Bei einer Spende geben Sie bitte als Kennwort »Flüchtlinge, West-Papua« an.

Sabine Kuegler,
im Juli 2007

Erläuterungen
zu den Farbbildern

Bildteil I
(vorne)

Seite 1: Ein Fayu in vollem Ornat.

Doppelseite 2 und 3: So wird ein neuer Gast am Flussufer begrüßt.

Seite 4: Zwei junge Fayu-Mädchen, die bald im heiratsfähigen Alter sind.

Bildteil II
(nach Seite 64)

Seite 1: Tuare, Bare und ich, einst und jetzt.

Seite 2: Dschungelblüte, gesehen auf unserem Hügel. – Ein kleines Mädchen späht aus seinem Elternhaus.

Seite 3: Blick auf das Fayu-Dorf. – Nakire und ich tauschen Neuigkeiten aus.

Seite 4: Der Sohn von Häuptling Kologwoi hilft beim Tragen.

Seite 5: Im neuen Fayu-Dorf: eine Hütte von außen und von innen.

Seite 6: Frauen und Kinder beim täglichen Treffen auf der Veranda der Schule.

Seite 7: Dorfszene mit blauem Regenschirm.
Seite 8: Ein Fayu-Krieger mit Pfeil und Bogen.

Bildteil III
(nach Seite 192)

Seite 1: Häuptling Kologwoi.
Seite 2: Papa vor einem Bootsausflug.
Seite 3: Ein Jäger mit seinem Dingo rüstet zum Aufbruch.
Seite 4: Die Jagd war erfolgreich.
Seite 5: Sabine mit dem Pfeil, der das Wildschwein traf – und das zum Räuchern vorbereitete Tier.
Seite 6: Fusais Mutter.
Seite 7: Roher Sago.
Seite 8: Fayu-Schönheit.

Bildteil IV
(nach Seite 320)

Seite 1: Fayu-Kinder am Fluss.
Doppelseite 2 und 3: Sophia-Bosa (links) spielt mit Freundinnen im Fluss.
Seite 4: Ein Junge kommt uns begrüßen. – Füße verschiedener Nationalitäten.
Seite 5: Babu-Bosa beim Trinken. – Sabine begrüßt einen alten Freund.
Seite 6: Sumpfkäfer »am Stiel« – und wie er verspeist wird.
Seite 7: Ein Fayu-Junge im Dorf.
Seite 8: Junger Jäger im tiefen Urwald. – Die größte Spinne, die ich sah.

Bildteil V
(nach Seite 384)

Seite 1: Die Freundin von Klorus verstorbener Frau beim Trauern.

Doppelseite 2 und 3: Demonstration in Jakarta. – Mit Benny Wenda vor der Morgenstern-Flagge. (Für dieses Bild würden wir in West-Papua bis zu fünfzehn Jahre Gefängnis bekommen.)

Seite 4: Akaba auf der Dschungelbrücke.

Fotos: Sabine Kuegler

Danksagung

Mein Dank gilt dem Droemer Knaur Verlag für die gute Zusammenarbeit. Vielen Dank an Carolin Graehl, meine Lektorin, und Claus Martin Carlsberg, meinen Pressemann.

Einen besonderen Dank an Daniela Boldt, die jedes Chaos ins Perfekte umgewandelt hat, an Klaus Kluge, der mein bester Berater war und mir in den schweren Zeiten immer beistand, und überhaupt an all diejenigen, die mich während der letzten Monate unterstützt und ermutigt haben. Danke, Helmut, für die schönen Coverporträts – du bist herzlich eingeladen, mich zusammen mit K. in die Wüste zu begleiten.

Meine größte Anerkennung jedoch gilt all den papuanischen Zeugen, die mir so traurige und doch so wichtige Einblicke in ihre Situation gegeben haben. Sie erst haben mir ermöglicht, dieses Buch zu schreiben. Ich wünsche ihnen, dass eines Tages der Wunsch nach Frieden und Freiheit in Erfüllung geht. Denn solange es diese Menschen gibt, wird die Hoffnung auf eine bessere Zukunft nicht erlöschen.

Sabine Kuegler
Dschungelkind

Was uns unvorstellbar erscheint – Sabine Kuegler hat es erlebt. Unter archaischen Bedingungen wuchs sie im Dschungel West-Papuas auf. Heute lebt sie in Deutschland. Und sie weiß, dass sie zurückkehren wird. Sabine Kueglers Geschichte beginnt, als sie mit fünf Jahren als Tochter deutscher Sprachforscher und Missionare nach West-Papua kommt. Mitten im Urwald lebt die Familie mit dem Fayu-Stamm, der für Kannibalismus und unvorstellbare Brutalität steht und dessen Menschen erst langsam lernen, zu lieben statt zu hassen, zu vergeben statt zu töten.

Für die heranwachsende Sabine wird der Stamm jedoch zum Teil ihrer selbst, der Dschungel zur Liebe ihres Lebens: Sie ist keine Deutsche mehr, kein weißes Mädchen aus Europa, sie wird eine Eingeborene, die schwimmt und jagt, fühlt und handelt wie eine Fayu. Mit 17 Jahren wird Sabine auf ein Schweizer Internat geschickt, um ihren Schulabschluss zu machen – ein katastrophaler Einschnitt für sie. »Angst habe ich erst hier gelernt«, sagt sie. Und immer spürt sie Heimweh, eine Sehnsucht, die ständig in ihr brennt. Sie wird zurückkehren in den Dschungel, um für sich herauszufinden: Wo gehöre ich hin? Wer bin ich eigentlich, Fayu oder Europäerin?

Der Weltbestseller!

Knaur Taschenbuch Verlag